基金项目：河北省社会科学基金项目

课题名称：精准扶贫背景下贫困农民心理资本与经济行为的研究

课题编号：HB17JY041

U0754929

后扶贫视域下脱贫者的心理与经济行为研究

姚志刚　刘凤英 ◎ 著

燕山大学出版社

·秦皇岛·

图书在版编目（CIP）数据

后扶贫视域下脱贫者的心理与经济行为研究 / 姚志刚，刘凤英著. 一秦皇岛：燕山大学出版社，2021.5

ISBN 978-7-5761-0158-4

Ⅰ．①后… Ⅱ．①姚… ②刘… Ⅲ．①农民－社会心理－研究－中国②农民－经济行为－研究－中国 Ⅳ．①D663.2②F325.15

中国版本图书馆 CIP 数据核字（2021）第 082274 号

后扶贫视域下脱贫者的心理与经济行为研究

姚志刚 刘凤英 著

出 版 人：陈 玉

责任编辑：王 宁　　　　　　　　策划编辑：唐 雷

责任印制：吴 波　　　　　　　　封面设计：方志强

出版发行： 燕山大学出版社 YANSHAN UNIVERSITY PRESS　　地　　址：河北省秦皇岛市河北大街西段 438 号

邮政编码：066004　　　　　　　　电　　话：0335-8387555

印　　刷：英格拉姆印刷(固安)有限公司　　经　　销：全国新华书店

尺　　寸：170mm×240mm　16 开　　印　　张：15.75

版　　次：2021 年 5 月第 1 版　　　　印　　次：2021 年 5 月第 1 次印刷

书　　号：ISBN 978-7-5761-0158-4　　字　　数：240 千字

定　　价：62.00 元

前　言

新中国成立以来，中国共产党带领人民持续向贫困宣战。经过改革开放以来的努力，成功走出了一条中国特色扶贫开发道路，为全面建成小康社会打下了坚实的基础。中国成为世界上减贫人口最多的国家，也是世界上率先完成联合国千年发展目标的国家。

2012年年底，党的十八大召开后不久，习近平总书记就多次强调，小康不小康，关键看老乡，关键在贫困的老乡能不能脱贫，承诺"决不能落下一个贫困地区、一个贫困群众"，拉开了新时代脱贫攻坚的序幕。2013年，党中央提出精准扶贫理念，创新扶贫工作机制。2015年11月29日，《中共中央国务院关于打赢脱贫攻坚战的决定》发布，设定了"确保到2020年农村贫困人口实现脱贫"的总目标，系统性地制定了脱贫攻坚的原则、实施方略、扶贫机制等，吹响了脱贫攻坚战的号角。2021年2月25日，全国脱贫攻坚总结表彰大会在京隆重举行，习近平总书记庄严宣告：我国脱贫攻坚战取得了全面胜利，现行标准下，9899万农村贫困人口全部脱贫，832个贫困县全部摘帽，12.8万个贫困村全部出列，区域性整体贫困得到解决，完成了消除绝对贫困的艰巨任务。至此，我国的扶贫脱贫进入了"后扶贫时代"①。

后扶贫时代的绝对贫困虽然消除，但我们也要对解决相对贫困有清晰的认识和判断。习近平总书记多次就解决相对贫困问题发表重要讲话，作出重要指示。党的十九届四中全会提出："坚决打赢脱贫攻坚战，建立解决相对贫困的长效机制。"在后扶贫时代，相对贫困问题将成为今后扶贫工作的重点，我国扶贫脱贫的主要任务将转为构建长效机制、解决相对贫困问题。

进入后扶贫时代，怎样使贫困农民稳定脱贫、最终实现共同富裕，提高

---

① 2020年现行标准下消除绝对贫困后的贫困治理阶段为"后扶贫时代"。

"脱贫内生动力"是根本之策。《中国农村扶贫开发纲要（2011—2020 年）》提出，扶贫要更加注重增强扶贫对象的自我发展能力，鼓励和帮助有劳动能力的扶贫对象通过自身的努力摆脱贫困。习近平总书记多次强调，要激发贫困人口"脱贫内生动力"，把扶贫同扶志、扶智结合起来。进一步健全扶贫扶志长效机制，持续增强贫困群众"脱贫内生动力"和自我发展能力。加大"内生动力"的培养力度，志、智双扶，将外部帮扶与"脱贫内生动力"结合起来，提高贫困群众脱贫致富的创造性、积极性和主动性，激发贫困群众和贫困地区脱贫致富的内在活力。

本书以贫困农民个体为视角，以内生动力的贫困心理为主题，厘清了贫困相关概念、分类与影响因素，探讨了贫困心理学的相关理论和实践，分析了贫困心态对个体经济决策的影响，调查研究了积极心理资本与贫困农民个体经济行为选择的关系，分析了农村贫困代际传递及其影响因素，总结了新时代扶贫工作的理论基础与重要成就，在分析后扶贫时代扶贫困境的基础上探索了扶贫模式的重构。

本书在撰写过程中，笔者参阅了国内外大量的文献和资料，并在书中进行了引用，在此向所有作者表示最诚挚的谢意；同时得到了燕山大学出版社的大力支持，一并表示感谢。

鉴于笔者水平有限，书中难免存在不足之处，真诚欢迎广大读者提出批评、建议，以利我们改进。

姚志刚

2021 年 3 月于河北科技师范学院

目　　录

第一章　贫困的认识

第一节　贫困的内涵

一、贫困主体的认识

从贫困的主体来看，贫困的内涵应该有两个层面：一是整体层面的区域性贫困，主要从发展经济学的视角来理解，以收入水平划分的不发达国家、发展中国家和发达国家，或农村贫困与城市贫困；二是个体和单一家庭层面的贫困，对于个体和家庭贫困的理解，视角更加多元，既有客观的，如发展经济学的收入贫困、资产贫困，又有社会文化视角的文化贫困，还有个体视角的心理贫困或精神贫困等。我们通常所谈的贫困问题实际上就是指个体意义上的贫困，它是一个综合性的研究领域[1]。

二、贫困的实质[2]

（一）缺乏说

Townsend（1979）认为："所有居民中那些缺乏获得各种食物、参加社会活动和最起码的生活和社交条件的资源的个人、家庭和群体就是所谓贫困的。"Oppenheim（1993）认为："贫困是指物质上的、社会上的和情感上的匮乏，它意味着在食物、保暖和衣着方面的开支要少于平均水平。"世界银行（1980）认为："当某些人或某些家庭没有足够的资源去获取他们那个社会

---

① 郭熙保. 论贫困概念的内涵 [J]. 山东社会科学，2005（12）：49-55.
② 叶普万. 贫困概念及其类型研究述评 [J]. 经济学动态，2006（7）：67-69.

公认的，一般都能享受的饮食、生活条件、舒适和参加某些社会活动的机会，就是处于贫困状态。"雷诺兹（1993，中译本）认为："所谓贫困问题，是说在美国有许多家庭，没有足够的收入可以使之有起码的生活水平。"童星、林闽钢（1993）认为："贫困是经济、社会、文化、落后的总称，是由低收入造成生活必需的基本物质和服务缺乏以及发展的机会和手段丧失的一种生活状况。"国家统计局（1990）认为："贫困一般是指物质生活困难，就是一个人或一个家庭的生活水平达不到一种社会可接受的最低标准。他们缺乏某些必要的生活资料和服务，生活处于困难境地。"

（二）社会排斥说

欧洲经济共同体（1993）认为："贫困应该被理解为个人、家庭和人的群体所拥有的资源（物质的、文化的和社会的）如此有限，以至于他们被排除在所处的国家可以接受的最低限度的生活方式之外。"世界银行（2001）在《2000/2001 年世界发展报告》中认为："贫困不仅仅指收入低微和人力发展不足，它还包括人对外部冲击的脆弱性，如缺少发言权、权利和被社会排斥在外。"

（三）能力说

能力说虽然也强调"缺乏"，但他们的落脚点却是强调"能力"。如世界银行（1990）扩展了 1980 年的观点，认为贫困是"缺乏达到最低生活水准的能力"。阿玛蒂亚·森（1993）认为，应该改变传统的以个人收入或资源的占有量为标准来衡量贫富的方式，而应该引入关于能力的参数来测量人们的生活质量。其核心意义是必须考查个人在实现自我价值方面的实际能力，因为能力不足才是贫困的根源。阿玛蒂亚·森强调，解决贫困和失业的根本之道是提高个人的能力，而不是单纯地发放失业救济。

（四）权利说

洪朝辉（2002）认为，经济贫困其实是社会权利"贫困"的折射和表现。经济贫困的深层原因不仅仅是各种经济要素不足，更重要的是社会权利的

"贫困"，当然还包括与社会权利相关的政治、文化和经济权利的"贫困"。总之，是权利的不足导致了贫困。

综合上述定义，我们可以概括出贫困的一些基本特征：

（1）从历史演进的角度看，贫困呈现出动态性、历史性。虽然在某个时期贫困是静态的、不变的，但从纵向上或从历史演进的角度看，它是一个动态的、历史的概念。随着客观环境尤其是经济发展水平的变化，以及公众对最低生活水平的理解的变化，对贫困的界定也相应地发生了变化。同一时期的不同国家，由于生产力发展水平存在差异，贫困的衡量标准也不同。同一国家的不同历史发展阶段，贫困的标准和界定也因生产力发展水平的不同而有所不同。

（2）从贫困的成因和表现形式看，贫困表现为复合性、多元性。贫困是与"落后"和"困难"联系在一起的，它包括经济、社会和文化乃至肉体和精神的各个方面。一般来说，随着贫困的成因和性质的变化，贫困的多元性特征也更加突出。除了人均收入水平外，还有一系列其他社会指标可用来刻画贫困特征，诸如教育水平、健康状况、营养、卫生条件，等等（纳拉扬，2001）。联合国开发计划署（1997）在《人类发展报告》中还提出一个新的贫困概念，将一般意义上的经济贫困扩展到"人文贫困"（Human Poverty）。

（3）从贫困衡量标准及其界定看，贫困具有公众认可的客观社会性。贫困是低于最低或最起码的生活水准，这种"最低"或"最起码"是得到社会普遍认可的。贫困标准的指定，就是根据社会公众认可的标准开出的维持最低生活需要的一张"清单"。

（4）从贫困的实质看，贫困的核心是能力欠缺。从表象上看，贫困首先表现为低收入，但其实质是缺乏手段和能力，是能力贫困。从这个意义上说，贫困问题可视为"缺乏"问题。

有关贫困的定义，绝大部分中外学者忽视了两个极其重要的因素，或者说仅注意到其中一个因素：一是造成贫困的制度性因素；二是注重了物质方面的需要，而忽视了最基本的精神生活方面的需要。本书认为，贫困是由于制度因素和非制度因素所造成的使个人或家庭不能获得维持正常的物质精神生活需要的一种生存状态。这个定义与传统的贫困定义的区别在于，它充分考虑到了造成贫困的制度性因素，完善了过去只注重满足基本物质生活需要，而对精神生活需要相对忽视的观点。

第二节　贫困的类型

学者根据不同的分类依据将贫困进行区分，以期为扶贫找到精准政策和途径。贫困主要有绝对贫困和相对贫困、收入贫困和支出贫困、暂时性贫困和长期贫困（慢性贫困）、生态抑制型贫困和能力贫困及心理贫困或精神贫困等。

一、贫困状态的分类

贫困状态的分类主要是依据统计学上的量化标准，通过反映生存状态的生活质量指标，即一组产出指标或一组投入指标或一组产出指标和投入指标组成的混合指标进行分类，主要有绝对贫困和相对贫困、暂时性贫困和长期贫困。基于统计学上对贫困状态的分类，便于对贫困量化比较，准确识别贫困家庭和贫困人员。

（一）绝对贫困与相对贫困

绝对贫困的概念最早是由朗特里（S. Rowntree）（1901）在他的调查研究《贫困：城镇生活研究》中提出，他认为绝对贫困是指一个家庭处于贫困状态是因为其所拥有的收入不足以维持其基本的生活需要。朗特里在调查研究中估计了一个最低的生活支出，即贫困线，然后按照这一贫困线估计出贫困人口的数量和比例。他根据家计调查定义了绝对贫困概念并将其量化，为此后的贫困计量研究奠定了基础。朗特里提出的绝对贫困一直被各国政府、国际机构和研究者沿用。世界银行在 1992 年《减缓贫困手册》中就认为："传统上是用维持最低生活标准的收入或支出水平测定贫困。"[①] "绝对贫困是指某人

---

① 世界银行. 贫困与对策：1992 年减缓贫困手册 [M]. 陈胜华，等译. 北京：经济管理出版社，1996：1.

或某家庭的状况低于这样一个贫困线,其实际价值是固定的,不随时间的变化而变化。绝对贫困线是基于最低消费标准,基于食品供给是否达到人体热量吸收的最低值而设定的。"①党的十九大报告提出"确保到 2020 年中国现行标准下农村贫困人口实现脱贫"的目标②,也是基于朗特里的绝对贫困理论。

20 世纪 60 年代以后,一些学者提出了相对贫困的概念。Fuchs Victor 是最早明确提出相对贫困概念和首次使用相对贫困标准的研究者。他使用相对贫困估计了美国的贫困人口,把贫困线确定为全国人口收入分布中值的 50%,这种确定相对贫困线的方法为后来学者所沿用。汤森(Townsend)对相对贫困的概念进行扩展,他认为:"贫困只有本着与相对贫困概念一致才能被客观界定。……个人、家庭与团体被认定为贫穷,是因为其缺乏资源去获得各种食物,尤其是参与活动,以及拥有风俗习惯所允许的生存条件与必需品。他们的资源严重低于个人或家庭平均所需,事实上,他们已经被排除在惯常的生活模式、风俗习惯与活动之外了。"③

从绝对贫困到相对贫困,学者在对贫困人口的统计上有了动态的观测、计量和比较。针对大规模人口的整体脱贫,政府的政策语境和研究者的研究语境更倾向于使用绝对贫困的概念和统计方法,而针对区域内的人口进行比较研究和指向共同富裕的政策语境,更倾向于使用相对贫困的概念和相对应的统计方法,从脱贫目标的操作层面也遵循着消除绝对贫困到治理相对贫困②。

(二)暂时性贫困和长期贫困

暂时性贫困和长期贫困是在研究家庭或个人贫困动态的基础上,依据贫困的时间标准进行划分的。Ravallion(1988)提出长期贫困和暂时性贫困的划分依据,他认为:一定的时间段内自始至终经历贫困的家庭或个人属于长期贫困,而一定的时间段内只有部分时间处于贫困的家庭或个人属于暂时性

---

① 世界银行.贫困与对策:1992 年减缓贫困手册 [M].陈胜华,等译.北京:经济管理出版社,1996:4.

② 习近平.决胜全面建成小康社会 夺取新时代中国特色社会主义伟大胜利——在中国共产党第十九次全国代表大会上的报告 [M].北京:人民出版社,2018.

③ 林闽钢.相对贫困的理论与政策聚焦 [J].社会保障评论,2020(1):85-92.

贫困。学界研究和政府的政策操作普遍采用 5 年作为贫困动态的观察期，如世界银行在《1990 年世界发展报告》中指出："长期贫困是指有些人口长期处于贫困状态（至少持续 5 年以上），虽经扶助也难以脱贫的状态；暂时性贫困则是指在一定时期（通常是 5 年）内入贫与脱贫这一现象。"[①]

具体概念可以理解为：暂时性贫困是指家庭或个人的收入、消费或其他福利水平在 5 年内的部分时间低于贫困线，即处于贫困状态。由于外在的一些突发事件，例如自然灾害、疾病、失业和主要劳动力意外死亡等导致家庭遭受外部风险的冲击，从而使家庭或个人陷入贫困状态，是我国农村常见的暂时性致贫现象。长期贫困（有学者将其称为慢性贫困）是指家庭或个体在 5 年内一直处于贫困状态，如英国慢性贫困研究中心的定义："处于贫困状态 5 年及以上时间（后来进一步界定为相当长的时期内）的家庭或个体。"从长期贫困的定义可以看出，处于长期贫困状态的家庭或个体，其福利水平通常或始终位于贫困线以下；对长期贫困家庭而言，贫困可能持续相当长的时间甚至发生贫困代际传递现象。

在 2020 年全面实现脱贫的现实背景下，长期贫困人口还会存在，这正是对当下"脱贫不脱政策"的国家政策的考量。鉴于贫困的动态性，脱贫的家庭和个人还有可能返贫，政府制定政策和学者对于暂时性贫困的研究，更具有现实意义。

二、贫困成因的分类

贫困成因的分类主要是指根据影响家庭或个人收入与支出的主要因素对贫困进行分类。具体来说，就是根据决定一个家庭或个人占有的增加收入或支出的生产生活资源的数量和质量以及利用这些资源的效率的因素对贫困进行分类。康晓光（1995）将决定生活质量的因素定性为制度因素、区域因素和个人因素，据此将贫困划分为制度性贫困、区域性贫困和阶层性贫困三种类型。本书中的的贫困是指个体和单一家庭层面的贫困，因此依据影响个体

[①] 世界银行 .1990 年世界银行发展报告 [M]. 北京：中国财政经济出版社，1990：71-76.

和家庭贫困的内在与外在因素进行分类，主要有制度性贫困、物质性贫困和个体性贫困。

（一）制度性贫困

制度性贫困是指对待城乡居民截然不同的户籍制度、就业制度、分配制度以及社会保障体制下形成的以农民为主体的贫困，这种贫困与贫困个体的自然禀赋和能力无关。

（二）物质性贫困

物质性贫困是指个人因生存生活的物质条件的缺乏或突然丧失所致的贫困，具体包括资源短缺性贫困（环境中自然资源短缺，较难获得生产生活所必需的物质资源），生态抑制性贫困（自然环境恶劣和生态脆弱不再适合人类居住），突发性贫困（指因各种突发的自然灾害和生活中发生不可控的突发事件而导致的贫困）。

（三）个体性贫困

个体性贫困包括观念性贫困、能力贫困和心理贫困。观念性贫困主要是指个体或群体因亚文化所具有的观念落后、缺乏创新、因循守旧所致的贫困，能力贫困主要是指由于丧失劳动能力（如老、弱、病、残）或缺乏一定的专业技能所导致的贫困，心理贫困是个体缺乏志向、信念消极、行为决策不理性致使其深陷贫困。

第三节　国内外反贫困的研究现状

新时代，以习近平同志为核心的党中央，不仅将扶贫开发摆到治国理政的重要位置，还将其定为实现全面建成小康社会的底线任务，大力实施精准扶贫、精准脱贫。2016 年以来，习近平总书记的国内视察多次涉及扶贫开发，其中更有把扶贫开发作为主要调查内容的。在国务院扶贫开发领导小组召开的专题会议中，把脱贫攻坚作为编制"十三五"行业规划的重要内容，出台或酝酿出台支持贫困攻坚的特惠政策，提出要进行十大行业的扶贫工作，包括卫生健康扶贫、教育扶贫、民营企业万企帮万村、中央企业百县万村、劳务协作对接、科技扶贫、居住环境改善与危房改造、水利扶贫、交通扶贫、金融扶贫等。国家从上而下齐心协力共同参与，形成全国"一盘棋"、"1+N"扶贫新政策、党政齐抓扶贫的新局面，脱贫攻坚已成为全党全社会全国人民的统一意志和共同行动。在党中央精准扶贫思想的指导下，我们国家的扶贫攻坚工作取得了举世瞩目的伟大成绩：2012 年年底，我国的农村贫困人口总数仍有 9899 万；到 2018 年年底，该基数已经降至 1660 万，共计脱贫 8239 万人；贫困发生率降低了 8.5 个百分点，仅为 1.7%[1]；到了 2019 年年底，贫困人口只剩 551 万，2020 年年底全部脱贫[2]。虽然脱贫工作在全国上下的一致努力下取得了全面胜利，但是在工作不断深入推进的过程中，也暴露出了诸多深层次问题，如脱贫后又返贫现象依然存在、贫困人口自我发展内生动力不足等。"后扶贫"仍然面临许多困境，许多突出的问题需要高度重视、加以解决，以便更好地同 2020 年后乡村振兴战略衔接。

一、国内精准扶贫研究现状

（一）关于精准扶贫的内涵

2013 年 11 月，习近平总书记在湖南湘西调研时首次作出"精准扶贫"的战略指示。孙璐（2015）提出，按照贫困对象的不同、贫困地区实际情况的不同，要有针对性地使用不同的贫困识别、管理以及帮扶方式，这就是精准扶贫，即针对每个贫困人口采取有针对性的扶贫措施的扶贫方法[3]。汪三贵、刘未（2016）认为，精准扶贫是指利用贫困认定系统来识别贫困对象的贫困

---

[1] 国家统计局.2018 年全国农村贫困人口减少 1386 万人 [EB/OL].（2019-02-15）.http://www.stats.gov.cn/tjsj/zxfb/201902/t20190215_1649231.html.

[2] 2021 年政府工作报告 [EB/OL].（2021-03-16）.https://baike.so.com/doc/30071201-31691005.html.

[3] 孙璐.扶贫项目绩效评估研究——基于精准扶贫视角 [D].北京：中国农业大学，2015.

情况，并作出动态的管理，进一步分析贫困成因，实施针对贫困人口和贫困农户的具体扶贫措施，以消除导致贫困发生的各种因素和障碍，提高他们独立发展的能力，从而实现可持续发展的目标。庄天慧等（2016）指出，精准扶贫的内涵主要体现在不同层面的精准，即"对象—资源—主体""目标—过程—结果""微观—中观—宏观"上不同程度的精准扶贫[1]。莫光辉（2016）认为，精准扶贫首先要准确识别贫困人口，准确把握贫困成因，之后精确滴灌，最后分享发展成果，他从扶贫开发的时间过程维度和扶贫开发规划的顶层设计角度阐述了精准扶贫[2]。

（二）关于精准扶贫存在的问题

邓维杰（2014）认为，实施精准扶贫的主要困难是"排斥"，"需求排斥、入门排斥、资金用途排斥、市场排斥、专业排斥、团队排斥、配套排斥、模式排斥和投入排斥"，也就是说，在精准扶贫方面存在一些条件限制，使得精准扶贫没有达到预期的效果，进而使得精准扶贫的模式遭到破坏[3]。唐丽霞等（2015）提出，主要有四个原因造成了实施精准扶贫困难不断：第一，扶贫政策还不够完善，使得精准扶贫机制无法顺利施行；第二，贫困人口的思想观念影响到精准扶贫的实际工作；第三，农村治理情况对精准扶贫造成的影响；第四，贫困识别机制在技术层面的不足[4]。黄承伟（2017）认为，实施精准扶贫遇到困难的原因主要来自片区精准和个体精准两方面：片区精准——"对各相关部委指导、协调不足的挑战"和"跨行政区域协作难度大的挑战"；个体精准——"对贫困识别机制、贫困对象的动态管理还存在很多需要解决的问题"，"农村地区的社会团体组织没有充分的发展空间，影响到了扶贫的预

① 庄天慧，杨帆，曾维忠.精准扶贫内涵及其与精准脱贫的辩证关系探析 [J].内蒙古社会科学，2016（3）：6-12.

② 莫光辉.精准扶贫：中国扶贫开发模式的内生变革与治理突破 [J].中国特色社会主义研究，2016（2）：73-77.

③ 邓维杰.精准扶贫的难点、对策与路径选择 [J].农村经济，2014（6）：78-81.

④ 唐丽霞，罗江月，李小云.精准扶贫机制实施的政策和实践困境 [J].贵州社会科学，2015（5）：151-156.

期成效"①。有些学者从实践的角度总结了精准扶贫的困境,如马尚云(2014)指出恩施州"发展水平还普遍不高,精准扶贫的基础不够坚实;贫困地区在基础设施方面仍然存在很多缺失;贫困地区的基础公共服务缺失,社会事业还处于初级的阶段,社会服务需要进一步完善;精准脱贫难度比较大,难以准确识别贫困程度"。葛志军等在宁夏贺兰县实地调研之后提出"扶贫对象脱贫积极性不高,精准扶贫差异性不够明显,扶贫资金不够充足,在资金的使用方面存在诸多问题,政策不够灵活,不能有效解决实际问题,常驻贫困地区的工作队伍执行能力缺失"等问题②。

(三)关于精准扶贫的解决对策

1. 关于"瞄不准"的对策

精准识别——精准扶贫的前提,是要采取更合理、更有效的方式来对贫困对象进行识别。沈新忠(2014)指出,通过不断完善扶贫战略,实施精准的扶贫政策,针对每个贫困户,为每一个贫困人口建档立卡,全面准确地确定贫困分布,客观把握致贫的类型、特点和成因,实施信息化管理。吴雄周(2015)认为,粗放扶贫强调贫困对象的瞄准是单一的,精准扶贫需要转变为对贫困对象的多维瞄准,要由扶贫要素的关联性、信息的动态性和环节的反馈性实现这种转变,这一转变实现的基础就是解决粗放式扶贫实践中的瞄准偏离、资金漏出、管理混乱和考核缺失等问题。唐丽霞等(2015)认为,新时期的精准扶贫强调了根据家庭实际情况和当地自然条件分类施策,以帮助贫困人口,提高扶贫资金的使用效率,提高贫困治理的有效性;扶贫必须考虑到不同群体对扶贫政策的态度和反应,并将精准定位的组织、技术、人力资本等成本纳入扶贫规划③。王俊(2016)认为,改善扶贫瞄准机制应从两个

① 黄承伟.党的十八大以来脱贫攻坚理论创新和实践创新总结[J].中国农业大学学报,2017(34):5-8.

② 葛志军,邢成举.精准扶贫:内涵、实践困境及其原因阐释[J].贵州社会科学,2015,304(5)157-163.

③ 唐丽霞,罗江月,李小云.精准扶贫机制实施的政策和实践困境[J].贵州社会科学,2015(5):151-156.

方面入手：一是通过完善扶贫体系，改革扶贫投入体制，完善扶贫资金管理和评估来优化扶贫瞄准进程；二是改革扶贫瞄准机制环境，可以从政府层面出发，改善和完善贫困农民与政府的联系渠道，提高贫困农民参与脱贫和变革等。扶贫瞄准机制是一个由多种因素组成的动态的贫困识别系统，包括扶贫主体、对象识别、项目评估、资金监管等[①]。

2. 关于"扶不精"的对策

精准帮扶——精准扶贫的关键。通过对已有文献的归纳，关于精准帮扶的具体措施可总结出以下几点。

（1）教育扶贫

1996 年，《中共中央、国务院关于尽快解决贫困人口温饱问题的决定》指出，要将扶贫开发工作的重心放在科技带动发展、提升农民素养上面，将教育扶贫纳入扶贫开发的内容。1997 年，林乘东首次指出教育是一种有效的推动脱贫工作的手段，通过教育能够从本质上扼杀贫困在某个区域内的恶性循环，要把一部分的扶贫资源合理地投入教育工作上，增加公共教育资源在贫困地区的分配。除此之外，林乘东还提出了四个教育推动脱贫的条件：一是要加大贫困地区的投资以及资本累积，这是脱贫的基础；二是调整贫困地区的人口布局，提升劳动力的利用效率，并促进生产要素的整合；三是建立健全公平、完善的经济分配制度；四是要促进贫困地区人民综合素养的全面提升。刘军豪等（2016）认为，教育扶贫作为我国扶贫开发的重要组成部分，具有目标与手段的双重属性，要实现由"扶教育之贫"到"依靠教育扶贫"的飞跃。"扶教育之贫"的基础是教育与扶贫之间的联系，这不仅可以帮助穷人摆脱贫困，走上致富之路，而且可以促进和谐社会的构建。"依靠教育扶贫"的概念经历了从隐性到显性的过程，应该逐步从单一的方向向综合的方向发展。今后，要充分开发并发挥扶贫教育的各种可能性，最终达到协调教育和扶贫双向联动互助的目的[②]。王文君（2017）从反贫困的角度阐明了通过教育实现扶贫的关键要素，包括"抓住个体发展的机遇期、实施因地制宜

---

① 王俊.连片特困地区扶贫瞄准机制研究 [D]. 吉首：吉首大学，2016.

② 刘军豪，许峰华.教育扶贫：从"扶教育之贫"到"依靠教育扶贫"[J]. 中国人民大学教育学刊，2016，2（6）：44-53.

的教育扶贫措施和方式、建立多方条件保障、消除贫困文化的复制功能等"。他从信息技术的角度提出了通过教育实现精准扶贫的五个阶段，即精准判断、技术耦合、多元联动、精准发展和内涵提升。

（2）旅游扶贫

杨祎、梁宜人、黄润（2016）结合安徽省六安市的案例，分析了旅游扶贫对象的准确识别问题，在此基础上，提出了四种精准的旅游扶贫模式：政府主导、市场导向、邻里互助和景区援助。邓小海（2016）认为，旅游精准扶贫是在准确识别扶贫对象、扶贫开发项目及其开发条件的基础上，深入分析旅游扶贫需要解决的问题，按照贫困对象与贫困地区的需求与特征，完善旅游扶贫政策，确定扶贫目标人口的一种扶贫方式。在这个过程中，要鼓励贫困人口积极参与，保证扶贫质量，优化旅游扶贫开发项目的条件，确保扶贫目标的达成[①]。雷明（2017）认为可以在有旅游资源潜力的区域，将旅游开发与反贫困有机结合起来，形成乡村生态旅游扶贫模式。目前这种模式主要有四类：第一，景区辐射式扶贫。周边村庄作为景区休闲、观光和民俗文化体验的重要载体，充分发挥"溢出效应"。第二，交通依托式扶贫。依托优质的旅游线路和运输干线，发展餐饮、住宿农场、生态休闲农场。第三，城郊休闲式扶贫。以"吃农家菜，生活农家，学习农家，享受农家乐"为主题，培育和发展休闲农业和观光农业。第四，新兴业态形式扶贫。大力培育新型旅游产品，例如生态健康旅游、中医保健旅游等，为农民增加收入，为其致富开拓新渠道。

（3）电商扶贫

2014 年，国务院扶贫办提出要把"电商扶贫"纳入扶贫政策体系，并将其列为实施 2015 年"十大精准扶贫项目"之一。张玉强、李祥（2016）分析了甘肃陇南秦岭巴山市依托"互联网＋"加强农村基层组织，合理规划精准扶贫项目，积极培育贫困地区区域优势产业，拓宽了农村教育培训的道路，开创了"互联网＋电商"精准扶贫模式。林广毅（2016）从电商发展趋势、产业扶贫开发的困境、电商扶贫的优势、农村电商扶贫条件等方面指出了农村

---

① 邓小海 . 旅游精准扶贫理论与实践 [M]. 北京：知识产权出版社，2016.

电商扶贫的必要性，并且分析了农村电商扶贫在电子商务对经济增长的促进、对传统市场的改进等多个方面的可行性[①]。汪向东（2017）认为，电子商务扶贫，应使贫困主体从多样化的平台与具体的产品依托及融合情况、电商扶贫政策影响和电商服务体系等方面得到获得感。此外，也有学者在其他扶贫开发项目领域进行了研究，包括医疗扶贫、文化扶贫、就业扶贫、信息扶贫、技术扶贫、金融扶贫、光伏扶贫等。

3. 关于"管不好""核不严"的对策

邓维杰（2014）认为，要想有效完成农村扶贫任务，必须建立准确的人口普查制度，引入第三方监督核查机制，建立健全认定识别机制，形成相应的帮扶支持机制，准确识别且进行严格的监管[②]，为贫困人口的分类以及分阶级管理提供支持。孙璐（2015）基于生态学、管理学和经济学的视角，建立了针对精准扶贫工作的绩效考核体系。她把绩效考核体系分为两个部分，包括绩效以及考核，二者可以在管理活动、信息反馈、数据传递的作用下相互关联[③]。汪三贵、郭子豪（2015）建议从收入、消费、资产、教育和健康等方面评估建档立卡的贫困户家庭条件的改善和脱贫状况[④]。张玉胜（2016）认为应加强监督，引入第三方社会评估，建立涉及社会各界的扶贫监督制度。第三方调查产生的群众满意度不仅有效地反映了整个评估过程的透明度，而且充分保证了贫困人口在评估扶贫有效性方面的参与度。

二、国外反贫困研究现状

贫困问题是一个全球性的问题，消除贫困是全世界共同的任务。国外学者从不同学科的不同角度挖掘贫困根源，在总结实践经验教训的同时进行反贫困研究。

---

① 林广毅. 农村电商扶贫的作用机理及脱贫促进机制研究 [D]. 北京：中国社会科学院，2016.

② 邓维杰. 精准扶贫的难点、对策与路径选择 [J]. 农村经济，2014，6（6）：78-81.

③ 孙璐. 扶贫项目绩效评估研究——基于精准扶贫视角 [D]. 北京：中国农业大学，2015.

④ 汪三贵，郭子豪. 论中国的精准扶贫 [J]. 贵州社会科学，2015，5（5）：147-150.

（一）政治学角度的反贫困研究

政治学研究者们以社会制度为基础，进行反贫困研究。首先，以查尔斯·傅立叶为代表的空想社会主义者提出了解决贫困问题的关键在于摒弃私有制，他认为是富裕造成了贫穷，经济危机产生的原因是生产过剩，他对资本主义制度中存在的各种弊病和祸害进行了抨击。其次，以资本主义基本矛盾为视角，马克思从资本主义社会经济理论基础出发，对基于资本主义市场下的经济运作规律进行了阐释，并对其生产过程进行了分析，将资本主义社会的贫困问题延伸开来。他认为，是与时代背景不符的社会制度造成了贫穷，因此要想解决贫穷问题，就必须要建立更科学的社会制度。最后，阿玛蒂亚·森的权利贫困理论主张，要想消除贫困，就应该在经济活动中的生产、交换、流通等环节，给予贫困者同等的权利和分配机会。国家开展的扶贫工作应当是有公众参与的整体的社会活动，而不是单一的社会保障活动。

（二）经济学角度的反贫困研究

20 世纪 50 年代，美国研究者罗格纳·纳克斯在《不发达国家的资本形成问题》一书中提出了贫困的恶性循环理论，并从供求两方面阐述这一死循环。他认为，如果我们想摆脱贫困，我们需要投入更多的资金。从供给的角度来看，低收入的人口储蓄较少，因此资本难以形成，造成生产率低，而较低的生产率又使得产出少，又进入低收入的恶性循环中。从需求方面来看，低收入的人口购买力较低，因此投资吸引力较小，造成生产率低，而较低的生产率使得产出少，又进入低收入的恶性循环中。瑞典著名的经济学家冈纳·缪尔达尔的循环累积因果理论指出，比较有优势的地区会较早地开始发展经济，这些地区凭借自身的优势条件赶在其他区域之前发展了，这种发展产生的累积效应会不断增加地区的优势，进而使得落后地区与发展地区之间产生空间上的相互作用。在这样的不断积累下，经济周期会产生两个相反的累积效应——扩散效应和回流效应。前者指从落后地区到发达地区的资本和劳动力流动，导致落后地区的元素不足，发展缓慢。后者是指资本和劳动力从发达地区向落后地区流动，促进落后地区的发展。

（三）教育学角度的反贫困研究

在 20 世纪 60 年代，人力资本理论的创建者、美国经济学家舒尔茨提出人力资本投资的观点，为通过教育阻断贫困恶性循环与代际传递奠定了扎实的理论基础。舒尔茨指出："人力资本投资的积累是社会经济增长的源泉，教育是使个人收入的社会分配趋于平等的原因，加强教育发展，对于人力资本的形成和经济结构的转变，包括经济的可持续发展都具有重要意义。"1990 年，世界发展报告进一步肯定了人力资本与经济增长之间的密切关系。世界上几乎所有的工业化国家都将教育视为生产发展的主要因素，很多发展中国家为了迅速摆脱贫困状况，也选择了教育先行的发展道路[①]。

（四）人口学角度的反贫困研究

在 18 世纪末 19 世纪初，英国研究学者马尔萨斯在《人口原理》中提到，贫困的根本原因是人口增长。他认为只有通过节育和战争等道德约束，才能使人类摆脱贫困，才可以达到人口与生产资料的一种平衡状态。1956 年，美国经济学家纳尔逊提出了低水平均衡陷阱理论，认为发展中国家人口过快增长是导致人均收入水平低下的原因。所以，发展中国家需要通过大规模的资本投入，才能让收入增长超过人口增长，进而才能打破低水平的均衡陷阱。美国经济学家莱宾斯坦的临界最小努力理论承认发展中国家存在"贫困的恶性循环"和"低水平均衡陷阱"。他提倡发展中国家首先应努力提高投资率，以使国民收入增长率超过人口增长率，从而显著提高人均收入水平，打破低收入的稳定均衡。也就是说，国民经济可以通过"关键的最小努力"摆脱极端贫困的困境。

（五）社会学角度的反贫困研究

从表面上看，贫困问题与经济以及物质有关，但深入分析会发现，贫困的根本在于社会文化。美国研究者奥斯卡·刘易斯提出了经典的贫穷文化理论：现实社会中，由于贫困，穷人在生活和其他方面都是独一无二的，并形

---

① 世界银行 .1990 年世界发展报告 [M]. 北京：中国财政经济出版社，2011：136.

成了独特的生活方式。穷人独特的生活方式促进了穷人之间的集体互动，使他们与社会生活中的其他人相对孤立，从而导致了与主流社会文化分离的贫穷亚文化。生活在贫穷亚文化中的人们拥有独特的文化观念和生活方式。这种亚文化通过"圈内"沟通和制度化得到加强，从而维持了穷人的生活。在这种环境下，下一代自然会获得贫困文化，因此贫困文化将代代相传。贫困文化塑造了贫困中成长的人的基本特征和个性，使得他们即使有机会摆脱贫困，也很难摆脱。

第二章 贫困的影响因素

高考和年旻（2018）认为，心理资本、健康资本、物质资本、人力资本、社会资本和心理资本影响贫困主体脱贫，而车四方（2019）认为，贫困的成因包含自然资本、物质资本、文化资本、人力资本以及社会资本①，将物质资本和自然资本加以区分。结合几位学者的观点，笔者将贫困形成的影响因素界定为心理资本、物质资本、人力资本和社会资本。

第一节 心 理 资 本

贫困人群在外部条件无法立即改变的情况下，只能通过提升自身的心理能力来增强改善贫困的动机，提升克服困难、直面失败的勇气和毅力，这正是心理资本的主要内容。本节详细介绍心理资本的概述及其构成与贫困的关系。

一、心理资本的内涵

美国著名心理学家塞利格曼提倡将心理学的研究焦点从消极方面转向积极方面，把传统心理学的研究领域向外延伸。与此同时，由积极心理学催生的心理资本理论在经济学领域亦是继物质、人力、社会等资本之后又一重要的提升个体和组织竞争优势的资源。

心理资本的概念最早在经济学、投资学和社会学的研究中被提出，如Goldsmith、Veum Darity（1997、1998）提出，心理资本是指能够影响个体生

---

① 车四方. 社会资本与农户多维贫困：作用机制与影响效应 [D]. 重庆：西南大学，2019.

产率的一些个性特征，这些特征反映了一个人的自我观点或自尊感，支配着一个人的动机和对工作的一般态度。积极心理学家 Csiksze 认为，心理资本"通过对心灵资源投资的形式来开发，不仅能在当前就获得实质性的回报，也会增加将来获利的可能性"。Csiksze 的观点反映了心理资本有关于人的内心世界的构成。Luthans 则从积极心理学和积极组织行为学的角度认为，心理资本是指人的积极的心理状态，主要包括自信或自我效能、希望、乐观和韧性四个方面。Luthans 在最初提出心理资本概念时，并没有对心理资本进行明确的界定，只是总结了符合积极组织行为学标准的四种积极心理状态。2005年，Luthans 等人明确将心理资本定义为："个体一般积极性的核心心理要素，具体表现为符合积极组织行为标准的心理状态，它超出了人力资本和社会资本，并能够通过有针对性的投入和开发而使个体获得竞争优势。"2007年，Luthans、Youssef 和 Avolio 又对心理资本的定义进行了修订，认为心理资本是指"个体的积极心理发展状态"，其特点是：（1）拥有表现和付出必要努力、成功完成具有挑战性的任务的自信（自我效能）；（2）坚持目标，为了取得成功，在必要时能够重新选择实现目标的路线（希望）；（3）对当前和将来的成功作积极归因（乐观）；（4）当遇到问题和困境时，能够坚持、很快恢复和采取迂回途径来取得成功（韧性）。

心理资本作为个人对未来进行预期和行为判断的内动力，要比其他资本更为基础，也就是说，心理资本的缺失要比其他资本的缺失更可怕。同样存在一个关于心理资本的通用逻辑，在各种背景与各种环境下都适用。我们主要讨论其处在贫困背景下的逻辑。贫困由最初单纯的一维贫困逐渐丰富到现在的多维贫困，即使维度增多，但是总体而言，贫困的状态始终是一样的，即在对贫困进行一维研究的年代，贫困也是多维的，只是我们当时缺乏对其他维度的认识和研究。而就贫困的本质而言，也由之前的一维缺失变成了现在的多维缺失。脱贫的过程也就是补足这一系列缺失的过程。针对这一系列维度有多种脱贫的路径，其脱贫的动力也各不相同，我们可以将其大致分为两类，即内在动力和外部动力。相对而言，基础设施建设、教育和一系列的政策等物质资本、人力资本、社会资本和其他相关资本都可归于外部因素，而内部动力之中占比最高且最为主要的就是心理资本。

关于心理资本的结构研究主要集中在自我效能、希望、乐观以及韧性的四个方面。当然，由于这些维度是经列举形成的，外延尚不明朗，除了上述四大心理资本要素外，不排除还有其他构成要素的可能。目前就有一些社会学家引入不少"类状态"的积极心理能力，以作为潜在的心理资本内容对它进行研究。

二、心理资本的构成要素与贫困的关系

笔者从已经比较成熟的四个要素分析心理资本对其他脱贫要素的影响机理、对贫困人群提升经济效率的影响机理，以及心理资本与外部因素相互影响的机理，说明心理资本对脱贫的作用和效果有什么影响。

（一）自我效能

1. 自我效能的含义

"自我效能"由美国斯坦福大学心理学家阿尔伯特·班杜拉于 20 世纪 70 年代首次提出，指的是个体对自己具有组织和执行行动达到特定成就的能力的信念。自我效能是个体对自己能力的一种主观感受，并不是个体所具备的能力本身。班杜拉认为，个体的行为动力不仅来自过去行为结果的强化，而且来自对未来行为走向的主观预期，尤其是对自己是否有能力实现某种结果的效能预期。这种预期在经济活动中表现得尤为突出，人们往往会由此进行利益最大或者是自己觉得最优的选择。

2. 自我效能对于脱贫的影响机制

自我效能和心理资本中的另一潜在因素——成就感是具有协同关系的。在对自我效能的影响中，个体以往的类似行为的成败经历是其中最重要的因素，因为是个体自己亲身体验，在经历了多次类似的成功之后，由于经验的积累、资源的扩充和成就感的增加，会提高其自我效能；相反，当个体在经历了多次类似的失败后，其自我效能会降低。而在经历了一系列的成功之后，个体会建立起稳定的自我效能，这时的自我效能便不会再因为一次甚至几次的挫折而降低。环境的影响是另一重要因素。根据其影响的方式和主体的不

同，我们可将其分为两类进行分析：一是环境中的其他个体的影响，由于自我效能的外溢性以及人类本身所具有的习得性，人们往往会将与自己水平相当的其他个体作为参照者，如若参照者经历了多次成功，也可使其自身的自我效能提高；反之，若参照者经历了多次失败，那么自身的自我效能也会受其影响而降低。二是环境本身所营造出的情境也会对个体造成影响，班杜拉（1999）曾将"个体对于社会行为的知识、对于自身能力的信心，以及相信自己在人际互动中所能得到的积极回应"称为个体的社会自我效能信念。与此同时，有案例反映，有时一些贫困主体所表现出的自我效能相当充足，甚至高于非贫困主体，但是最终导致了其进一步的贫困，这其实是一部分贫困主体一种盲目自信、自我膨胀的表现，产生于取得了小的成果或者成就之后，这一小的成就感成为诱因，致使贫困主体错误地认为自己什么都能做到，干什么都能成，甚至失去理性的预判而不去考虑其他因素的影响，作出超出自己实际生产能力的决定。而在后期的生产过程中，由于自身能力和其他因素的影响，结果很难达到最初的预期，以至于使其形成较大的心理落差，从而陷入更深的贫困心理中去；与此同时，由于决策不当而导致的亏损也使其进一步贫困。

（二）希望

1. 希望的含义

Miller 和 Powers（1988）早期对希望的定义是："一系列对美好状态或事物的预期和描绘，一种可以自我提升或者从困境中被释放的感觉。这种美好预期不一定要建立在某个具体的事物和现实的目标之上。因此，希望是一种对未来以相互关系（主要是与他人相关）为基础的美好预期，是一种自己可以胜任和应对某事的能力感，一种心理和精神上的满意度，一种对生活的目的感、意义感的体验，以及对生活中充满无限的'可能性'的感觉。"较新的希望的概念是由 Snyder（1994）提出的："一种基于内在的成功感的积极的动机状态，它包括意愿动力，即一种目标性指向的能量和路径，用来达到目标的途径和计划"。

2. 希望对于脱贫的影响机制

希望作为一种预期，其侧重点在于对未来除主观因素（包括自身行为能力、自身的心理承受能力等）之外的客观因素的积极的预期。一部分害怕或者不愿承担风险去实施脱贫的贫困人群主要就是对脱贫这一事件不抱任何希望，他们可以对自身有一个明确的认识，知道自己是否有能力去完成这一事情，甚至如果一次完成不了，他们也清楚自己是否有能力去承受失败，然后继续进行；即使他们对自我的认识是完全可以胜任的，但是他们依然不会去做，因为他们害怕承担风险；他们无法认识自己以外的客观事物，即使是清晰地了解到客观风险的存在以及风险的大小，他们仍旧不敢去尝试。例如，处于不同经济状态的家户，对于是否种植花木有自己比较仔细和谨慎的选择。他们既不是完全保守的，也不是完全进取的。总体来看，相对贫困的家户，选择保守；相对富裕的家户，选择进取。即使是同一家户，在家庭比较困难的时期选择保守的生产活动，而在经济条件好转后选择进取的生产活动。另外，他们追求经济收益是有条件的，即在确保基本生活的前提下才考虑追求更多的收入。其实那些相对贫困的家庭或者说同一户家庭在相对贫困的时期并非真的已经到了生活不下去的地步，他们其实完全可以作出不一样的选择，但是这面临着未知的风险，对于这一风险，他们不抱足够的希望。这也直接导致了大量的人群即使身陷贫困并且有能力去改变，却没有付出行动而形成持续的贫困。对其动态的分析发现，这一积极的预期还可使遭受了贫困而没有陷入绝望贫困心理的人群得以有效恢复。即使是经历了脱贫的失败，但是由于对客观条件积极的预期增强了主观的心理预期和自我效能感，最终产生了综合的影响。

（三）乐观

1. 乐观的含义

塞利格曼研究认为：一个在有挑战性的工作上获得成就的人除了"能力和动机"外，还拥有第三个因素"乐观"。他提出的习得性乐观（Learned Optimism），其含义是指乐观可以而且能够通过后天的学习来获得。有关乐观概念的界定，较为有影响力的学者 Tiger 认为，乐观是一种情绪和态度，与对未来的社会或物质生活的期望相关——一种对自己有益或者能带给自己愉悦的社会期望的评价。由此可见，乐观是一种期望，并且这种期望可以习得。

由于乐观是预期未来会发生积极事情的心理倾向，其核心要素是"正面认知评价"。这种正面思维使人在遇到负面性事件时也能看到光明的一面，理性地思考问题并控制他所遇到的事件。需要说明的是，这一预期与希望不同，其侧重点主要是对于个体自身、主观能力及心理的积极预期。

2. 乐观对于脱贫的影响机制

对于贫困主体而言，如若这种乐观的心理减少，那么他们就无法对未来会发生的事情作出积极的预期，就会产生怀疑，甚至出现不断重复的负面思维、消极的认知偏见，导致悲观抑郁、习得性无助，从而影响到贫困主体在进行选择时的理性思维。农村致富能手则不然，首先，致富能手相对于其他村民而言，可能具有更积极的心理状态，他能够大胆尝试新的生产方式，并能提出一些相对于其他村民更先进的种植和管理理念。其次，这种积极的心理状态与经济收入提升（目标成功）之间存在某种正强化。收入的提升会增加其信心和预期，从而扩大生产规模，从事更多种类的生产活动，有效地控制风险，有可能有更多的收入。最后，乐观（悲观）的心理具有外部性。致富能手的积极尝试与成功的示范作用无形中会感染周围的人，提升他们的乐观情绪，增强对未来的积极预期，有利于引导其积极的进取行为，从而使得全村逐渐脱贫致富。

（四）韧性与意志力

1. 韧性与意志力的含义

摆脱贫困是一个长期而艰苦的努力过程。这一过程中既会碰到挫折和失败，又要忍受长期的煎熬；既需要从失败中站起来的韧性，又需要能很好地控制情绪和欲望、忍受长期煎熬的意志力。心理资本中的韧性是指个体从逆境、冲突和失败中，或者从积极事件、进步以及与日俱增的责任中恢复原来状态的能力。意志力，又称自控力，是控制自己的注意力、情绪和欲望的能力。意志力具有相对稳定性，又有长期的可变性。鲍迈斯特、蒂尔尼认为意志力像肌肉一样，经常锻炼就会增强，过度使用就会疲劳，当意志力耗损到一定程度，人们就难以实现自控。在贫困环境下，贫困个体的韧性往往表现为可以在艰苦的客观环境下保持对于脱贫或者说对于脱贫过程中既定目标的坚持，可以在经历了一次次失败之后又恢复到坚持脱贫的目标与信念中来，不为环境的干扰和失败的打击所动摇。

2. 韧性与意志力对于脱贫的影响机制

贫困主体的韧性和意志力相对不足可能是由以下两个方面造成的：心理资源总量的差异和耗损的差异。在心理资源总量方面，贫困的环境对不同类型的心理资源的作用机理不同，结果也有差异。心理资源的水平是在日常生活（尤其是童年时期）的培养和锻炼中逐步提升的，贫困人群尤其是在其童年时期，由于缺乏心理能力的培养而使得心理资源没有得到有效的增强。贫困环境下成长的孩子，父母由于主客观方面的因素基本忽略了对其心理能力的培养，教育资源的匮乏导致学校也没能弥补这一缺失，而父母对孩子自由放任的态度更放松了孩子对自己的要求与培养。因此，贫困的孩子在心理资源培养方面不足。在心理资源耗损方面，由于贫困人群需要面对生活中更多的问题，他们消耗更多的心理资源。如他们需要关注一些非贫困人群在不知不觉中获得的东西，当然最重要的是非贫困家庭无须担心是否有下一顿饭吃而贫困家庭则时常担心；对于同类事情的处理，贫困家庭可能需要消耗更多的心理资源。他们还因为资金的匮乏需要运用更多的自我控制，如通过不购买期望的食品、衣服、生活用品来攒钱读书，对仅有的极少的消费品还要计划消费等。由以上案例可知，缺乏意志力，难以持之以恒地完成一件完整的事，即使有机会改善窘迫的现状，但因为主观的短视或客观的突发情况，例如家人突发重大疾病或者是由于其他重要的事情必须中断正在做的事情，有时甚至要将这部分的预算也作出改变，总的来说就是难以坚持做好一件事。

四个要素不是单独发挥作用，而是联合于贫困和脱贫的整个过程。在不同的发展阶段，各个要素所发挥的作用各有侧重，初次脱贫或者脱贫过程的前期，自我效能和希望所发挥的作用可能更大，保障了贫困主体的脱贫积极性和主动性。与此同时，个体所具有的心理资本的各个要素的比例也是不同的，例如，乐观的因素占比高，而自我效能极低，对于任何事情都报以乐观的心态面对，唯独对自己不自信。久而久之，贫困主体极可能放弃脱贫的努力，并且安于现状。纵向来说，这一失衡也存在时间的动态变化。例如，有人在短期内对脱贫充满了希望，并且相信自己有能力在短期实现这一目标，但是如果没能在长期保持这样一种状态，在短期过后如果没有实现脱贫目标，贫困主体便会开始对自己和这一目标的实现产生怀疑，从而丧失信心；或者即便是成功脱贫了，如果没有长期稳定的心理资本支撑，一旦松懈产生失衡，便极有可能返贫。

三、心理资本与贫困心理的关系

贫困心理和心理资本是贫困与心理方面有联系的两个主要研究方向和内容。贫困心理主要是将消极心理学与贫困相结合，强调贫困心理与贫困之间的相互作用；心理资本则将积极心理学引入贫困问题的研究，从积极心理出发，重点研究心理资本在脱贫工作中的重要作用。尽管两者的基本思路不一致，但两者有一定的关联，如贫困心理表现出自卑和悲观，心理资本中有自信和乐观；贫困心理表现为短视和意志力不足，心理资本中有希望和坚韧；贫困心理表现为不公平感和相对剥夺感，而群体心理资本中有信任和合作等。

本书将贫困主体的心理特征看作心理资本的起点，而贫困心理和心理资本在不同的方向上对贫困产生影响：贫困心理是致贫原因，心理资本是脱贫要素。虽然两者不存在简单的线性关系，但两者的主要内容存在很强的关联性，即心理资本的积累有利于减少贫困心理，反过来，贫困心理的恶化也意味着心理资本存量的减少。

第二节　物质资本

物质性贫困是指因贫困个体生存生活的物质条件的缺乏或突然丧失所致的贫困，具体包括资源短缺性贫困（环境中自然资源短缺、较难获得生产生活所必需的物质资源）、生态抑制型贫困（自然环境恶劣和生态脆弱不再适合人类居住）、突发性贫困（指各种突发的自然灾害和生活中发生不可控的突发事件而导致的贫困）。

在扶贫和脱贫过程中，物资资本始终是最基础的外部条件，是贫困家庭和个体脱贫的最重要的直接制约因素，它既是致贫的因素，也是脱贫的必需要素。扶贫和脱贫最直接和必然遵循的路径就是促进脱贫主体积累物质资本，增加生产的可行能力。本书将从贫困农民这一脱贫主体的视角探讨自然资源类物质资本、生产资源类资本对贫困的影响以及因突发事件而致贫的现象。

一、物质资本概述

经济学通常意义上的物质资本是指直接用于农业生产的生产资料和直接影响农业生产效率的实物条件，主要包括土地、农业生产工具和资料、交通运输与水利设施等。据此，将物质资本分为资源类资本和生产类资本、基础设施三类。

（一）资源类资本

对于农民来讲，资源类资本主要是土地、山林、湖泊等直接生产农产品的生产资源。《2016 中国国土资源公报》数据显示，截至 2015 年年末，全国耕地面积为 13499.87 万公顷（20.25 亿亩）（见图 2-1）。

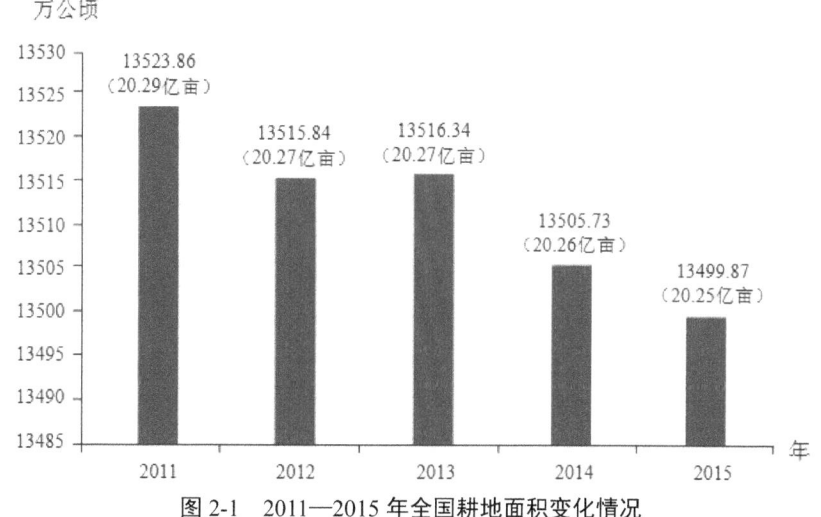

图 2-1　2011—2015 年全国耕地面积变化情况

资料来源：《2016 中国国土资源公报》

2015 年，全国因建设占用、灾毁、生态退耕、农业结构调整等而减少的耕地面积为 30.17 万公顷，通过土地整治、农业结构调整等增加耕地面积 24.23 万公顷（见图 2-2）。

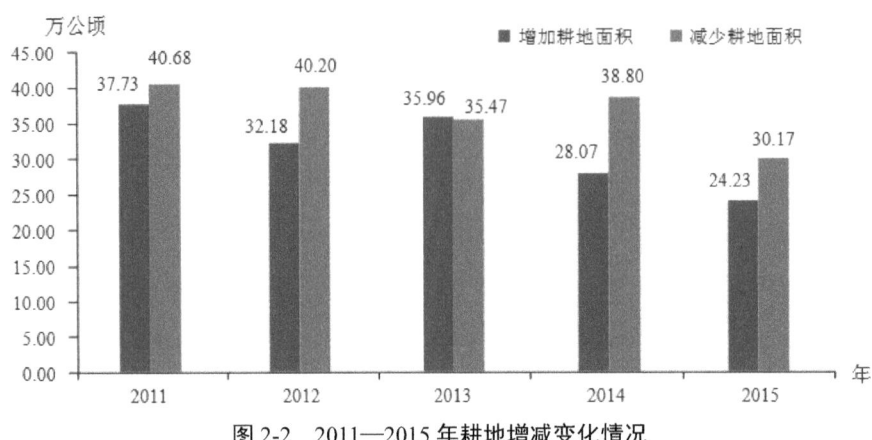

图 2-2　2011—2015 年耕地增减变化情况

资料来源：《2016 中国国土资源公报》

我国集中连片的贫困地区多处在山区，农民可耕种的土地面积更少，土地数量少、土质贫瘠成为农民贫困的主要原因。山区耕地以坡耕地为主，地块畸零狭小，耕作不便，难以实现机械化。劳动生产率与平原农业的差距越来越大，原来以耕种为主的农民不断析出，耕地的"边际化"问题逐渐严重，尤其是地块狭小的山区，导致恶性循环。

（二）生产类资本

生产类资本主要包括房屋、生产用牲畜、耕种机械、良品种子和苗木等，此类资本具有可积累性，农民占有数量的多少和质量优劣直接影响生产效率。房屋纳入生产类资本是因为它既是村民生活的场所，也是他们生产的基点。例如，他们的很多农具、机械都放置在房屋里，房屋起着仓库的作用；部分生产的工序需要在房屋里完成，例如，种子的筛选，玉米、谷物的储存，棉花的剥离，农药的配置，肥料的收集等，房屋起着加工车间的作用；房屋还是劳动过程中劳动者的休息室，畜力、家禽的饲养室等。因此，将农村房屋看作生产类资本，既符合经济学核算的传统，也符合农村的特殊劳作环境。农村的房屋的建造成本反映着社区和家户层面的经济实力。富裕地方的房屋基本是砖混或钢混结构的三层楼院落；贫困地区的房屋基本是砖木或泥木、泥草结构的平房，地面跟屋外的地面一样，有透风、漏雨、潮湿、黑暗等特征。生产使用的动力也是衡量家庭收入水平和生产率的重要指标，条件好的家庭会购买一些电力的或柴油驱动的生产类机械；条件差的家庭只能用牛、驴、骡、马等牲畜作为耕种的动力，这些牲畜是家庭非常值钱的资产；而极端贫困的家庭连牲畜都没有，只能靠人力从事耕种。另外，卡车、拖拉机、汽车等运输工具是家庭非常重要的资产，也是衡量家庭收入水平的重要指标。一方面，这类资产价格相对较高，只有家庭收入达到一定水平才能购买这类资产；另一方面，这些资产可以使家户从事运输业务，或更方便地购买种子、农药、化肥以及把产品运出去卖，以达到提升效率、增加收入的目的。

（三）基础设施

基础设施具有外部性，包括水利设施、道路、电力、通信设施等，是影响家庭生产的外部因素。水利设施不仅增加灌溉效率，而且能有效预防洪灾、旱灾，是提升产量、避免风险的有效工具；道路的通畅可以实现生产原料的采购和产品的输出，也是社区招商引资、吸引企业落地生产的基础条件，对农村的生产和生活水平的提升有非常重要的作用；电力是重要的动力，是提升生产效率的基础；通信设施的完善有利于提供更多的资讯，有利于贫困人群获得更多的技术、市场、政策、典型案例方面的信息，有利于他们开阔视野和选择脱贫方式。

二、物质资本与贫困的关系

（一）物质资本减少的外在因素

农业生产的不确定性来自多种因素，本书把因素定义为对未来收益的不确定性，不确定性越大，则因素越多。农业生产面临的因素总结为以下五种类型。

1. 自然因素

自然因素即自然现象、物理现象和其他物质现象所形成的因素。如地震、水灾、火灾、风灾、雹灾、冻灾、旱灾、虫灾以及各种瘟疫等。不同地区常受到的自然灾害的类型是不同的，而且对产量的影响也是不同的。例如，2019 年全国大部分地区降水偏多，总体呈现"南北多、中间少"的现象。其中，6—8 月，南方地区多轮降雨集中且重叠，主雨带始终在广西、江西、湖南等地徘徊，导致广西、江西、湖南、贵州、四川五省（区）发生严重的洪涝灾害，造成较重的人员伤亡和严重的直接经济损失。7—8 月，西北、东北等地出现持续性较强的降雨，黑龙江、松花江等多条河流水位超警戒水位线，农作物大面积受灾。江苏、安徽、湖北、河南、山东等长江以北至黄河流域多省汛期降雨量较常年同期明显偏少，洪涝灾情为近年同期低值水平。此外，中南地区地质灾害数量最多，西南地区地质灾害造成的灾害损失最重，因灾死亡失踪人数最多[①]。

2. 社会因素

社会因素即由他人或团体的行为导致遭受损失的因素。例如，河南贫困山村 3000 多名农户被骗近亿元事件：新华网郑州 2016 年 2 月 23 日电（记者李钧德、李鹏），地处豫西伏牛山区的嵩县，是全国 14 个集中连片特困地区之一，群众经济基础本就薄弱，近期又发生了群众上亿元存款被农信社辞退人员以"吸储"名义"洗劫一空"的事件，使正处于脱贫攻坚冲刺期的当地群众"雪上加霜"，脱贫难度增大[②]。

3. 市场因素

市场因素即农产品供需关系的变动及价格波动对收益的冲击。由于贫困人群信息获取能力有限，缺乏相关的预测能力；另外，贫困人群有一定的从众心理，容易低估市场因素的影响，当看到其他人从事种植或养殖业赚钱时也跟着进行种植或养殖，导致供给波动比较严重，需求一侧由于偏好的改变或者替代品的不断出现也有一定的波动，两者共同影响价格，导致部分产品价格波动幅度较大。对于利润本身不高的农产品而言，价格波动增加了贫困

---

① 应急管理部发布 2019 年全国自然灾害基本情况［EB/OL］.（2020-01-17）.http:// www.gov.cn/xinwen/2020/01/17/content_5470130.htm.

② 央广网.河南贫困山村 3000 多农户近亿元被骗，脱贫难度加大［EB/OL］.（2016-02-23）.http://news.cnr.cn/native/gd/20160223/t20160223_521446641.shtml.

人群亏损的可能，使得家庭的正常生活得不到基本的保障。

4. 技术因素

技术因素即农业技术运用的实际收益与预期收益可能发生背离。由于贫困人群知识和技能积累相对较少，对新技术的掌握较慢，理解能力较差，尤其是不能很好地根据外部条件的改变使用新技术，从而使得新技术的收益大大下降，甚至会令农田减产。另外，有些技术会不断更新，贫困人群很难及时地学习和掌握新技术，造成技术的发展和产业的发展滞后，也成为其收益减少的原因。

5. 政策因素

政策因素即国家相关政策的改变对农民收益的影响。例如，国家出于生态环境保护的需要，出台一些限制农民生产行为的政策，导致农民的潜在收益无法实现，甚至前期的投入得不到有效补偿。例如，国家实施退耕还林、还草的一些政策，再如，禁止湖泊、海洋、湿地开发的相关规定，还有限制一些污染性的矿产资源开发的规定。另外，就是国家一些重大战略的制定给有些地区的家庭带来损失，例如，三峡移民、南水北调工程等，尽管都有补偿，但对前期投入较大的家庭（例如刚修的房子）可能造成较大损失。实际上，从动态贫困的变化来看，80%以上的贫困家庭并不总是穷，而是有时穷，贫困家庭返贫现象比较严重，而返贫中约有70%的家庭是由于受到不利因素的冲击。总体而言，贫困人群相比非贫困人群面对更多、更强的因素，但他们抵抗因素的能力却弱于非贫困人群。经济学中用脆弱性来衡量暴露在灾害冲击下的受伤害程度及应对能力。在贫困研究中，脆弱性指贫困人群因受到因素冲击而返贫的概率。面对因素冲击返贫的概率越大，脆弱性越高。贫困人群应对因素冲击的能力与非贫困人群相比有较大差异，例如1991年同样受到水灾影响，受损严重的江苏省农民家庭人均纯收入当年比上年减少4%；而与之相邻的经济条件相对较差的安徽省，农民家庭人均纯收入却同比减少了17%，返贫率高达90%。

（二）物质资本减少的自身因素

贫困人群无法进行有效的物质资本积累也跟他们无效率的消费文化和消费习惯有关。之所以说无效率，是因为从经济学长期效率的角度来看，如果能把这些在非贫困人群看来效用很低的消费用于物质资本的积累，在未来赚取更多的收入，早日摆脱贫困，将会增加其一生的福利水平，是更有经济效率的行为方式。"无效率"的消费习惯主要包括以下几点：第一，不必要的日常消费。例如有些家庭极其贫困，但某些家庭成员仍然有抽烟、喝酒、打牌和进行其他娱乐活动的支出，尽管绝对开支不多，但从相对家庭收入来讲，已经占有了一定比重。第二，重大事件的过度消费。很多贫困地区在婚丧嫁娶、建房、子女上学等重大事件上往往缺少规划，大操大办，甚至举债大量购置物品、设置流水席，最终需要积攒多年才能还清债务。第三，攀比的消费心理。农村家户之间的攀比心理甚至比城镇居民更突出。他们有时不是根据自己的实际需要和经济条件决定自己的消费行为，而是以他人的消费行为作为依据。比较典型的情况是尽管家庭成员都外出打工或只有个别家庭成员留守在家，但只要稍微赚了点钱、有点积蓄的家庭，都要把自己家的房子修建一番，而且还要修得比平均水平好。有很多家庭为了修房子不惜欠下大笔的债务，有的甚至去借高利贷，但房子却空着没人住。第四，人情消费开支大。一方面，由于经济整体条件的改善，各种喜庆活动的数量不断增加。另一方面，礼金的标准也不断提高，人情消费的支出已经成为贫困家庭沉重的经济负担。有的贫困家庭一年仅随礼就要送掉四五千元，占到家庭收入的一半甚至更高。有些家庭甚至觉得总在随礼没有收礼，于是就找机会办喜事收礼，当大家都意识到有利可图时，办喜事的频率就会越来越高。从单个家庭来讲，每个家庭都办，谁也不会赚钱；从社会来讲，资金只会在相关家庭中重新分配，然而相当一部分资金都被用于大吃大喝、铺张浪费等，经济效率极低。

第三节　人力资本

一、人力资本的含义

人力资本一词最早是由费雪（Irving Fisher）于 1906 年在其《资本的性质和收入》一书中提出，并将人力资本纳入经济分析的理论框架中，而且他是第一个运用人力资本概念的经济学家，并试图测算正规教育途径的投资收益率[①]。

舒尔茨将人力资本作为解释战后日德经济高速发展的主要原因，证明人力资本对经济增长的促进作用，甚至认为其是第一生产要素，从而被纳入主流经济学框架。舒尔茨（1990）认为，贫困的原因不仅在于物质资本的不足，更在于人力资本水平低。人力资本比物质资本更重要，因为其边际生产效率远大于物质资本的边际生产效率。人力资本的核心是人口质量，教育投资是人力资本积累的主要途径，一定意义上可以将人力资本积累问题视为教育投资问题。新人力资本理论认为，健康、能力以及技能等要素均需纳入理论范畴，其中能力由非认知能力与认知能力组成，技能由培训与教育组成，健康由心理与身体这两方面组成，改变了以往人力资本理论以教育为核心要素的局面，将能力要素作为核心概念。健康、能力与技能实际上是个人对外部环境以及自身能力进行充分考量而选择得来的结果，但是健康和技能会对能力的形成带来影响。

综合人力资本经典理论的观点，本书界定的人力资本含义具体体现在个体身上的资本，即个体通过教育、培训、健康和迁移所获得的各种影响收入与就业的生产知识、劳动与管理、技能和健康素质的存量总和。

从以上学者们对人力资本的定义可知，人力资本的形成主要通过人力资本投资来实现。而人力资本投资主要包括教育投资、在职培训、医疗保健投资和迁移投资等四个方面。因此，人力资本的形成途径主要为：（1）教育投资。教育投资是人力资本投资最主要的形式，其他人力资本形式都与教育有着或多或少的关系。教育投资通过知识、信息、思想观念和思维方式的学习和传播，丰富人的知识，增加人的创造能力，提高人的道德素质，从而提升受教育者的人力资本存量。并且教育投资还有利于其他形式的人力资本投资效率的提高。（2）在职培训。在职培训是一种非正规的教育投资形式，是为了使受训者获得特殊的工作技能而进行的投资，它可以提高劳动者的技能和工作效率。此外，劳动过程也能促使劳动者技能得到提高，即"干中学"。（3）医疗保健投资。它是为了提高人的身心健康素质而进行的投资，包括医疗投资和保健投资。

---

① Walsh J R. Capital concept applied to man[J].Quarterly Journal of Economics，1935，49（2）：255-285.

前者是身体恢复性的投资，而后者则为预防保健性的投资。健康是人力资本发挥作用的前提，通过医疗保健投资改善医疗卫生条件，增强人体的生理和心理素质，降低死亡率，延长寿命，使人力资本能够更好地发挥作用（蓝天，2012）。（4）迁移投资。劳动力在地区和行业之间的流动或转移也是一种人力资本投资形式。这是因为，一方面，迁移需要支付直接成本，还包括因迁移导致的机会成本；另一方面，迁移能够提高迁移主体的收益。因此，迁移既有利于拓宽劳动者的知识面，提高其技能，又能促进劳动力资源的优化配置，提高劳动的效率。

二、人力资本与贫困关系研究

已有研究关注到人力资本在农户贫困方面的作用，大致可以分为如下两个方面：人力资本对农户贫困的直接影响、人力资本对农户贫困的其他影响。

1. 人力资本对农户贫困的直接影响

对于人力资本而言，其带来的直接影响大体上能够从人力资本的反贫困功能研究及其质疑，以及人力资本对农户收入及其收入差距的影响这几个方面来阐述。对于人力资本的反贫困功能研究，阿玛蒂亚·森与 Schultz 从理论层面对人力资本怎样影响贫困展开了分析。阿玛蒂亚·森认为（2005），贫困不单单指收入低下，更表现为基本可行能力被剥夺，而以健康、教育以及技能等形式存在的人力资本不仅是贫困的具体表现形式，更是导致贫困的本质原因；Schultz（1960）则认为，贫困最为根本的诱因在于人力资本短缺，而穷人要想摆脱贫困的处境，提升人力资本无疑起到了决定性作用。之后一些学者的实证研究证明了以上论断是具有合理性的。Khan 与 Kurosaki（2001）的针对巴基斯坦农村的研究表明，人力资本特别是教育对于贫困的缓解起到了积极的推动作用。Cheng 等（2002）的研究同样证明，教育投资的减贫效果最显著。刘修岩等（2007）发现农户的贫困概率会因为其平均受教育程度的提高而下降，具体为受教育年限每提高 1 年，贫困发生率会下降 7.51%。韩林芝与蒋选（2009）使用灰色关联分析法对农村教育和贫困之间的联系展开了分析，发现教育对消除贫困具有显著影响，特别是义务教育，对于减少绝对贫困有着至关重要的作用。刘欢（2017）则从健康、教育、社会保险、外出务工等角度，进行了人力资本投资对农村贫困家庭减贫效应的比较分析，虽然各因素的减贫效应不一，但都有利于促进贫困家庭减贫。和立道等（2018）分析了农村地区人力资本公共投资对农村贫困人口减少的影响，发现劳动技能培训方面的支出和基于农村交通基础设施的人口迁移投资在农村贫困地区的减贫方面发挥了显著的积极作用。李晓嘉、蒋承（2018）则发现人力资本可以显著降低农户贫困发生率，健康、教育和迁移都与贫困率显著负相关。但是也有一些研究发现，人力资本并不会对农户消除贫困产生显著影响。Teal（2001）以加纳为对象展开了研究，结果表明，教育并没有对农村贫困的缓解起到显著作用。Wedgwood（2007）则以坦桑尼亚为对象展开了分析，结果也发现，教育投资起到的减贫效果并没有那么显著。杨国涛等（2006）针对宁夏农村开展数据调查，从农户贫困的各大影响因素出发进行了实证分析，结果发现，教育因子并未通过显著性检验，所以其会如何影响到农户贫困及其影响大小均是无从判定的。还有一些研究发现，人力资本支出对于贫困的缓解并不能起到积极的作用。Gustafsson 等人（2004）的研究结果表明，农村居民教育支出的增加会使低收入家庭支出增加，农村贫困的消除进程因此也就会越发缓慢。有关人力资本和农户收入之间的关系问题探讨也较为集中。邹薇等（2006）从人力资本出发对我国农村地区存在的差异化收入现象作出了解释，结果发现，农村地区收入差距越来越大的主要原因是工资性收入存在较大差距，但是对于农村地区而言，该指标的决定性因素在于受教育程度。熊广勤、张卫东（2010）认为人力资源积累以教育为主要手段，会极大地影响收入分配，同时构建相关模型对农村居民收入和教育的作用机制展开了探讨。高连水（2011）认为人力资本对居民收入差距的贡献度超过 10%，物质资本的贡献度超过人力资本。李晓嘉、蒋承（2018）指出，处于绝对贫困状态的贫困户，和非贫困户相比，人力资本会更加显著地影响到贫困户的收入。还有部分学者讨论了人力资本对收入差异的影响。谢周亮（2009）分析了收入差异中社会资本与人力资本的贡献大小，对比了这两种资本对收入差异的影响强度，同时针对各自的影响程度展开了分解并进行了比较。程名望等（2014）发现健康与教育的改善，有助于缩小收入差距，进而缓解农村居民贫困。刘一伟等（2017）研究发现，人力资本与社会资本的投资，均可以提高居民的收入水平与缩小收入差距，降低居民发生贫困的可能性。李黎明、许珂（2017）使用 CGSS2006 数据采用分位数回归模型从 5 个分位点对社会资本与人力资本的回报率大小进行了估算，对这两种资本如何作用于群体收入差距进行了研究，同时分析了人力资本和社会资本对收入的联动效应。谢沁怡（2017）采用分位数回归计量方法，基于居民增收与收入差距缩小的视角，从收入差距的角度，采用分位数回归分析人力资本与社会资本在不同收入群体中的回报率，实证分析了人力资本与社会资本对居民贫困的影响。

2. 人力资本对农户贫困的其他影响

研究者除了关注人力资本作用于贫困的直接影响外，还有部分研究涉及了这一过程中的其他影响。这些影响因素大致可以分为内部作用因素和外部作用因素。在人力资本影响贫困的内部作用因素中，现有研究大致涉及以下几个方面：其一，人力资本通过在劳动力市场上对农民工的就业结构、就业质量、就业选择、就业状况等产生的影响，提高劳动者收入减缓贫困；其二，人力资本会影响农户的主观态度及心理因素。国外相关研究发现，在选择个体行为的过程中，内生渴望可以提供较好的动机，进而对实施个体行为起到刺激作用（Perugini、Bagozzi，2001）。国内研究也证明，贫困个体责任意识对于其实施脱贫行为与提升发展能力起到了积极的推动作用，为其内源动力的核心（檀学文、李静，2017）。在人力资本影响贫困的外部作用因素方面，一些研究者关注到了市场化水平对人力资本减贫效应的影响（Rosenzweig，1995；Bian、Zhang，2002；赖德胜，2001）。

第四节　社会资本

一、社会资本的含义

社会资本是一个层次广泛、内涵丰富的概念。不同的学科背景和研究目的，使社会资本论表现出了大相径庭又极为复杂的特点。在众多社会资本理论中，比较有代表性的大致包括布迪厄的网络资源论、科尔曼的结构要素论、波茨的能力论以及林南的社会资源动员论。

（一）布迪厄的网络资源论

1980 年，法国社会学家皮埃尔·布迪厄发表了一篇题为"社会资本随笔"的短文，在这篇短文中正式提出了社会资本这一概念。他认为社会资本属于群体特征，对其作出如下定义：社会资本是社会网络成员或群体拥有的实际和潜在的资源的总和，这些资源是由一个特定群体成员所共同拥有的，为群体的每一个成员提供共有资源的支持。他还指出，社会资本属于集体资源，在社会责任感的作用下得到联系并形成，最终是为了让阶级差别得以保存并实现重建，这样包括文化资本、社会资本以及人力资本在内的全部资本均可以完成向经济资本的转变。

（二）科尔曼的结构要素论

虽然社会资本第一次是由布迪厄提出的，但这一概念最终能够被学术界明确还是得益于科尔曼围绕社会资本在人力资本的创造中的作用而展开的应用性研究，科尔曼第一次全面而又详细地假定了社会资本。他对社会资本作出了如下定义：它不是单一的实体，而是形形色色拥有数个共同特征的不同实体，这些实体都包括社会结构中的某些方面，并为社会结构中的个体行动提供便利。同样的，他还以社会资本为对象，对其结构根源进行了强调，指出它会对个体带来一定的好处，同时强调了缺失社会资本会引发一系列危害。在他看来，社会资本由社会规范、责任、预期以及信息渠道这三个方面组合而成。社会资本作为一种资源在社会结构中广泛存在，此类资源对多种行为的发生会起到积极的推动作用，当然产生人力资本是最为关键的。对于个体而言，知识的获取、技能发展的机会与动机可以从父母给予支持、社会提供有利条件以及多种其他关系中得到。

（三）波茨的能力论

亚历山德罗·波茨对社会资本作出了如下定义：个人利用自身具有的会

员资格在社会网络或是社会结构内得到稀缺资源的能力。这一定义着重指出社会资本嵌入得到的结果，它的逻辑是形成社会网或者是社会结构之后，可给行动者带来可强制执行的信任以及互惠的预期，正是由于结构性约束的存在，行动者可基于结构嵌入或是理性嵌入得到某一成员资格，进而有能力得到稀缺资源。波茨对消极社会资本进行了定义，指出社会资本的四个消极后果：限制个人自由、排斥圈外人、利用规范来让差异得到消除、对团体成员要求过多。他对上述消极后果作出了较为详细的阐述并进行了论证，认为社会网络在太过亲密的时候就会表现出封闭性，这种社会资本不单单可以让其内的成员收获巨大的利益，也会对网络外成员起到限制作用，限制进入也限制其取得社会资本。同样的，对于团体成员也会提出相对较多的要求并作出限制，对其创新精神起到阻碍作用，基于此，波茨对不同背景下社会资本起到的如下基本功能进行了区分：首先，充当社会控制过程中的来源角色，关注更多的是如何执行社会规则，确保社会能够处于良性运转当中，经济可以稳步增长，政治能够维持稳定状态；其次，充当家庭支持中的来源角色，关注更多的是家庭支持子女及其内部相互支持；最后，充当家庭外网络取得收益时的来源角色，更多地用于对个体取得的社会经济成就进行解释，如企业家取得的成功，又如就业，进而对利用这些成就取得相应收入作出解释。

（四）林南的社会资源动员论

对于社会资本，林南把政治学与社会学领域给出的解释归纳为以下三个范式：第一，嵌入资源与社会网络；第二，不信任与普遍信任；第三，社团与民间参与。后两个范式是第一个范式的派生。波茨认为，以上三个范式均存在着显著的功能性特征。林南认为，社会资本是一种以社会网络作为嵌入体，能够借助一定行动进行调用或获得的资源，而资本是具有预期的市场回报的资源投资。

在本书中，笔者将社会资本定义为广泛存在于个人社会网络关系中，并能够被城乡流动人口投资和利用的以便实现自身目标的社会资源，具体包括社会网络和社会信任等。

二、社会资本与贫困的关系

（一）社会资本对农户贫困的直接影响

社会资本对农户贫困的直接影响大致可以分为社会资本的反贫困功能研究及其质疑、社会资本与农户贫困的关系研究这两个方面。社会资本与贫困的关系研究是以社会资本的反贫困功能为开端的。

1. 社会资本的反贫困功能研究

Woolcock（1997）认为培育和发展贫困地区的社会资本是地区反贫困的一项重要措施。Knack（2001）则检验并证实了社会资本有助于贫困水平的降低，让收入不平等状况得到了改善，最起码并未让其加剧。有研究表明，民间社会资本的特征在于信任与社会纽带，对于贫困程度的减轻起到了积极作用，但是政府社会资本可以积极作用于绝对贫困的消除，所以社会资本可以有效推动个人甚至是整个国家贫困程度的下降（Crootaert、Bastelaer，2004）。Collier（2001）认为相较于富人而言，穷人的金融资产更少、时间机会成本更低、物资资本存量更小，由于私人资本往往可以被社会资本取代，相较于富人而言，穷人对于社会资本会更有依赖性。Dimitrios（2010）发现社会资本的增长有助于贫困的减少，可让贫困人口有更高的生活水平，让贫困人口能够对资源进行更为高效的配置，同时也能够有效地降低风险。世界银行报告同样指出，各种社会经济准则与网络都是社会资本的构成要素，人们摆脱贫困就是以其为主要的资本形式的（World Bank，2001）。国内的相关研究开展得较晚。唐钧（2003）认为，家庭支持的缺失以及个人社交圈中支持的缺失，使得这些群体长期处于弱势的地位，社会资本匮乏是贫困群体难以脱贫的一个重要原因。阎逢柱（2005）认为，增加家庭收入、开展反贫困工作的有效于段就是提高家庭的社会资本存量。王朝明（2009）指出，改善社会资本是缓解贫困的重要手段。吴筱灵（2011）指出了西部地区贫困的原因是其缺少社会资本。宋建昕（2012）认为信任型社会资本这种资源不单单能够嵌入社会关系，也可作为投资活动帮助人们获取各式各样的效益。

2. 社会资本反贫困功能的质疑

随着对社会资本理论研究的持续深入，也有不少学者对此持怀疑甚至否定态度。有学者指出社会资本根本无益于穷人摆脱贫困，对于所谓"穷人的资本"也提出了诸多质疑。Woolcock（2002）指出，社会资本的排他性可能会削弱其在反贫困中的作用，这成为对社会资本反贫困作用持反对态度的最具代表性的观点之一。有研究表明，在取得社会资源的过程中，社会资本的匮乏会让人们处在劣势地位，部分社区设置的进入障碍阻碍了穷人加入社会组织穷人处于孤立状态，这对于他们摆脱贫困是极为不利的（Mwanza、Chuzu，2002）。Fournier（2003）发现，部分社会关系、地方性制度与集体行动有很大的可能会让贫困人口受到越来越严重的排斥。Harriss（2001）指出，由于能力不够充分，将贫困人口纳入进来的反贫困策略显然是不具备可行性的。对收入带来极为不利的影响并不仅仅是因为某一种社会资本，而是需要归因到资本用在何种用途上。Tewodaj 与 Mecheal（2005）发现，一旦经济行为中出现了社会嵌入的现象，经济不平等现象就会有着更为持久的表现，而正是社会资本的排他性造成了这种现象。国内还有一部分学者聚焦于社会资本与农户收入间的关系。蒋乃华和黄春燕（2006）发现，在人力资本和社会资本的共同作用下，社会资本对农民的工资性收入有正向的促进作用。黄昭昭、林静（2010）通过回归分析发现，社会网络规模、信任及其参与公共事务对家户福利的影响系数为正，且社会资本对贫困家庭的收入补偿很大。刘彬彬、陆迁、李晓平（2014）研究发现，社会资本在影响农户收入时，存在明显的"门槛"特征，即当社会资本低于"门槛"值时，社会资本对低收入群体的增收起不到积极的作用；当社会资本高于"门槛"值时，社会资本对提高农户收入有显著作用。李清政、刘天伦、陈子夏（2014）发现无论是人力资本投入还是物质资本投入，都会对家庭收入的增长起到积极的推动作用。贺寨平（2015）则详细考察了社会资本对不同贫困程度人群的影响。还有一些学者侧重于分析社会资本对收入差距的影响。Grootaert（1999）特别强调社会资本对于穷人的作用，提出了社会资本是穷人的资本这一论断。这种观点在引起关注的同时也受到了不少质疑。Gertler 等（2006）发现没有社会资本保证消费水平的证据，他们以受到意外负向冲击的家庭为对象，发现消费无法通过社会资本而得到平衡，最早对 Grootaert 提出质疑。Cleaver（2005）则认为，地区组织、社会关系以及集体行动已经将穷人排除在外，穷人无法通过社会资本来让贫困程度得到减轻。而 Zhao（2012）也认为，相较于普通农户而言，存在一定社会资本的农户显然是有更高的经济收入的，换而言之，社会资本让农户间的收入差距越来越大。Grootaert（1999；2001）自身的研究表明，社会资本在群体中的分布与收入是有正向关系的，意味着社会资本可能也会有利于高收入人群，这样他提出的穷人的资本这一论点就更无说服力。陆铭等人（2010）指出，信任、互助以及公民参与对于整个家庭达到平均消费水平并且抵御自然灾害起不到任何积极的作用。在市场化持续深入的同时，在分担风险方面，社会资本起到的作用越来越小，且考虑到 Grootaert 只是在各收入分位人群内对比了社会资本回报水平的高低，并未将社会资本如何作用于收入差距指标计算在内，所以将社会资本等同于穷人的资本是没有依据的。陆铭和赵剑治（2010）则对农户之间的收入差距进行了分解处理，指出社会关系对于收入差距的增大起到了积极作用，贡献率在 12.1% ~ 13.4%；中国东部地区市场化进程和经济发展更快，从家庭收入来看，社会网络的回报不单单没有减弱，反而表现出了较为显著的强化现象，这样从农村居民收入差距来看，社会网络作出了较大的贡献。王格玲（2012）发现，社会资本的各个维度都能让农户的收入差距增大，但是收入不同会使得影响路径也存在差异。周晔馨（2012）否定了社会资本是穷人的资本这一说法，指出无论是社会资本回报率还是社会资本拥有量，高收入农户都是高于低收入农户的；就地区差别而言，对于富裕地区的农户也会更为有利，社会资本这个因素会让农户的收入差距越来越大。程诚、边燕杰（2014）研究发现，户籍制度和交往同质性原则导致农民工在社会资本存量方面更加匮乏，难以进入收入高的职业。王春超、何意銮（2014）发现整合型社会资本显然会让农民工群体内部的收入差距缩小；但是跨越型社会资本会让这一群体内部的收入差距扩大，尤其对高收入组的收入增长贡献大于中低收入组。李黎明、许珂发现（2017），信息资源对于收入差距起到了收敛的作用，对于收入差距的减小起到了积极作用；人情资源也会让社会收入差距越来越大，成为社会资本负效应的体现。

（二）社会资本影响贫困的其他作用因素

研究者除了关注社会资本对贫困的直接影响外，还有许多研究涉及了社会资本影响贫困过程中一些其他的作用因素。这些作用因素大致可以分为内部作用因素和外部作用因素。在社会资本影响贫困的内部作用因素中，现有研究大致涉及以下几个方面：其一，社会资本能够促进农村贫困地区的融资和创业，帮助贫困地区摆脱贫困（Putnam 等，1993；Gertler 等，2006；Samphantharak、Townsend，2009；Kinnan、Townsend，2012；马光荣、杨恩艳，2011；杨汝岱等，2011）。其二，社会资本有利于农民采用新技术，进而改善贫困者状况（Narayan、Pritchett，1999；Bandiera、Rasul，2006）；其三，社会资本能够在贫困农村公共产品的提供方面起到积极的作用，从而减缓贫困（Migue、Gugerty，2005；Tsai，2007；Munshi、Rosenzweig，2009）；其四，社会资本通过在劳动力市场上对农民工就业状况产生影响，提高劳动者收入，减缓贫困（Granovetter，1995；Finneran、Kelly，2003；Armengol、Jackson，2004；边燕杰，2007；周文华，2015）；其五，通过对农户主观态度及心理因素的影响，进而影响贫困状态的改善（安海燕、张树峰，2015；胡荣、范丽娜，2016；邱达明、张韧仁，2017；刘建娥、戴海静、李梦婷，2018）。而在社会资本影响贫困的外部作用因素中，一些研究者关注到随着市场化的发展，社会资本对贫困的影响作用也会发生变化，不同地区的市场化程度不同，社会资本对贫困的影响程度也不同（Knight、Yueh，2010；张爽，2007；陆铭，2010；郝君富、文学，2013；王晶，2013；贺寨平，2015；刘际陆，2018）。还有一部分学者关注到了劳动力的流动对社会资本和农户贫困的关系造成了影响（Lu 等，2008；汪凤先，2008；彭文慧，2014）。

第三章 贫困问题的心理机制——心理学视角

联合国《千年发展目标 2015 年报告》显示，生活在极端贫困（每日生活费不足 1.25 美元）的人数从 1990 年的 19 亿降至 2015 年的 8.36 亿，全球消除极端贫困的工作取得了重大进展。但贫困问题仍不容乐观，依然是 21 世纪的一个普遍的、困难的和长期存在的问题。贫困问题作为经济学和社会学的一个重要议题，从宏观的角度关注了贫困的群体性和政策性的问题，目前越来越多的研究者发现，贫困对主观幸福感、心理健康及行为决策有重要的影响（Lund 等，2010[①]；Kahneman、Deaton，2010[②]；Noble 等，2015[③]）。因此，如何理解贫困以及与贫困有关的心理模型和决策过程，便成了心理学家的一项重要研究，贫困心理学这一新兴研究方向也应运而生。

第一节 贫困心理学的认识

一、贫困心理学的含义

在传统研究中，贫困问题总是作为一种群体性、政策性的宏大问题出现，

① Lund C，Breen A，Flisher A J，et al. Poverty and commonmental disorders in low and middle income countries：a systematic review[J]. Social Science and Medicine，2010（71）：517-528.

② Kahneman D，Deaton A. High income improvesevaluation of life but not emotional well-being[J]. Proceedings of the National Academy of Sciences of the United States of America，2010（107）：16489-16493.

③ Noble K G，Houston S M，Brito N H，et al. Family income，parental education and brain structure in childrenand adolescents[J]. Nature Neuroscience，2015（18）：773-778.

而心理学视角下的贫困研究多集中于对贫困者的心理特质或心理状态的微观研究。贫困心理学是在心理学视角下研究贫困问题的一个新的研究方向，是心理学在贫困领域的最新应用。研究贫困心理学具有重要的理论意义和实践意义。首先，理论上讲，从心理学视角理解贫困问题，有利于破除我们在理解贫困上的诸多误区。例如，有些人认为贫困是因为懒惰或不努力所致，帮助穷人毫无意义，这样不仅会减少对贫困家庭的援助，加剧贫困问题，而且会进一步扩大贫富差距，激化社会矛盾；另一方面，不少政策制定者认为帮助穷人只需要必要的物质援助，很少关注他们的心理健康和主观幸福感。其次，贫困心理学试图以全新的角度看待贫困，不仅把贫困看作经济问题和社会问题，而且把贫困作为不可忽视的心理问题，为解决贫困问题提供了新思路。再次，从实践上讲，贫困心理学研究具有巨大的政策价值和应用前景。已有研究发现，贫困与儿童早期认知发展和大脑发育显著相关，幼年时期的贫困会减少儿童大脑容量，从而影响智力和认知发展，但这一趋势可以通过儿童早期的扶贫干预得到根本性改变（Barch 等，2016）[1]，因此政府的贫困早期干预显得尤为重要。最后，消除贫困是联合国千年发展目标（Millennium Development Goals，MDGs）的重要内容（The United Nations，2015）[2]，也是我国构建社会主义和谐社会的必然要求，贫困心理学研究为这些重要目标的实现提供了良好契机。

二、贫困产生的心理学假说

关于贫穷，主要有两类理论进行解释。第一类：贫困文化理论，以 Lewis 的贫困文化论为代表；第二类：有限资源理论，主要包括稀缺理论和自我损耗论。

---

① Barch D，Pagliaccio D，Belden A，et al. Effect of hippocampaland amygdala connectivity on the relationship between preschool poverty and school-age depression[J]. American Journal of Psychiatry，2016（173）：625-634.

② The United Nations. The millennium developmentgoals report 2015[M]. New York：United Nations Publications，2015.

（一）贫困文化理论

贫困文化（Culture of Poverty）是指，贫困阶层具有"一种独特的生活方式，是长期生活在贫困之中的一群人的行为方式、习惯、风俗、心理定式、生活态度和价值观等非物质形式，贫困文化塑造着在贫困中长大的人的基本特点和人格"。贫困文化理论最早是由美国人类学家 Oscar Lewis 提出的，他认为仅通过经济学理论解释贫困问题是远远不够的，贫困问题是一个根源于经济、社会、文化的综合现象。在社会中，穷人因为贫困而在居住等方面具有独特性，并形成独特的生活方式，这种方式促进了穷人间的集体互动，从而与其他人在社会生活中相对隔离，这样就产生了一种脱离社会主流文化的贫困亚文化。这种亚文化通过"圈内"交往得到加强，并且被制度化，进而维持着贫困的生活。在这种环境中成长的下一代会自然地习得贫困文化，于是贫困文化世代传递（Small、Harding、Lamont，2010）[①]。贫困具有两大显著特征：贫困的累积效应和代际传递性，这两个方面为贫困的延续提供了有利条件。其中，累积效应使得贫困程度逐渐加深，而代际传递性则使得贫困在时间上得以延续下去。除此之外，贫困还具有"疤痕效应"，例如，Clark、D'Ambrosio 和 Ghislandi（2015）的研究发现，即使穷人摆脱了贫困，过去的贫困经验仍可能会带来持续的创伤，影响他们当前的主观幸福感。在贫困地区，长期贫困会使人们习得贫困文化，例如不敢冒险、注重眼前利益、不重视教育，而这为加深贫困提供了便利。目前，虽然国家在大力推行一些有利政策或扶贫项目来帮助贫困人口摆脱长期的贫困状态，但他们很少会用这些财富进行储蓄或投资，很快又会重新回归贫困状态。贫困文化理论主张从文化视角来看待贫困问题，打开了经济学解释贫困的一个缺口，为用心理学角度解释贫困提供了条件，也为贫困问题的解决提供了新的思路。但贫困文化理论仍然有很大的局限性：首先，从本质上讲，贫困文化理论属于贫困特质论的范畴，认为穷人应该为自己的贫困负责，否认穷人为改变贫困付出的努力，进一步加深了对穷人的刻板印象。其次，该理论显然夸大了穷人与其他人的文化差异，实际上不少研究都表明穷人

---

① Small M L，Harding D J，Lamont M. Reconsidering culture and poverty[J].The Annals of the American Academy of Political and Social Science，2010（629）：6-27.

本身并不是同质性很强的群体，各群体观念和行为上的差异是社会经济地位的反映。再次，该理论否认了人的心理弹性和心理资本，而这些心理资源在逆境中具有重要的作用。最后，该理论只是对贫困产生的再描述，不能很好地解释贫困产生的根源（徐富明等，2017）[①]。

（二）有限资源理论

针对贫困文化理论在解释贫困中的问题，研究者开始寻求从心理学视角来解释贫困，其中最有影响力的就是有限资源理论。有限资源理论并不是单纯指某种理论，而是一种理论体系，包括稀缺理论及自我损耗论等理论。该理论体系基于以下前提：第一，资源总量是有限的。第二，同时进行的任务必然存在资源上的竞争，在任务上分配资源的多少直接影响任务的表现。具体而言，穷人与富人相比，由于经济资源的缺乏，导致大部分认知资源都集中于解决与当前生存迫切相关的经济问题，如房租、吃饭问题等，而没有认知资源去考虑储蓄、投资及学习等与未来收入有关的问题，从而维持甚至恶化贫困。

1. 稀缺理论

Shah、Mullainathan 和 Shafir（2012）在 Kahneman 的认知资源有限理论的基础上，发展出稀缺理论（Scarcity Theory）解释贫困现象[②]。该理论认为：任何形式的资源稀缺，都会引导注意力集中于稀缺的资源上，从而形成"借用"该资源的心理倾向，而忽视"借用"的成本是否超过收益；资源稀缺会产生相应的认知机制，改变人们观察事物和作出决策的方式。贫困的本质特征是资源的稀缺，即拥有太少或相对而言拥有太少，长期的资源稀缺会形成稀缺心态（Scarcity Mindset），导致与稀缺资源有关的问题自动获得更多注意力，形成注意力"聚焦"，同时造成"注意力忽视"（Scarcity-Induced Focus）。例如，当注意力聚焦于每日的生活开支时，可能会忽视下个月的房租。稀缺心态还能够解释穷人的过度借贷行为，因为对于穷人来说，金钱缺乏会导致对当前紧迫经济

---

① 徐富明，张慧，马红宇，等. 贫困问题基于心理学的视角 [J]. 心理科学进展，2017，25（8）：1431-1440.

② Shah A K，Mullainathan S，Shafir E. Some consequences of having too little[J]. Science，2012（338）：682-685.

需要的聚焦，他们会把更多的注意力集中在贷款利益而忽略贷款成本，从而作出错误的经济决策。一般来说，贫困会俘获大脑形成带宽负担，从而降低认知能力和执行控制力，做出更多冲动性行为（Haushofer、Fehr，2014）[1]。如 Mani、Mullainathan、Shafir 和 Zhao（2013）的研究发现，相较于富有时（收获后），在贫困时（收获前）的流体智力和执行控制力更弱。但另一方面，稀缺也会带来"专注红利"（Focus Dividend）。如 Mullainathan 和 Shafir（2013）研究发现，贫困组的弹射更精准，因为弹射数量的缺乏，使得他们更加珍惜射击质量，每一次都用较长的时间去瞄准，判断也更为明智。因此，从短期来看，稀缺会迫使我们把注意力集中在迫近的重要事情上，提高有限资源的利用效率；从长远来看，稀缺会俘获大脑，降低人的认知能力和执行控制力，降低决策质量，为贫困的产生创造了必要条件[2]。

稀缺理论自提出之日起，受到了行为经济学家和心理学家的广泛关注，逐渐成为新的研究热点。稀缺理论的解释范围也逐渐扩展，如忙碌、饥饿、抑郁等。忙碌是时间稀缺，饥饿是食物稀缺，抑郁可以理解为社交稀缺。不过，对于稀缺理论也不乏质疑的声音，质疑主要来源于两方面：第一，实验的外部效度有限，稀缺理论是基于有控制的实验数据提出的，与现实生活环境存在较大差异，可否推广到其他情境值得商榷；第二，在认知测验中，可能存在"天花板效应"。虽然存在质疑，但不可否认，该理论有其显著的优势：第一，稀缺理论适用性很广，它不仅能解释贫困心理，而且也能解释其他稀缺问题，如抑郁、忙碌等。第二，稀缺理论跨越了特质论和环境论的长期争论，为贫困的解释提供了全新的视角。贫困特质论认为贫困是由个人特质造成的，贫困环境论认为贫困是因为环境造成的，如居住条件和资金的获得。而稀缺理论认为稀缺心态才是贫困产生的真正根源，长期贫困会产生稀缺心态，从而影响决策和认知能力。

2. 自我损耗论

自我损耗（Ego Depletion）是指当个体进行情绪管理和抵制诱惑时，

---

[1] Haushofer J，Fehr E. On the psychology of poverty[J].Science，2014（344）：862-867.

[2] Mullainathan S，Shafir E. Scarcity：why having too little means so much[M]. London：Allen Lane，2013.

容易因意志力的暂时耗竭而产生自我控制的损耗（Hagger、Wood、Stiff、Chatzisaranti，2010）[1]。在日常生活中，个人要控制自己的购买欲望，思考如何安排有限的花销等问题，这就会耗费意志力从而导致不利的决策，而对于低收入的穷人而言，这种趋势更为明显。很多研究都发现抵制诱惑会消耗更多的自我控制资源，从而导致问题行为（于斌、乐国安、刘惠军，2013）[2]。自我损耗论对贫困的解释认为，抑制来自商品、休闲娱乐活动等外在诱惑会损耗个体的自我控制资源，个体越贫困，所需施加的抑制越大，自我控制消耗就越迅速，即贫困会损耗自我控制，而自我控制的缺乏是导致持续贫困的重要原因。由于穷人要比富人或正常收入人群抵制更多的诱惑，从而耗费更多的自我控制资源，所以更可能做出暴饮暴食、无节制的花销等非理性行为。例如，Mullainathan 和 Shafir（2013）的研究发现，在面对小额的财务问题时，穷人和富人的测验成绩保持一致，他们控制冲动的程度相同，犯错误的次数也基本相同。但大额的财务问题明显改变了穷人的认知表现，他们在面对相同问题时成绩显著下降，说明贫困削弱了自我控制[3]。Spears（2011）的研究也表明，在作经济决策之前，穷人和富人被试者在测量自我控制程度的握柄测试中表现并无显著差异，但在作经济决策之后，穷人被试者的握柄时间显著缩短。这些实验充分说明自我控制的损耗对贫困的产生起着至关重要的作用[4]。

自我损耗论与稀缺理论有着紧密的联系。首先，这两种理论的前提相同，都认为贫困是由认知资源匮乏造成的，前者强调注意力资源，而后者强调自我控制资源。其次，两种理论解释的贫困有很多重叠的地方，例如穷人经常过度借贷，既可以解释为抵制诱惑的失败（自我损耗论），也可以解释为注意

---

[1] Hagger M S，Wood C，Stiff C，et al. Ego depletion and the strength model of self-control：A meta-analysis[J]. Psychological Bulletin，2010（136）：495-525.

[2] 于斌，乐国安，刘惠军. 自我控制的力量模型 [J]. 心理科学进展，2013（21）：1272-1282.

[3] Mullainathan S，Shafir E. Scarcity：why having too little means so much[M]. London：Allen Lane，2013.

[4] Spears D. Economic decision-making in poverty depletes behavioral dontrol[J]. Department of Economics，Center for Economic Policy Studies，2011（11）：126-143.

力资源不足导致无法进行有效的权衡（稀缺理论）。

基于自我损耗的表现形式，自我损耗理论有三种理论视角。

一是注意力损耗论。许多实验已经证明个体的注意力是有限的，且个体一次只能将有限的注意力集中在有限的事物上。注意力的"聚焦"也同时造成了"注意力忽视"（Attentional Neglect），即由于某些问题吸引了个体的注意力，从而导致他们忽视了其他的问题。除经济资源的匮乏外，其他资源的匮乏也可以影响人们的注意力。例如，处于饥饿或口渴状态的人们更容易将注意力集中到与食物和饮料相关的线索上。这就形成了注意力损耗论的核心假设：任何形式的资源匮乏，都会引导注意力集中于所匮乏的资源，从而形成"借贷"该资源的心理倾向，而忽视这种借贷的成本是否超过其收益。资源的匮乏（Scarcity，在经济学中通常译为"稀缺"，但此处译为"匮乏"似乎更为贴切）会使个体产生相关的认知机制，从而改变人们观察事物和作出决策的方式。这一理论并不局限于贫困所带来的外在环境，也不注重贫困与个体内在心理特质的关系，而是重新定义了认知心理学视角下的贫困：贫困的本质特征是资源（不仅仅是经济资源）的匮乏，即拥有的太少或相比而言拥有的较少，并考虑这种匮乏对心理机制所带来的根本影响。那么，如何研究资源（尤其是经济资源之外的资源）的匮乏对个体注意力的损耗呢？在这方面，注意力损耗论的代表人物 Shafir 和 Mullainathan 等采用将小样本的实验室研究与大样本的现场实验相结合的方式，发表了一系列能证明资源匮乏损耗认知能力的研究成果，这些研究成果也是当下贫困心理学研究中最有代表性的成果。在 Shafir 与 Mullainathan 的系列实验中，被试者总是通过一定的方式随机进入"贫困组"或"富裕组"，这里的贫困或富裕并不是基于经济资源的多寡，而是通过随机化程序进行分配的其他资源的多寡，如机会、时间等。在一项以猜谜机会为资源的实验中，研究者要求被试者在完成猜谜游戏后再进行一项认知任务，以被试者在该任务中的得分来衡量猜谜游戏所耗费的认知资源。结果表明，当被试者拥有较少的可以猜谜的机会时，虽然其猜谜的时间明显比那些拥有较多猜谜机会的被试者长，但他们在认知任务中的表现仍然较差，说明资源匮乏消耗了他们更多的注意力。同时，无论能不能进行借贷，富裕组被试者的表现都十分相似；而贫困组被试者在不可借贷时的表现要比可以借贷时的表现更好，这说明借贷行为对贫困者的认知资源消耗更为严重（Shah、Mullainathan、Shafir，2012）。类似的实验还有以时间作为稀缺资源的实验，被试者需要参加一个团体智力答题游戏，每轮需在限定的时间内回答一道问题，并根据 20 轮的累计得分获得奖励。结果同样发现，贫困组的借贷行为发生率更高；无论能否进行借贷，富裕组的表现都十分相似；而贫困组的被试者在不允许借贷的条件下表现得最好，无利息借贷时的表现其次，而在有利息借贷的情况下表现得最差（Shah 等，2012）[①]。时间资源更少的被试者更倾向于只注意眼下的问题而忽略未来的问题，从而对整个局势产生负面影响。总之，资源的匮乏产生了注意力的聚焦和认知负荷，使人们难于计算出最佳的借款利率，或是不能有效地运用现有资源，或是作出更冒险的决策。以上实验都是实验者操纵被试者的"贫困"或"富裕"情境，而现实中人们是否处于贫困状态通常是既存的事实，不是实验者所能操纵的。为此，Mani 等人在另一项研究中选取了美国新泽西州某商场的购物者为被试者进行研究（Mani、Mullainathan、Shafir、Zhao，2013）[②]。研究者根据被试者的家庭收入将其分为贫困组和富裕组，分别让被试者在不同的情景下回答不同的经济问题，以引发其对自身经济状况的关注。问题情景分为"困难－简单"两组，所谓"困难"即用较高数额的金钱启动被试者，而"简单"则是使用较低数额的金钱启动被试者。在被试者浏览完问题情景，思考该怎样解决所涉及的经济问题时，要求他们完成瑞文测试（Raven's Progressive Matrices Test）和空间兼容任务。结果表明，在简单情景下，贫困组和富裕组在两个任务上的差距都不显著；但在困难情景下，贫困组在两个任务上的表现都比富裕组差。这证明了对自身经济状况的关注造成了额外的认知负荷，降低了他们在认知任务中的表现。上述实验多是在实验室情境下进行的，与真实世界中的情形未必相符。为此，Mani 等人又进行了现场实验，有力地证明了其理论的外在效度。现场研究的被试者是印度南部泰米尔纳德邦的甘蔗种植者。研究者随机

① Shah A K，Mullainathan S，Shafir E. Some consequences of having too little[J]. Science，2012（338）：682-685.
② Mani A，Mullainathan S，Shafir E，et al. Poverty impedes cognitive function[J]. Science，2013（341）：976-980.

选取了当地的小农种植户，他们属于印度的低收入阶层。研究发现，收获前后的农民行为有着显著的区别。收获前的农民愿意以更高的利息典当同一物品，更有可能向他人借钱，更容易觉得难以应付最近15天的日常开支。当然，出现这样的结果是显而易见的，还不能有力地证明贫困损耗认知资源的结论。为此，研究者同样要求他们进行了瑞文测验，同时进行了传统的 Stroop 任务测验，结果同样发现，农民在收获前的瑞文测试得分显著低于收获后的得分；在 Stroop 任务中，收获前的反应时长也显著长于收获后的反应时长，错误的频次也更高。同时，农民感知到的经济压力越高，在上述任务中的表现就越差。这就进一步证实了实验者的假设（Mani 等，2013）。

二是意志力损耗论。意志力也是一种有限的并易耗费的心理资源，当个体进行情绪管理和抵制诱惑时，容易因意志力的暂时性耗竭而产生自我控制的损耗，这一过程通常被称为自我损耗。在日常生活中，个体总要控制自己的购买欲望，思考如何安排有限的花销等问题，这就会耗费意志力而导致作出不利的决策。关于作为有限心理资源的意志力及自我控制的损耗对个体一般性决策行为的影响，心理学界已有较多的研究，并发现抵制诱惑会消耗更多的自我控制资源，从而导致问题行为（于斌、乐国安、刘惠军，2013）[1]。由于意志力是相关贫困研究中有关自我控制和自我损耗过程的代表性资源，因此也有学者将这一视角概括为自我损耗论（Spears，2011）[2]。基于意志力损耗假设，Spears 利用美国人口普查局提供的"美国人时间利用状况调查"（American Time Use Survey，ATUS）中"饮食及健康模块"的数据，对美国人的吃零食（Secondary Eating）行为进行了分析。这里的"吃零食"对应于"吃主食"（primary eating），意指在开车、看电视等做其他事情时吃东西的行为；吃主食则指在正餐时间为了吃饭而吃饭的行为。Spears（2011）假定，吃零食实际上反映出自我控制的失败，不利于追求健康的目标；而逛街和购物需要进行经济决策，抑制来自商品的诱惑或者对有限的预算进行规划的行为，

---

① 于斌，乐国安，刘惠军. 自我控制的力量模型 [J]. 心理科学进展，2013（21）：1272-1282.

② Spears D. Economic decision-making in poverty depletes behavioral control[J]. Department of Economics：Center for Economic Policy Studies，2011（11）：126-143.

对穷人的意志力消耗更为明显，他们也更难进行成功的自我控制。因此，穷人更有可能在逛街时吃零食。Spears 分析了 2008 年的 ATUS 数据，发现在不涉及购物的事项中，吃零食行为的发生频次在贫困者和富裕者之间没有差异，但在购物时，穷人的吃零食行为频次确实要比富人多出约 1/3。当然，由于没有直接的证据表明穷人在购物过程中存在明显的抵制诱惑从而消耗意志力的过程，因此 Spears 也承认这仅为意志力损耗论提供了有限的支持。相较于注意力损耗论，意志力损耗论近两年的成果并不多。这并不说明意志力资源的损耗对于贫困者的行为改变不重要，而主要是因为这一视角多与自我控制甚至更高层次的认知控制视角下的相关研究重叠较多。如 Spears（2011）工作的重点就在于发展更具统一性的行为控制损耗论，其所谓的行为控制（Behavioral Control）实际是包含意志力、自我控制、认知控制的综合性概念，以期提出更具综合性的贫困心理学理论。而其他学者最近也开始更多地使用自我控制或认知控制的术语来概括此类研究，并开始注意探讨各种不同的认知机制在贫困者决策行为中的作用。

三是认知控制消耗论。认知控制（Cognitive Control），也称执行控制（Executive Control），是指个体在信息加工中，根据当前的任务目标，自上而下地对相关信息进行储存、计划和操控的过程。认知控制涉及广泛的心理过程和认知资源，如自我控制、工作记忆、认知弹性等。作为一种有限的认知资源，认知控制的消耗会增加个体决策的难度，增加个体的决策成本，诱发个体的拖延行为等。与前两种视角相比，认知控制消耗论更突出心理资源的综合消耗，而不是某种单一资源的消耗对贫困者决策行为的影响。为验证认知控制消耗论，Spears（2011）组织了一项综合性的研究。他首先进行了一个随机化的实验，要求被试者把实验室想象为一家商店，店里有三种商品：一个金属饭盒、一小瓶食用油和一捆绳子，分别代表"投资品""诱惑品"和"无特殊意义的物品"。被试者可免费从中选择一件物品（"穷人"），或者可从中选择两件物品（"富人"）；同时，部分被试者被告知他们可以主动进行选择，其余部分被试者则仅被告知他们能够得到哪一件物品。完成这一步骤后再进行握柄测试及 Stroop 测试，以衡量其认知资源的损耗程度。Spears 认为，如果被试者认同这样的假定，那么有选择权，即需要被试者主动作出决策时，"富人"因可同时得到两件物品，故不需要面临困难的决策；而只能选择一件物品的"穷人"则会因抵制诱惑而损耗意志力。实验结果发现，注意力损耗论不能单独起作用，被试者只有在进行经济决策时才会因资源的匮乏而降低其认知能力。这就说明，意志力损耗论或认知控制损耗论应当在此过程中扮演了某种角色。当然，没有选择食用油的被试者是否真的存在抵制诱惑的心理过程，还很难证实。所以这一实验本身只能从侧面说明意志力损耗或认知控制的损耗可能影响认知表现，但还需要结合其他实验加以证实。为此，Spears 设计了一个相关的现场实验。研究者每天访问一穷一富两个村庄，并以明显的低价向村民出售一款知名品牌的香皂，村民可以自行决定是否购买。同时，研究者结合心理学中用来测量自我控制程度的常用测试握柄测试，随机要求一半的村民在作出决策前握紧一个手柄并测量其握柄时长，另有一半的村民在作出决策之后进行同一测试。研究者通过询问村民的家庭经济状况并结合其衣着破烂程度等外在信息综合判定其为"穷人"还是"富人"。完成上述步骤后，研究者再对被试者进行工作记忆测验。结果发现，"穷人"的握柄时长明显受握柄测试是否先于经济决策的影响：在作出经济决策之前进行握柄的"穷人"，比在作出经济决策之后进行握柄的"穷人"，平均握柄时长要短；但在"富人"的测试中却没有发现这一现象。此外，"穷人"和"富人"的平均握柄时长并不存在显著差别。这一结果说明，单纯由匮乏引发的注意力损耗，不会直接改变贫困者的决策行为，只有在个体作出经济决策时，这一作用才会发生。换言之，单纯处于贫困状况（资源匮乏）并不显著地降低个体的认知能力，只是在作出与经济相关的决策时才会如此。同时，对是否购买打折香皂（即是否成功抵制了"诱惑"）的被试者的相关认知测验结果发现，两组被试者之间的差别并不显著，因此该实验中并未取得证实意志力消耗的直接证据。最后，在工作记忆测验中，一个单词都不记得的"穷人"，与在记忆任务中记得一个单词的"穷人"，同样在作出决策后再握柄，其握柄时长具有统计上显著的差异。这说明工作记忆的广度即认知控制资源本身的丰富性对贫困者的决策也存在一定的影响①。

① Spears D. Economic decision-making in poverty depletes behavioral control[J]. Department of Economics：Center for Economic Policy Studies，2011（11）：126-143.

以上三种视角的共同点在于都认为贫困占据或消耗了有限的心理资源，但也存在一些细节上的不同。注意力损耗理论侧重于贫困对注意力的导向性分配，认为注意力这种有限资源容易集中于资源匮乏的领域，当贫困成为一个人资源匮乏的主要表现形式时，就会导致注意力被过度占用，从而引起非理性行为；意志力损耗理论则认为抵制诱惑和抑制行为会消耗有限的意志力，贫困者因不能满足自己的欲望而不得不抵制诱惑，从而出现意志力的暂时性耗竭，从而引发非理性行为；认知控制损耗理论认为认知控制资源的损耗是影响贫困者决策的关键，处于贫困状况中的个体作出与经济有关的决策比作出其他决策变得更困难，这种认知难度上的增加会损耗相关的认知控制资源，从而做出非理性行为。虽然在三种视角下，贫困削弱个体认知决策所表现的心理学机制并不相同，但它们都共同说明了一个事实：决策也是有认知成本的，对贫困人群尤其如此；他们不仅仅在经济资源上处于弱势地位，在心理资源上也容易处于弱势地位，这体现为其认知资源的存量更少，或者更容易被认知过程所损耗。这可促使政策制定者进一步思考：现有政策的设计是否会增加贫困者的认知负担，给他们增加了许多不必要的挑战？如何降低这些可能的负担，使反贫困政策能够更有效地帮助到相关弱势群体？简化流程、精炼表格、提供帮助、增加关怀，不仅仅是道德层面或政治层面的问题，还可以在认知层面降低个体的负担，使其能够更加专注、更有精力来处理相关的问题。

为使贫困心理学的研究能更好地为实际的反贫困政策的制定提供决策参考，今后研究可进一步关注如下问题。

首先，三种视角之间的关系有待进一步澄清。注意力损耗论、意志力损耗论和认知控制损耗论各有侧重，但在概念上又存在一定的重叠。尤其是认知控制损耗论，似乎已经囊括了前两种心理资源。同时，认知控制领域的研究本身就存在一定的概念混用，如既有观点认为注意是执行功能的一部分，也有观点认为注意决定执行功能或认知控制需要注意参与（Diamond，2013）[1]。要想区分这三种理论，还需要对注意、控制、认知控制这三个概念加以更加精确的

---

① Diamond A. Executive functions[J]. Annual Review of Psychology，2013（64）：135-168.

界定。但目前相关的研究中，研究人员并非完全来自心理学领域，还来自经济学、社会学领域，对于此类概念的使用有一定的随意性，还有待进一步规范，以便取得更统一的结果。同时，目前的研究中，以注意力损耗论的成果居多，后两种视角的实验成果相对较少，实验设计的内容和控制的干扰变量还可进一步丰富，以更好地验证和区分这三种视角下的作用机制。

其次，贫困损耗认知的结果是否具有长期性和累积性，以及这种认知损耗对个体的成长是否总是负面的，也可作进一步探讨。当下贫困者决策风格的研究，多将贫困视为一种短时的状态，考虑处于这种状态下的个体认知能力的表现，而较少考虑长期的贫困状态对个体认知功能及其神经基础的持久性影响。在这方面，相关研究领域给出了不尽相同的结论与证据。一方面，心理学上著名的关于延迟满足的棉花糖实验及其后续研究，已经发现善于自我控制的个体在后期有较高的 SAT 得分（Shoda、Mischel、Peake，1990）[1]。这似乎说明自我控制资源的短期消耗并未造成长久性的伤害，在某些情况下，长远而言反而可能提升其认知能力。另一方面，也有发展心理学学者的系列研究显示，儿童期的贫困对个体的情感调节表现及其神经系统具有持久性的负作用，会降低成年期个体的工作记忆能力，其延迟满足能力、自我控制和注意力控制能力也相对较弱（Kim 等，2013）[2]。那么，在个体长期的发展过程中，有没有认知能力损耗的补偿机制，例如心理韧性。实际上，已有研究发现，贫困对儿童自我调节能力的影响取决于其自我调节能力的调节作用（Blair、Raver，2012）：在来自低收入家庭的儿童中，那些自我调节能力更强的个体更能抵御负性心理结果的冲击[3]。这提醒研究者可进一步研究心理韧性因子对贫困的认知损耗作用的防御或恢复，提醒相关人员在制定反贫困政策

① Shoda Y，Mischel W，Peake P K. Predicting adolescent cognitive and self-regulatory competencies from preschool delay of gratification : identifying diagnostic conditions[J]. Developmental Psychology，1990，26（6）：978-986.

② Kim P，Evans G W，Angstadt M，et al. Effects of childhood poverty and chronic stress on emotion regulatory brain function in adulthood[J]. Proceedings of the National Academy of Sciences of the United States of America，2013，110（46）：18442-18447.

③ Blair C，Raver C C. Child development in the context of adversity : Experiential canalization of brain and behavior[J]. American Psychologist，2012，67（4）：309-318.

的过程中应注意补充单纯的经济措施之外的心理援助和认知技能培训，从而使心理学视角更加深入地介入贫困研究和反贫困政策的制定与执行中。

最后，在中国文化中素有"天将降大任于是人也，必先苦其心志，劳其筋骨，饿其体肤，空乏其身，行拂乱其所为，所以动心忍性，曾益其所不能"（《孟子·告子下》），及"小不忍则乱大谋"的教育传统，如果贫困（不论绝对还是相对，不论是经济资源的匮乏还是认知资源的匮乏）会损耗认知资源和降低认知水平，这种教育理念是否合适？短期的认知资源消耗与长远的决策水平提升之间，究竟存在怎样的关系？又是否存在跨文化差异？像国内许多"寒门状元"的事实，无疑体现出他们具备极高的认知能力，这是因为他们具有极强的一般性心理韧性因子，还是具有充分的成就动机，还是存在其他认知功能保护因子？他们的成长经历是否具有量化研究中的普遍性？如何理解这些典型个案与实验结果的双重存在性？在什么条件下，个体认知能力的发展可以突破贫困境遇的限制？这些都是可以进一步探索和补充的地方，是贫困心理学研究为解决当下中国的贫困问题贡献专业视角与实用技能的重要切入点。

第二节　贫困对个体身心发展的影响

一、贫困对儿童大脑发育的影响

贫困对个体的身心健康、情感、认知等多方面存在影响[1]。近年来，随着神经科学技术的发展，研究者发现贫困经历对大脑结构、功能同样存在重要的影响，并试图揭示社会经济状况（SES）影响认知神经发展的内在机制。随着对动物和人类进行深入的神经科学研究，研究者发现，SES 与神经发展之间可能存在因果关系机制，这为设计有效的干预方法、阻止和修复低 SES 所造成的影响提供了可能。下文将详细阐述贫困对大脑结构及功能的影响，并

---

[1] 王丹丹，周加仙. 贫困对大脑结构与功能的影响及教育干预策略 [J]. 教育生物学杂志，2017，5（1）：47-54.

就此提出相应的干预办法[1]。

（一）贫困对大脑灰质的影响

已有研究表明，贫困与儿童的大脑灰质体积呈负相关。Hanson 等观察和分析了不同经济文化背景下儿童（4 个月～ 4 岁）的大脑发育情况，发现低收入家庭儿童的大脑额叶和顶叶的灰质体积显著低于富有家庭的儿童，差异达 0.4 个标准差；不仅如此，灰质体积的差距会随着年龄的增长而逐渐增大[2]。Noble 等研究了 1099 名 3 ～ 20 岁正在发展中的个体，调查了社会经济因素与脑的形态测量之间的关系，并控制了遗传因素的影响后发现，家庭收入与脑皮层的多个脑区的表面积成对数关系[3]。来自低收入家庭的儿童，经济的微小差异对应着大脑皮层的较大差异，而来自高收入家庭的儿童，与低收入家庭相似的经济增量却对应着较小的皮层差异。这些差异在语言、阅读、执行功能和空间技能的区域非常显著。造成这种差异的原因可能在于收入较高的家庭具备提供更多营养、提供具有认知性刺激的学习环境以及更高质量的生活的能力。另外，父母受教育程度的增加，与童年和青春期少年发展进程中的皮层面积的增加之间也存在着相关性。

上述研究表明，SES 选择性地影响了贫困儿童的一些脑区的发育，包括额叶、海马、杏仁核以及颞叶等。其中，显著受到贫困影响的区域包括与语言、压力等相关的区域。下面将分别阐述 SES 与主要脑区发育之间的相关性。

1. 额叶

额叶主要包括初级运动皮层、前运动区、前额叶等区域，负责大脑的高级功能，具有执行控制、计划、资源分配、记忆等功能。研究显示，前额叶具有较长的发展轨迹，一直延伸至青春期后期，该区域的神经连接与体积的

---

[1] Heckman J J，Moon S H，Pinto R，et al. The rate of return to the high /scope perry preschool program[J]. Public Econ，2010，94（12）：114-128.

[2] Hanson J L，Hair N，Shen D G，et al. Family poverty affects the rate of human infant brain growth[J]. PLoS ONE，2013，8（12）：e80954.

[3] Noble K G，Grieve S M，Korgaonkar M S，et al. Hippocampal volume varies with educational attainment across the life-span[J]. Front Hum Neurosci，2012（6）：307.

变化从童年早期一直持续到成年早期[①]。因此，外界环境的适宜性对其发展非常重要。行为学研究已经发现，SES 与执行功能之间存在显著的相关性，这种相关性持续到中年，且不受国家和学校环境的影响[②]。神经影像技术的研究也表明，额叶与 SES 之间也存在着显著的相关性[③]。有研究发现，生活在低SES 家庭中的 9 岁儿童，其背外侧额叶和腹外侧额叶的活动降低[④]。Holz 等对一组追踪了 25 年的数据进行分析，发现早期经历贫困生活的个体的眶额皮层体积更小[⑤]。眶额皮层位于前额叶，接受来自背内侧丘脑、颞叶、腹侧被盖区、嗅觉系统和杏仁核的直接神经传入。另外，还有研究发现，前额叶[⑥]、左侧额下回[⑦]与 SES 之间也存在显著的相关性，并且父母的教育程度对子女的左侧额上回的皮层厚度有显著的相关性[⑧]。

2. 海马和杏仁核

海马是个体学习、记忆、加工与处理情绪的重要脑区，在个体的学习和

① Fair D A，Cohen A L，Power J D，et al. Functional brain networks develop from a "local to distributed" organization[J].PLoS Comput Biol，2009，5（5）：1000381.

② Farah M J，Shera D M，Savage J H，et al. Childhood poverty：specific associations with neurocognitive development[J].Brain Research，2006，1110（1）：166-174.

③ Hair N L，Hanson J L，Wolfe B L，et al. Association of child poverty，brain development，and academic achievement[J].JAMA Pediatr，2015，169（9）：822-829.

④ Kim P，Evans G W，Angstadt M，et al. Effects of childhood poverty and chronic stress on emotion regulatory brain function in adulthood[J]. Proceedings of the National Academy of Sciences of the Unite States of America，2013，110（46）：18442-18447.

⑤ Holz N E，Boecker R，Hohm E，et al. The long-term impact of early life poverty on orbitofrontal cortex volume in adulthood：results from a prospective study over 25 years[J].Neuropsy Chopharma Cology，2015，40（4）：996-1004.

⑥ Ansell E B，R ando K，Tuit K，et al. Cumulative adversity and smaller gray matter volume in medial prefrontal，anterior cingulate，and insula regions[J].Biol Psychiatry，2012，72（1）：57-64.

⑦ Noble K G，Houston S M，Kan E，et al. Neural correlates of socioeconomic status in the developing human brain[J]. Development Science，2012，15（4）：516-527.

⑧ Lawson G M，Duda J T，Avants B B，et al. Associations between children's socioeconomic status and prefrontal cortical thickness[J]. Development Science，2013，16（5）：641-652 .

生活中发挥着重要作用[①]。SES 主要通过压力通路 HAP 轴（下丘脑－垂体－肾上腺轴）对海马和杏仁核产生影响。Noble 等在另一项研究中分析了 60 名具有不同社会经济地位的儿童的大脑结构，结果显示，海马体积与社会经济地位之间存在高度的相关性。家庭经济地位较低的儿童比家庭经济地位较高的儿童的海马体积更小[②]。另有研究发现，海马的灰质体积与家庭收入之间存在相关性，与家庭经济条件较好的儿童相比，SES 较低的儿童其海马灰质体积较小，并且这种影响会持续一生[③]。Hanson 等发现，经济地位较低的儿童，其海马灰质的密度也相对较低[④]。而 Rao 等发现，在儿童 4 岁时，父母的养育质量可以反向预测儿童在青春期的左侧海马体积，4 岁时的养育质量越好，青春期儿童的海马体积越小，但这种效应在儿童 8 岁时并不存在，后续的研究为该发现提供了合理的解释[⑤]。Gogtay 等的研究发现，父母的养育质量与海马体积成倒 U 形关系，在 4～12 岁）之间，海马体积不断增加，从青春期到成年，海马体积不断减少并趋于平稳，其中父母的养育质量会加速或者延迟海马体积的变化，高质量的养育加速海马的成熟，使个体在青春期之前海马体积达到顶峰[⑥]。因此，儿童发展到青春期时，海马体积的增长已开始处于下降状态。杏仁核是边缘系统的一部分，对情绪的产生、识别、控制具有重要作用，也

---

① Fujioka A，Fujioka T，Ishida Y，et al. Differential effects of prenatal stress on the morphological maturation of hippocampal neurons[J].Neuroscience，2006，141（2）：907-915.

② Noble K G，Grieve S M，Korgaonkar M S，et al. Hippocampal volume varies with educational attainment across the life-span[J]. Front Hum Neurosci，2012（6）：307.

③ Cavanagh J，Krishnadas R，Batty G D，et al. Socioeconomic status and the cerebellar grey matter volume：data from a well-characterised population sample[J].Cerebellum，2013，12（6）：882-891.

④ Hanson J L，Hair N，Shen D G，et al. Family poverty affects the rate of human infant brain growth[J]. PLoS ONE，2013，8（12）：e80954.

⑤ Rao H，Betancourt L，Giannetta J M，et al. Early parental care is important for hippocampal maturation：evidence from brain morphology in humans[J].Neuroimage，2010，49（1）：1144-1150.

⑥ Gogtay N，Giedd J N，Lusk L，et al. Dynamic mapping of human cortical development during childhood through early adulthood[J]. Proceedings of the National Academy of Sciences of the United States of America，2004，101（21）：8174-8179.

是控制学习和记忆的脑部组织。研究发现，低 SES 个体在感知威胁性面孔或者进行负性情绪管理时，杏仁核出现更强烈的激活[1]，且低 SES 个体的杏仁核的体积更小[2]。

3. 颞叶和扣带回

颞叶位于外侧裂的下方，由颞上、中、下回组成，主要负责处理听觉信息。Noble 等研究发现，父母教育与颞叶之间存在显著的相关性，教育程度越高，颞叶的皮层面积越大[3]。另外有研究也发现，SES 与颞叶体积之间存在显著的相关性[4]。Noble 等（2015）研究还发现，SES 与年龄之间存在着交互作用，SES 主要是通过语言环境来影响颞叶的发展，语言环境是指由养育者所提供的语言刺激，一般与父母的教育程度正相关[5]。扣带回位于大脑结构的边缘系统，参与人类的认知控制、学习等行为。关于 SES 与扣带回之间关系的研究相对较少。Gwendolyn 等研究发现，父母的教育程度能显著地预测右侧扣带前回的皮层厚度，父母的教育程度越低，儿童的皮层厚度就越薄[6]。而Noble 等（2015）还发现，父母的教育程度能显著预测右侧扣带回的皮层表面积。另外也有研究表明，前扣带回的膝部和膝下部都与 SES 有显著相关[7]。

[1] Luby J，Belden A，Botteron K，et al. The effects of poverty on childhood brain development : the mediating effect of caregiving and stressful life events[J]. JAMA Pediatr，2013，167（12）：1135-1142.

[2] Hanson J L，Nacewicz B M，Sutterer M J，et al. Behavioral problems after early life stress：contributions of the hippocampus and amygdale[J].Biol Psychiatry，2015，77（4）：314-323.

[3] Noble K G，Houston S M，Brito N H，et al. Family income，parental education and brain structure in children and adolescents[J]. Nat Neurosci，2015，18（5）：773-778 .

[4] Ansell E B，R ando K，Tuit K，et al. Cumulative adversity and smaller gray matter volume in medial prefrontal，anterior cingulate，and insula regions[J]. Biol Psychiatry，2012，72（1）：57-64.

[5] Noble K G，Houston S M，Kan E，et al. Neural correlates of socioeconomic status in the developing human brain[J]. Development Science，2012，15（4）：516-527.

[6] Lawson G M，Duda J T，Avants B B，et al. Associations between children's socioeconomic status and prefrontal cortical thickness[J]. Development science，2013，16（5）：641-652.

[7] Gianaros P J，Horenstein J A，Hariri A R，et al. Potential neural embedding of parental social standing[J]. Soc Cogn Affect Neurosci，2008，3（2）：91-96.

（二）贫困对大脑白质纤维的影响

贫困不仅与大脑灰质变化存在相关性，同时也与大脑白质的完整性及体积存在相关性。研究表明，贫困与大脑的多个白质纤维束均存在相关性，包括上纵束、下纵束、扣带束、前侧放射冠等。以下研究者从贫困的不同维度研究了贫困与白质的关系。Noble 等从个体教育年限的角度研究其对白质的影响，实验获取了 47 名处于青春期后期的被试者数据，教育年限在 11 ～ 18 年[1]。通过分析被试者的教育年限与上纵束（SLF）、扣带束（CB）以及前侧放射冠（ACR）等白质纤维之间的关系，发现教育年限与 SLF 和 CB 之间存在显著的相关性。Raizada 等从收支比的角度发现贫困与较小的白质体积之间存在相关[2]。Chiang 等还发现 SES 与遗传之间的相互作用会影响白质的完整性[3]。而 Gianaros 等则综合考虑了教育程度、家庭收入以及所在社区条件等因素，研究了 155 名 30 ～ 50 岁的健康被试者，实验比较了条件较好与条件较差的被试者，结果发现具有较好的教育程度、家庭收入以及社区条件的被试者，其白质的完整性更好[4]。除了以上几个主要脑区及白质的研究之外，贫困还与大脑的其他区域存在联系。Cavanag 等研究了一组随机选取的神经健康的被试者，结果显示较低的社会经济地位与较小的小脑体积之间存在相关性，早期和当前的社会经济地位对小脑体积都有明显的影响[5]。另外，Butterworth 等发

---

[1] Noble K G，Korgaonkar M S，Grieve S M，et al. Higher education is an age-independent predictor of white matter integrity and cognitive control in late adolescence[J]. Development Science，2013，16（5）：653-664.

[2] Raizada R D，Richards T L，Meltzoff A，et al. Socioeconomic status predicts hemispheric specialization of the left inferior frontal gyrus in young children[J]. Neuroimage，2008，40（3）：1392-1401.

[3] Chiang M C，McMahon K L，de Zubicaray G I，et al. Genetics of white matter development：a DTI study of 705 twins and their siblings aged 12 to 29[J]. Neuroimage，2011，54（3）：2308-2317.

[4] Gianaros P J，Marsland A L，Sheu L K，et al. Inflammatory pathways link socioeconomic inequalities to white matter architecture[J]. Cereb Cortex，2013，23（9）：2058-2071.

[5] Cavanagh J，Krishnadas R，Batty G D，et al. Socioeconomic status and the cerebellar grey matter volume：data from a well-characterised population sample[J]. Cerebellum，2013，12（6）：882-891.

现，SES 与脑岛之间也存在显著的相关性，童年贫困可以预测到脑岛活动的增强[1]。此外，社会经济地位也与大脑整体的生长轨迹相关。在婴儿期和童年早期，低收入家庭儿童的大脑呈现出更慢的生长轨迹，主要表现为灰质、额叶和顶叶的生长缓慢[2]。

二、贫困对儿童早期发展的影响及其机制

（一）贫困对儿童早期发展的影响

家庭社会经济地位影响儿童的早期发展，并贯穿儿童一生。总体而言，家庭社会经济地位高的儿童早期发展状况比家庭社会经济地位低的儿童更好，这是因为具有较高社会经济地位的儿童比社会经济地位低的儿童拥有更多的资源来支持他们自身的发展。家庭收入作为衡量家庭社会经济地位的核心因素之一，对儿童的早期发展十分重要，其影响在儿童很小的时候便能被观察出来。研究者根据对不同国家的婴幼儿的观察均发现了家庭贫困对于儿童发展的不利影响。

家庭收入对儿童早期的认知发展和运动发展具有促进作用。徐曼等研究了陕西关中农村地区儿童的认知和运动发育水平及影响因素，发现家庭收入与儿童的认知发展和运动发展之间的相关性随着儿童月龄的增加而逐渐增强。在一项针对湖南 37～48 个月女幼童认知发展因素的研究中，将被调查的女幼童家庭总收入分为经济能力相对较差、经济能力相对中等偏下、经济能力相对中等偏上和经济能力相对较好四组，结果发现四组女幼童社会认知、记忆、语言等方面均存在显著差异，且随着家庭总收入水平的提高，女幼童在各个发展维度的得分逐渐提高[3]。一项针对美国开端计划项目的研究发现，接受过政府补助的家庭的儿童或者父母失去工作的儿童，其认知得分

---

[1] Butterworth P，Cherbuin N，Sachdev P，et al. The association between financial hardship and amygdala and hippocampal volumes : results from the PATH through life project[J]. Social Cogntive and Affective Neuroscience，2012，7（5）：548-556.

[2] Toga A W，Thompson P M，Sowell E R. Mapping brain maturation [J]. Trends Neurosci，2006，29（3）：148-159.

[3] 周平 . 女幼童认知发展影响因素研究 [D]. 上海：华东师范大学，2011.

较低，即贫困或者低收入对儿童的认知发展具有不利影响[1]。家庭收入对儿童早期的语言发展有积极的影响。家庭收入较高的儿童，早期语言技能发展得较好；而家庭收入偏低，则可能在一定程度上限制儿童早期语言技能的发展。具体而言，家庭收入对儿童字母识别、接受性语言表达和早期读写能力及入学后的阅读均具有显著的正相关关系。家庭收入与儿童的社会情感发展呈正相关。社会经济地位低的儿童容易出现诸如同伴关系受损、低自尊等问题，这些问题对儿童的社会情绪适应有负面影响，贫困儿童比同龄儿童有更多的负面情绪[2]。有研究发现，贫困尤其是长期处于贫困状态，容易让儿童具有消极的社会性情感[3]。低收入家庭的儿童出现内隐和外显问题的风险更高，社会交往能力也显著落后于高收入家庭的儿童[4]。其他研究也表明，与低收入家庭的儿童相比，高收入家庭的儿童患贫血和心理问题的风险较低，其一般社会能力显著高于低收入家庭的儿童[5]。家庭收入的高低也影响着儿童的行为表现。邓冰等以贵阳城区的行为问题儿童为研究对象，探讨其与家庭因素的关系，发现家庭收入会影响儿童的行为问题，低收入家庭的儿童相较于高收入家庭的儿童，表现出更多的行为问题。家庭经济情况还对儿童的入学率、辍学率和学业表现具有一定的影响，对儿童的未来发展具有一定的预测作用[6]。有研究表明，家庭收入能够正向地预测 3～5 岁儿童的学业技

① 李艳玮，李燕芳，刘丽莎．家庭收入对儿童早期语言能力的影响作用及机制：家庭学习环境的中介作用 [J]. 中国特殊教育，2012（2）：63-68，75.

② Robinson L M，Mcintyre L，Officer S. Welfare babies：poor children's experiences informing healthy peer relationships in Canada [J]. Health Promotion International，2005，20（4）：342-350.

③ Mcloyd V C. Socioeconomic disadvantage and child developmental[J]. American Psychologist，1998，53（2）：185-204.

④ Mistry R S，Biesanz J C，Taylor L C，et al. Family income and its relation to preschool children's adjustment for families in the NICHD study of early childcare[J]. Developmental Psychology，2004，40（5）：727-745.

⑤ 张晓，陈会昌，张银娜，等．家庭收入与儿童早期的社会能力：中介效应与调节效应 [J]，心理学报，2009，41（7）：613-623.

⑥ Children U N，Fund S. The state of the worlds children：a fair chance for every child[M]. New York：New York Unicef Jun，2016.

能，并且家庭收入与儿童的问题行为显著相关[1]。另一项针对英国1970年出生的儿童研究表明，根据22个月大的儿童的认知成绩能够预测到其26岁时的教育成就，并且这种预测性与家庭背景相关。父母教育程度较高或者家庭富裕的儿童，如果早期认知得分低仍能在后期再次赶上，然而家庭条件较差的儿童如果早期认知得分低，在后期再次赶上的可能性就会很低，即家庭背景在影响不同年龄阶段儿童的能力分布的流动性上扮演着重要角色[2]。虽然家庭收入对儿童的早期发展具有正向的影响，家庭经济状况较好的家庭，其儿童的早期发展状况也较好，但并不是家庭收入越高，就意味着儿童的早期发展越好。有学者研究发现，家庭收入太低或太高都不利于儿童的早期发展，中等收入家庭的儿童在语言和认知方面的发展均好于低收入及高收入家庭的儿童，但在一定范围内，儿童的认知发展水平是随着家庭收入的提高而提高的。同时，家庭收入对于不同收入等级的家庭的儿童，影响是不一样的，与中等收入和高收入家庭的儿童相比，家庭收入对于低收入家庭的儿童的影响更大[3]。

家庭收入影响儿童的健康状况。研究发现，家庭收入影响儿童是否是早产儿，家庭收入高是早产的保护因素。家庭收入也会影响母亲的喂养方式，家庭收入高的家庭完全母乳喂养比率高于家庭收入低的家庭。同时，农村和城市儿童的HAZ值随着家庭收入的增加而增加，农村儿童的低体重率和生长迟缓率随着家庭收入的增加而降低[4]。家庭收入也会影响儿童的贫血状况，家庭收入是儿童缺铁性贫血的主要危险因素[5]。

---

[1] Yeung W J，Linver M R，Brooks-Gunn J. How money matters for young children's development : parental investment and family processes[J].Child development，2002，73（6）：1861-1879.

[2] Feinsthin L. Inequality in the early cognitive development of british children in the 1970 cohort[J]. Economica，2003，70（277）：73-97.

[3] Cooper K，Stewart K. Does money affect children's outcomes[J]. Child development，2013（12）：876-899.

[4] 杨梅. 家庭收入与农村儿童健康[D]. 南京：东南大学，2018.

[5] 何铁飞，林飞雄. 儿童缺铁性贫血发生的相关因素分析与治疗[J]. 中国医药指南，2012，10（33）：600-601.

家庭收入对儿童的家庭特征也会产生影响。首先，家庭收入影响家庭所生子女的数量。家庭生育孩子的数量与家庭收入负相关，收入越少的家庭越倾向于多要孩子，即家庭收入会影响儿童的兄弟姐妹个数。其次，家庭经济负担是造成农村留守儿童隔代抚养的直接原因。母亲外出务工，不能在家担任儿童的第一监护人，而将其托付给儿童的祖父母等照顾。最后，家庭收入影响儿童监护人的养育行为。经济困难使父母产生较大的心理压力，诱发更多的家庭冲突，削弱父母的有效养育行为，不同家庭收入水平的母亲的抚养行为在对儿童需要的敏感性及促进儿童的身体健康上存在着显著差异。一项关于国家青年长期追踪调查项目的数据研究显示，家庭收入在贫困线上的家庭比家庭收入在贫困线下的家庭更多地参与到了促进儿童认知发展的亲子活动中[⑥]。家庭收入会影响儿童监护人的心理健康状况。研究表明，家庭收入稳定的母亲产后抑郁程度低于家庭收入不稳定的母亲，且家庭收入高的母亲哺乳期抑郁程度较低[⑦]。

（二）贫困对儿童早期发展的影响机制

关于家庭收入对儿童早期发展的影响机制，国外研究人员提出了著名的家庭投资模型（The Family Investment Model）和家庭压力模型（The Family Stress Model）。家庭投资模型是指较高收入的家庭拥有更多的经济资源、社会资源和人力资源，支持父母为儿童进行更多的投资，从而促进儿童的早期发展，而贫困的家庭则只能给儿童提供较少的资源，正是这种家庭资源投资的差异，导致不同家庭收入的儿童在发展结果上出现了差异。而家庭压力模型则是指贫困或工作丧失会给家庭带来经济压力，对父母的心理健康产生影响，进而影响其教养行为，具体表现为给儿童更少的关爱，更少地参与到儿童的日常活动中，变得更加暴躁和不能自我控制，给儿童发展带来消极的影响，同时增加儿童出现

---

⑥ Bradley R H，Whiteside L，Mundfrom D J，et al. Early indications of resilience andtheir relation to experiences in the home environments of low birthweight，premature children living in poverty[J]. Child development，1994，65（2）：346-360.

⑦ 张玲，刘宁，侯俊财. 哺育期母亲焦虑抑郁状况相关影响因素比较 [J]. 江苏卫生保健，2014（5）：49-51.

内隐问题和外显问题的风险。但家庭收入对儿童发展的影响，会因地域和文化出现一致性和特异性[1]。有研究发现，欧裔儿童的学习成绩比亚裔儿童更易受到家庭收入的影响[2]。国内研究者在借鉴国外研究经验的基础上，对家庭收入对我国儿童发展的影响机制也进行了一些研究。张晓等研究家庭收入对儿童早期的社会能力的影响过程，考察家庭社会文化环境和家庭情感环境在其中的中介作用和调节作用，结果发现，与低收入家庭的儿童相比，高收入家庭的儿童的一般社会能力和师生关系质量发展得更好。同时，在家庭收入对儿童一般社会能力的影响中，家庭社会文化环境发挥了中介作用，家庭情感环境发挥了调节作用。在家庭收入对师生关系质量的影响中，家庭情感环境发挥了调节作用。李艳玮等以北京市 185 名 43～77 个月的儿童为研究对象，探讨家庭收入对儿童早期语言能力的影响作用及机制，调查了儿童家庭的收入、家庭学习环境和儿童早期语言能力。其中，家庭学习环境包括家庭学习活动、丰富生活经验和文化资料等方面的内容，既涵盖父母的近端养育行为，也包括远端的实践活动，如给儿童提供学习资料等。结果发现，家庭学习环境在家庭收入对于儿童早期语言能力发展的影响中发挥了重要的中介作用。具体地，家庭收入对儿童早期语言能力具有显著的独立预测作用，家庭学习环境中的资料在其中发挥了部分中介作用[3]。周皓研究家庭社会经济地位、教育期望、亲子交流与儿童发展的关系，发现家庭社会经济地位对儿童的发展具有重要的影响作用，教育期望和亲子交流在其中起着重要的中介作用，但对于不同的儿童，家庭社会经济地位对儿童发展产生影响的作用途径却不尽相同。对于本地儿童，家庭社会经济地位对儿童的发展结果具有直接影响，而且还会通过亲子交流来产生间接影响；但对于流动儿童而言，家庭社会经济地位只会通过教育影响儿童的发展结果，其直接影响不显著，而流动儿童家庭社会经济地位与亲子交流状况无关，但亲子

---

① 屈亚琼. 家庭收入对儿童早期发展的影响机制研究 [D]. 西安：陕西师范大学，2019.

② Letoumeau N L，Duffett-leger L，Levac L，et al. Socioeconomic statusand child development：a meta-analysis[J]. Journal of Emotional and Behavioral Disorders，2013，21（3）：211-224.

③ 李艳玮，李燕芳，刘丽莎. 家庭收入对儿童早期语言能力的影响作用及机制：家庭学习环境的中介作用 [J]. 中国特殊教育，2012（2）：63-68，75.

交流状况会影响到儿童的发展结果①。

尽管我国已步入中等收入国家行列，但由于城乡经济发展的不平衡，农村地区依然还很落后，大量农村儿童的早期发展严重滞后，其潜能未能充分挖掘。现有研究表明，家庭收入并不直接作用于儿童的早期发展，而是通过影响一些中间因素（中介变量）来对儿童的早期发展产生影响，这些中间因素（中介变量）包括：（1）儿童的个体特征：出生时的体重、是否早产、是否贫血、是否吃过母乳；（2）儿童的家庭特征：玩具来源、玩具种类、过去三天监护人的亲子互动状况、大人读书的数量、儿童绘本书数量、儿童玩具数量、杂志或报纸数量；（3）儿童的家庭养育环境：玩具来源、玩具种类、过去三天监护人的亲子互动状况、大人读书的数量、儿童绘本书数量、儿童玩具数量、杂志或报纸数量；（4）监护人的心理健康状况：是否抑郁、焦虑等中间变量对儿童早期发展产生影响。

人力资本投资是一个国家经济持续稳定增长的重要源泉之一，在人的生命早期阶段进行人力资本投资，其回报率是最高的。然而，我国由于城乡经济发展的不平衡，农村地区不能享受到城市地区儿童所拥有的优质的教育资源，农村地区的儿童，尤其是贫困农村地区的儿童一直长期处于发展劣势，早期发展严重滞后，限制了其一生的潜能实现。同时，我国是发展中的农业大国，农业人口基数大，农村儿童的数量自然也巨大，因此，重视农村地区儿童的成长和发展，对于提升我国的人口素质、提升我国的国际竞争力、促进经济增长等具有非常重要的现实意义。因此，有关部门和人员要重视我国农村地区儿童的早期发展。

三、贫困对成人心理及行为的影响

（一）贫困对成人主观幸福感的影响

主观幸福感（Subjective Well-Being，SWB）是指评估者根据自定的标

---

① 周皓. 家庭社会经济地位、教育期望、亲子交流与儿童发展 [J]. 青年研究，2013（3）：11-26，94.

准对其生活质量进行整体性评估，它包括三个方面：积极情感、消极情感和生活满意度。贫困与 SWB 的研究最早可以追溯到 Easterlin（1974）对经济增长与社会福利关系的研究，他通过大量文献回顾发现，财富的增加并没有带来更大的幸福感[①]。Easterlin（2005）认为，SWB 是由相对收入决定的，个人会把自身与参照群体的收入进行比较，从而影响 SWB[②]。他的观点得到了不少研究者的支持，例如，Layard（2005）发现对极端贫困者来说，SWB 会随收入的增加而提高，但最终会达到餍足点（Satiation Point），在餍足点以上，收入对幸福感的影响明显减弱。而 Tella 和 MacCulloch（2008）认为 SWB 会适应环境，经济发展并未使人更幸福，人们的期望和抱负会随着收入的提高而提高，而在一定程度上抵消了收入增加对 SWB 的积极影响。然而随着大样本数据以及时间序列数据的收集，研究者们更倾向于认为绝对收入才是 SWB 的决定因素。Deaton（2008）的研究发现，相较于富裕国家，贫穷国家的 SWB 更低。如果人均收入取对数，在全球范围内，生活满意度和人均 GDP 接近线性关系[③]。Kahneman 和 Deaton（2010）进一步区分 SWB 的两种成分：生活满意度（Life Satisfaction）与情绪满意度（Emotional Satisfaction），研究发现在同一国家内，富人的生活满意度明显高于穷人，这一结果与 Easterlin 等人的研究结果一致；而在国家之间比较发现，人均 GDP 越高的国家，人均生活满意度也越高。从时间序列数据来看，随着经济的持续发展，生活满意度显著提高。然而有趣的是，收入的提高并没有实质上提升情绪满意度，且研究中并没有发现餍足点的存在，说明绝对收入在影响 SWB 时起着核心作用[④]。另外，Kushlev、Dunn 和 Lucas

① Easterlin R A.Does economic growth improve the human lot? Some empirical evidence[J]. Nations and Households in Economic Growth，1974，9（27）：89-125.

② Easterlin R A.Feeding the illusion of growth and happiness：a reply to hagerty and veenhoven[J].Social Indicators Research，2015（74）：429-443.

③ Deaton A.Income，health，and well-being around the world：evidence from the gallup world poll[J]. Journal of Economic Perspective，2008（22）：53-72.

④ Kahneman D，Deaton A. High income improves evaluation of life but not emotional well-being[J]. Proceedings of the National Academy of Sciences of the United States of America，2010（107）：16489-16493.

（2015）关于减贫措施对情绪满意度的影响研究发现，收入提高并不能增加积极情绪，只能减少消极情绪，这一系列的研究系统地反驳了伊斯特林悖论（Easterlin Paradox），进一步说明了贫困与 SWB 的关系。这在一定程度上说明，改善贫困者的经济状况，提高收入水平，有助于提升我国各阶层民众的幸福感，促进社会和谐。因此，在国家大力发展经济的同时，需要关注贫困者的需求，采取多项措施来摆脱贫困[1]。

（二）贫困对成人心理健康的影响

关于贫困与心理健康的关系，研究者提出了两种不同的假设：社会因果假设（Social Causation Hypothesis）和社会选择假设（Social Selection Hypothesis）。社会因果假设认为，贫困增加了罹患心理疾病的风险，主要通过增加社会压力、暴力、社会排斥，减少社会资本、营养不良等来实现（Patel、Kleinman，2003）[2]；而社会选择假设认为，患心理疾病的人会增加深陷贫困的风险，心理疾病患者一般会经历心理疾病支出增加、社会排斥（刻板印象）、失业及与之联系的收入减少，从而深陷贫困泥潭（Saraceno、Levav、Kohn，2005）[3]。贫困与心理健康关系的研究主要涉及以下两个方面：第一，采用问卷调查法研究贫困与心理健康的相关关系。Murali 和 Oyebode（2004）通过对英国公民的心理疾病与经济状况的关系分析发现，低收入人群的心理疾病症状明显好于高收入人群，主要表现在心境障碍、自杀倾向、人格障碍、物质成瘾等方面[4]。并且，Lund 等（2011）通过数据分析发

---

[1] Kushlev K，Dunn E W，Lucas R E. Higher income is associated with less daily sadness but not more daily happiness[J]. Social Psychological and Personality Science，2015（6）：483-489.

[2] Patel V，Kleinman A. Poverty and common mental disorders in developing countries[J]. Bulletin of the World Health Organization，2003（81）：609-615.

[3] Saraceno B，Levav I，Kohn R. The public mental health significance of research on socio-economic factors in schizophrenia and major depression[J].World Psychiatry，2005（4）：181-185.

[4] Murali V，Oyebode F. Poverty，social inequality and mental health[J].Advances in Psychiatric Treatment，2004（10）：216-224.

现，中低收入国家的贫困与心理疾病存在恶性循环：贫困会恶化心理疾病，而较差的心理健康状态则会加深贫困。在相对贫困的国家，穷人比富人更易患心理疾病，却更难获得精神卫生服务，这在一定程度上制约了消除贫困的进程[①]。第二，利用实验法验证减贫措施与改善心理健康的因果关系。例如，Costello、Compton、Keeler 和 Angold（2003）的研究发现，减少贫困能够改善儿童的心理健康状况[②]。目前的减贫干预对改善心理健康有一定的效果，但并非定论。例如，针对学龄少女的有条件现金转移项目，一定程度上能改善她们的心理健康，但当这种援助直接与学业成绩相关联时，带来的压力会部分抵消干预的积极作用，但无条件现金转移项目没有这种负面效应（Baird、Hoop、Ozler，2013），这可能是由于压力在减贫干预和改善心理健康方面起重要的调节作用。因此，在实施减贫脱贫项目时，应该注意减少个体的心理压力[③]。

（三）贫困对成人行为决策的影响

贫困对行为决策的影响主要表现在风险偏好和时间偏好上。风险偏好可分为风险规避（Risk Aversion）和风险寻求（Risk Seeking）两种，时间贴现（Time Discounting）则是时间偏好的有效行为指标。一般来说，贫困会降低人们冒险以及放弃当前利益追求长远利益的意愿，降低人们对未来的耐心，产生更多的风险规避和时间贴现行为，这可能会减少未来收入，进一步加深贫困。Klemick 和 Yesuf（2008）研究发现，贫困程度越高，可预期的时间贴现率越高[④]。Griskevicius、Tybur、Delton 和 Robertson（2011）研究也表

---

① Lund C，De Silva M，Plagerson S，et al. Poverty and mental disorders : breaking the cycle in low-income and middleincome countries[J]. The Lancet，2011（378）：1502-1514.

② Costello E J，Compton S N，Keeler G，et al. Relationships between poverty and psychopathology : a natural experiment[J]. JAMA，2003（290）：2023-2029.

③ Baird S，de Hoop J，Özler B. Income shocks and adolescent mental health[J]. Journal of Human Resources，2013（48）：370-403.

④ Klemick H，Yesuf M. Do discount rates change over time? Experimental evidence from Ethiopia[M]. Washington : Resources for the Future，2008.

明，相对于富裕环境中长大的个体，在贫穷环境中长大的个体倾向于关注当下，时间贴现率高[1]。原因可能是穷人拥有更少的资源，面临更多的威胁，为了适应有威胁的情境，他们对资源的现时需要更加急迫。贫富程度会影响贴现率，即收入越低，时间贴现率越高，这在行为经济学中基本达成了共识（Carvalho、Meier、Wang，2016）[2]。此外，贫困会导致风险规避的增加，贫困者通常比富裕者表现出更多的风险规避行为（Dohmen、Falk、Fliessbach、Sunde、Weber，2011）[3]。但 Carvalho 等（2016）的研究还发现，相较于发薪日之后，穷人在发薪日之前作与金钱有关的跨期决策时，时间贴现率更高，但并没有发现在风险偏好、决策质量、认知测验成绩和启发式判断上出现前后差异，表明经济状况可能不影响风险偏好。这说明并不是穷人固有的风险偏好发生了改变，而是因为风险规避会减少流动性约束（Liquidity Constraint）。穷人普遍面临更多无保障性风险，例如谷物歉收、旱涝灾害等，因此他们会以更少的冒险行为来应对可避免的风险。

第三节　贫困人口认知因素对贫困产生的影响

如何激发脱贫的内生动力？这是一直以来困扰学界的谜题。将行为认知科学与贫困治理相结合，是学界近年来探寻脱贫内生动力的研究路径之一。贫困个体的心理认知、行为抉择往往有不同于非贫困个体之处。最早提出"贫困文化"的刘易斯就认为，贫困群体通常有强烈的宿命感、无助感和自卑

---

[1] Griskevicius V，Tybur J M，Delton A W，et al. The influence of mortality and socio-economic status on risk and delayed rewards：a life history theory approach[J]. Journal of Personality and Social Psychology，2011（100）：1015-1026.

[2] Carvalho L S，Meier S，Wang S W. Poverty and economic decision-making：evidence from changes in financial resources at payday[J]. American Economic Review，2016（106）：260-284.

[3] Dohmen T，Falk A，Fliessbach K，et al. Relative versus absolute income，joy of winning，and gender：brain imaging evidence[J]. Journal of Public Economics，2011（95）：79-285.

感，视野狭窄而缺乏远见卓识。稀缺理论认为，长期的贫困会形成稀缺心态，俘获大脑形成带宽负担，降低认知能力和执行控制力，降低决策的质量。自我损耗理论认为，抑制来自商品、休闲娱乐活动等外在诱惑会损耗个体的自我控制资源，而贫困群体需要施加更大的抑制力来抵抗外来诱惑，因而会加速损耗自我控制资源，导致持续贫困。这些观点从行为认知视角回应了贫困的内在生成机制是怎样的。相较于外部因素，心理与行为等内部因素确实更有助于挖掘贫穷的本质，可以更精准地回答诸如行为认知的局限是否为穷人深陷贫困的内源等问题。这些问题也正是我国贫困治理需要厘清的内核问题。正如习近平总书记提出的"扶贫先扶志，扶贫必扶智"，减贫脱贫的内生动力根本来自贫困群体自身的智慧和能力。贫困治理的关键是要参透贫困群体的心理认知规律和行为决策习惯，并据此来设计精准有效的扶贫计划。从认知规律和行为习惯的双重视角来看，"扶贫先扶志，扶贫必扶智"中的"智"代表了贫困群体的认知能力。虽然贫穷并不一定是认知能力低下造成的，但提高认知能力可以增强人们的行为控制力和决策力是被学界公认的一种可能的脱贫内生动力，只是它与贫困之间存在较为明显的双向因果关系，如现实生活中存在高学历的贫困者"认知能力－贫困"之间可能存在悖论。因此，二者之间的关系及其内在机理应在特定的经济社会场域中进行印证。而基于中国调查数据的检验，同类研究文献比较鲜见。此外，有文献表明，不论经济地位如何，各阶层的个体均会存在不同程度的管窥行为（如焦虑抑郁、沉迷孤独、暴饮暴食、过度借贷、抱残守缺等），在认知能力与降低贫困发生率之间起着重要作用，但期间的传导逻辑尚待厘清。"扶贫先扶志，扶贫必扶智"中的"志"代表的是精神志气层面的内生脱贫动力，它的反面即扶贫政策滋生出的贫困群体的脱贫惰性和福利依赖，对应的是诸多文献研究中提到的稀缺心态。那么稀缺心态的改善是否可以有效抑制消极的管窥行为，从而增强内生脱贫的动力？针对此类问题，现有文献都未给出令人满意的答案。从心理与行为双重视角对脱贫的内生动力机理展开研究，并回答如下问题：一是认知能力与贫困发生之间的因果关系是怎样的？二是认知能力能否通过改善管窥行为进而有效抑制贫困的发生？三是稀缺心态调节管窥行为和减贫脱贫之间的作用机理是怎样的？对这些问题的探索，有助于创新激发贫困群体脱贫内生动力的政策措施，也有利于改变贫困群体潜在的贫困发展规律，摆脱稀缺陷阱。

一、认知能力下降导致贫困发生

最初认知是心理学范畴认为"心智是内在的心理状态"。此后兴起的认知科学将认知归纳为信息的规范提取、知识的获得、环境的建构与模型的改进，并致力于使用科学的方法揭示人类认知和智力的规律。经济学界也普遍认为，与受教育年限相比，认知能力能更好地反映人与人之间的人力资本差异。个体认知能力对个体和家庭婚配、储蓄、资产选择、创业等决策行为会产生重要影响，并与贫困有较强的相关性。贫困会增加心理疾病风险，长期的贫困会使人们丧失判断和认识能力，变得更加愚笨和冲动，如社会排斥（刻板印象）、失业及收入减少等[1]。实验发现，同一个人的智慧在贫穷状态时会下降，而且也会变得更冲动，人一旦身陷贫困，其有效带宽会变窄，认知能力下降，决策发生困难。从宏观来看，国民的整体认知能力会显著地影响一个国家的经济发展速度和劳动力市场的平均工资水平[2]。可见，穷人之所以会穷，虽然不一定是智力或努力程度的问题，但贫困会成为心智的负担，削弱人们的分析、判断和逻辑推理能力，降低生产能力。因此，提高个体的认知能力，可以有效拓展贫困主体提高生产能力的空间，激发贫困主体的脱贫主观能动性，对减贫产生积极作用。近期有国内学者将内生脱贫动力归为核心价值观在理想、信念、态度、观点等认知能力中的浸透。培育和践行核心价值观可有效激发脱贫动力，其逻辑如出一辙。由此，提高认知能力对减贫脱贫有积极的正向作用。

---

[1] Saraceno B，Levav I，Kohn R. The public mental health significance of research on socio-economic factors in schizophrenia and major[J]. Depression World Psychiatryno，2005（4）：181-185.

[2] Hanushek E A，Woessmann L. The role of cognitive skills in economic development[J]. Journal of Economic Literature，2008，46（3）：607-668.

二、认知能力影响贫困的产生：管窥行为的中介效应

（一）认知能力下降导致管窥行为

稀缺理论认为，当稀缺俘获我们大脑后，会加重心智负担，对某项事过于关注会产生"隧道视野"，只会关注进入"管子"内的事件，没有闲余去应对其他突发事件，难以进行长远打算，竞争意识被抑制，认知能力降低，降低的认知能力会提高当下的时间贴现率，迫使我们专注在迫近的重要事物上，即所谓的前摄干扰（Proactive Interference）。前摄干扰会降低执行控制力，使人们更难通过对得失利弊的谨慎思考来进行权衡。所谓的执行控制力是一项重要的心理资源，包括计划、关注、发起并抑制行为和控制冲动，其作用存在于我们管理自身认知能力的过程中。执行控制力拥有多个层面，自我控制是其中一个重要方面。为适应当下有威胁的情境，丧失自我控制力的个体会产生"借用和短视"等管窥行为，诱发消极的内生动力，如焦虑抑郁、沉迷孤独、暴饮暴食、过度借贷、抱残守缺等对外部诱惑的抵抗失败所致的各种成瘾、越轨出轨行为。因此，提高认知能力，加强专业技能，即意味着拓展心智带宽，强化自控力，运用自身的智慧和能力去理性权衡急迫和余闲的关系，从而改善管窥行为。由此可见，认知能力对管窥行为有显著的抑制作用，认知能力越强的人拥有的行为控制力和决策力越强[1]。

（二）管窥行为加剧贫困的发生

自我损耗论认为，穷人要比富人或正常收入人群抵制更多的诱惑，耗费更多的自我控制资源，更可能做出暴饮暴食、没节制的花销等非理性行为，从而深陷贫困无法自拔。贫困心理学认为，长期的贫困状态和挫折感会挫伤通过自我奋斗改变命运的积极性，催生消极悲观心理和宿命论观念。贫困主体在决策时通常不敢承担风险，不重视长期利益，并畏惧困难。研究发现，大额的财务问题会明显改变穷人的认知表现，穷人经常会过度借贷。行为经

---

[1] 贾海彦.基于心理与行为双重视角的脱贫内生动力 [J]. 湖北民族大学学报（哲学社会科学版），2021（2）：132-144.

济学也认为，贫困会降低人们冒险以及放弃当前利益追求长远利益的意愿，降低人们对未来的耐心，产生更多的风险规避和时间贴现行为。这可能会减少未来收入，进一步加深贫困[1]。当然，穷人和富人都会因稀缺产生管窥行为，但因个性、能力、健康状况、受教育程度、社交关系以及偏好的不同，导致的后果也不一样。一般来说，富人比穷人拥有更好的认知资源、更多的余闲。在有余闲的时候，人们更可能及时修复稀缺心态，纠正管窥行为，摆脱稀缺陷阱。反之，不受控制和约束的管窥行为会进一步加剧稀缺。因穷人有更多的优先问题要考虑，致使权衡取舍更加复杂，经济决策更加困难，决策结果也往往缺乏效率。因此，这一行为逻辑对缺少余闲的穷人来说更为致命。由此，管窥行为对贫困的发生具有显著的正向预测作用。

（三）认知能力、管窥行为与贫困发生

贫困加重了心智负担，降低了个体的认知能力。贫困群体会产生"借用和短视"，即借用一切资源来完成那些急迫但不重要的事情，这一行为会使得贫困群体无法有效规划未来，最终掉入"贫困陷阱"。因为拥有更多的闲余，富人在管理自身认知能力方面比穷人拥有更强的执行控制力，对管窥行为具有更强的纠偏能力。Bertrand 等（2004）从认知资源的有限性出发，认为贫困和经济的不稳定性会耗费人们的认知资源，使穷人更加不能做出高他们收入的行为，从而导致贫困恶性循环[2]。Mani 等（2013）在执行控制力的测验中发现，蔗农们在贫穷状态时的响应速度要比富裕状态时慢11%，而且犯下的错误前者比后者多出15%[3]。可见，认知能力不是固定不变的，它会随着环境的变化而变化。认知能力会对自我控制能力产生实质性影响，在流体智力和执行控制力被减弱的情况下，管窥行为强化了人

[1] Carvalho L，Meie S，Stephanie W. Poverty and economic decision-making：evidence from changes in financial resources at payday[J]. American Economic Review，2016（106）：260-284.

[2] Bertrand M，Mullainathan S，Shafir E. A behavioral economics view of poverty[J]. The American Economic Review，2004，94（2）：419-423.

[3] Mani A，Mullainathan S，Shafir E. Poverty impedes cognitive function[J]. Science，2013，341（6169）：976-980.

们有更多的机会去犯错误，作出不明智的选择，甚至陷入"稀缺陷阱"无法自拔。由此可知，管窥行为在认知能力与贫困发生之间起到中介作用，即认知能力会影响人们的管窥行为，进而通过管窥行为加剧贫困的发生。

三、管窥行为影响贫困的发生：稀缺心态的调节作用

稀缺理论认为，当稀缺俘获大脑时，人们的注意力会集中于如何以最有成效的方式去利用自身资源。无论是有关工作还是娱乐，只要时间有限，我们都会尽量将其物尽其用，我们将这种现象称为"专注红利"（Focus Dividend），也就是稀缺俘获大脑时产生的积极成果。稀缺产生的"专注红利"让穷人更像一个经济学家，对事物的价值进行更加明确的判断。而这种认识是富人所缺乏的，这是积极的稀缺心态。但是，稀缺也会产生悲观的稀缺心态，如强迫、偏执、丧失感、人际敏感、抑郁、焦虑、适应不良、情绪不稳定及其他应激等，在这种心态的控制下，人们往往会过高地估计即刻的利益，并以牺牲未来的利益作为代价，管窥行为也随之产生。Andersen（2011）在研究贫困主体决定是否参与扶贫项目时发现，贫困主体会因稀缺心态的不同而采取不同的应对策略。那些更加专注于问题的解决、更相信自己能控制命运的主体会更积极地参与项目，从而使情况好转。而那些被情感控制、不太相信自己能掌控命运的主体，会消极地应对扶贫项目，普遍持有等、靠、要的消极心态，从而维持低收入[1]。因此，稀缺心态会产生正负两方面的作用：专注和带宽负担。专注具有积极意义，稀缺会迫使我们专注在迫近的重要事物上，提高做事效率，但带宽负担则是消极的：稀缺造成心智带宽负担，使我们有了管窥之见，导致"短视"与"借贷"。综上，稀缺心态产生的"专注红利"，会正向调节管窥行为对贫困发生的影响。反之，稀缺心态产生的带宽负担，会降低自我控制力，负向调节管窥行为对贫困发生的影响。

---

① Andersen S. Exiting unemployment：how do program effects depend on individual coping strategies[J].Journal of Economic Psychology，2011（32）：248-258.

第四节　打破贫困循环的心理学探索

贫困作为世界各国面临的一项艰巨任务，目前还没有确定的答案如何去减少贫困。Nurkse（1953）最早提出了贫困的恶性循环理论[①]，包括两个方面：一是供给方面，"低收入→低储蓄能力→低资本形成→低生产率→低产出→低收入"的恶性循环；二是需求方面，同样存在着一个"低收入→低购买力→投资引诱不足→低资本形成→低生产率→低产出→低收入"的恶性循环。这一理论很好地解释了贫困之所以难以根除的经济根源，对消除全球贫困起到了重要的指导作用。但是该理论认为，穷国没有储蓄能力的观点并不符合事实，对发展中国家的贫困问题认识不足，在一定程度上限制了理论的运用。Mani 等（2013）通过大量实证研究创新性地从心理学视角提出了贫困的恶性循环，即长期贫困→稀缺心态→大脑聚焦与金钱有关的事→心智带宽减少→错误认知和决策→贫困加深。从心理学和行为经济学上看，贫困循环该如何打破呢[②]？Mullainathan 和 Shafir（2013）认为，产生贫困的根源是稀缺心态，而改变稀缺心态的关键是获得足够的余闲，这种余闲不仅在于经济上，而且在于认知上。因此，获得余闲成了打破贫困循环的关键一环，主要通过以下两种形式来获得[③]。

一、减少认知资源损耗

由于决策也有认知成本，且贫困者通常会缺乏对不同选择进行分析和评估的认知资源，因此，需要设计者采用合适的方式来帮助贫困者减少认知资源损耗。第一，提高表达的清晰度和可操作性。在目前的扶贫政策和项目实

[①] Nurkse R. Problems of capital formation in underdeveloped countries[J].The Economic Journal，1953（63）：252.

[②] Mani A，Mullainathan S，Shafir E，et al. Poverty impedes cognitive function[J]. Science，2013（341）：976-980.

[③] Mullainathan S，Shafir E. Scarcity：why having too little means so much[M]. London：Allen Lane，2013.

施过程中，要特别注意传达信息的数量和时间，最大限度地减少贫困者的认知成本。我们认为在信息宣传的过程中应该注意减少专业术语，用通俗易懂的语言来表达，例如政府会发布一些针对贫困家庭的扶助政策，用贫困个体能理解的语言传达不仅能减少误解的可能性，也会减少个体的认知负担，从而让贫困家庭能更好地运用扶贫政策。此外，精简信息、突出重点，使人们更容易明确应该做什么，从而使其更容易采取行动。例如，在针对穷人的培训项目中，可能过多地强调了这么做的好处和理论知识，而缺乏有指导性的策略，应该减少贫困者的认知损耗，让贫困者知道应该做什么且知道该怎么做。第二，减少参与的障碍。政府和相关组织会举办一些针对贫困家庭的培训，但是设计良好的扶贫项目如果参加的人数较少，其项目的效果也会大打折扣。一些人认为不参与的家庭是因为不需要这些服务，但行为科学专家认为这可能是由于复杂困难的参与程序阻碍了贫困家庭的参与。事实上，很多项目在开始的时候都需要参与者填写申请表、开具证明等一系列繁杂的手续，这些都可能成为阻止贫困家庭参与的原因，特别是贫困个体处在稀缺的状态，更少能关注到项目的好处。因此，想要增加参与的第一个步骤是尽可能地除去初始障碍，在项目申请开始时，可以要求人们只提交最重要的证明，并提供灵活的方式去完成，例如可以考虑提供证明的具体方式和途径，减少个体的负担和压力。在现阶段，可以利用大数据分析哪些是贫困家庭，直接验证通过，减少审核的步骤。同时，由于社会人会很轻易地受到其他社会人的影响，因此，为了提高贫困个体的参与度，在行为决策的助推中，可以利用人们的从众心理来优化选择，提供他人的选择作为引导，充分运用引导因素的潜在宣传效力。

二、增加经济余闲

首先，设置默认选项来增加贫困者的储蓄。在贫困心理学的研究中，储蓄不足、过度借贷是穷人经历的普遍现象。Bertrand 等（2006）的研究发现，有将近 10% ~ 20% 的美国贫困家庭无银行账户，对主流经济的低参与度，造成了他们无法依赖银行获得足够的经济支持，他们只能向朋友和高利贷者进行借贷，从而加剧了深化贫困的风险[1]。设置默认选项是重要的说服技巧之一，这种方式也能为打破贫困循环作出贡献。例如，美国从 20 世纪 80 年代开始实施的 401（k）退休计划，就是利用默认选项预防贫困的典型。Madrian 和 Shea（2001）利用数据分析发现，默认自动登记显著增加了参与 401（k）计划的人数，证实默认效应有助于退休金储蓄计划[2]。Thaler 和 Benartzi（2004）提出"明天储蓄更多"自动登记方案，即加入退休金储蓄计划后自动按照工资的涨幅增加缴存比例。实施该方案后，企业中参与的员工显著增加，而且提高了缴存比例。这两项研究都表明，设置默认选项能提高雇员的储蓄水平，而储蓄能力正是摆脱贫困所必需的[3]。另外，穷人很少去银行储蓄或者贷款，部分原因是银行手续较为复杂，需要一定的文化程度，很大程度上制约了穷人最优决策的制定（Bertrand 等，2006）。因此，穷人在进行银行服务时，银行应当为穷人设置必要的默认选项，尽量减少穷人的认知负担，有效增加穷人的经济参与度，从而减少因不合理借贷和储蓄过少造成的二次贫困。其次，现金转移支付项目是摆脱贫困最为直接和有效的方法之一。现金转移支付项目可以分为两种：有条件现金转移（Conditional Cash Transfer，CCT）和无条件现金转移（Unconditional Cash Transfer，UCT）项目。其中，以巴西的家庭津贴计划和墨西哥的 Oportunidades 计划最具影响力。Baird 等（2013）发现 CCT 能显著提高青春期女孩的心理健康水平，减小心理压力，但是 CCT 的效果远不如 UCT 的效果好。这是因为在 CCT 中转移金额的多少依赖于女孩的学校表现，显著增加了青春期女孩的心理压力，从而一定程度上抵消了 CCT 所带来的积极的心理效果。不仅现金转移支付的类型会影响穷人的心理健康状态，而且现金转移支付的多少能够带来不同的心理效应[4]。Haushofer 和

---

[1] Bertrand M，Mullainathan S，Shafir E. Behavioral economics and marketing in aid of decision making among the poor[J]. Journal of Public Policy and Marketing，2006（25）：8-23.

[2] Madrian B C，Shea D F. The power of suggestion : inertia in 401（k）participation and savings behavior[J]. The Quarterly Journal of Economics，2001（116）：1149-1187.

[3] Thaler R H，Benartzi S. Save more tomorrow TM : using behavioral economics to increase employee saving[J]. Journal of Political Economy，2004（112）：164-187.

[4] Baird S，Hoop J. Income shocks and adolescent mental health[J].Journal of Human Resources，2013（48）：370-403.

Shapiro（2013）在肯尼亚的无条件现金转移项目中，运用随机控制实验，把现金转移支付分为：一次结清和每月月供。发现无论哪一种现金转移支付，都显著提高了穷人的 SWB，降低了他们的压力、抑郁和皮质醇水平。但一次结清的被试者比每月月供的被试者的皮质醇水平更低，这可能是因为被试者每月月供的金额过少导致难以储蓄，给他们带来一定的经济压力，从而提高他们的皮质醇水平[①]。随着 Oportunidades 计划的参与者越来越多地接受医疗保健服务，例如营养状况检测、产前护理和免疫接种，患重疾的人数得以减少，住院接受治疗的人数因而下降到 23%。不仅如此，Oportunidades 计划还显著地改善了贫困人群的心理健康状况，尤其是母亲抑郁和青少年儿童的心理健康状态（Lund 等，2010）[②]。总而言之，现金转移支付项目已经为消除极端贫困作出了应有的贡献，未来应扩大现金转移支付的覆盖面，合理利用 UCT/CCT，打赢消除贫困的攻坚战。

三、从贫困家庭层面实施干预

研究表明，贫困家庭环境对儿童早期发展有重要影响。因此，可以从贫困家庭层面实施干预，帮助贫困家庭，改善贫困儿童的成长环境。首先，基于家庭收入在儿童早期发展中的重要作用，有关政府部门可直接对贫困儿童家庭进行困难补助，提高对贫困儿童家庭的转移支付，使贫困儿童的家庭拥有更多的资金投资于儿童的早期发展。其次，家庭养育环境对儿童的早期发展具有重要的促进作用，家庭收入通过家庭养育环境对儿童的早期发展发挥了重要的中介作用。因此，一方面，政府的有关部门要多向农村地区的贫困儿童监护人宣传养育知识，对监护人进行养育培训，从贫困儿童的家庭层面实施干预，改善其成长环境；另一方面，政府也可以在农

---

① Haushofer J，Shapiro J. Household response to income changes : evidence from an unconditional cash transfer program in Kenya[J]. Massachusetts Institute of Technology，2013（11）：15.

② Lund C，Breen A，Flisher A J，et al. Poverty and common mental disorders in low and middle income countries : A systematic review[J]. Social Science and Medicine，2010（71）：517-528.

村社区修建养育中心或者儿童绘本馆，提供促进儿童早期发展的各种玩具和绘本图书，并同时对儿童的监护人提供科学育儿指导，从社区层面改善贫困儿童的成长环境，促进儿童的发展。最后，大多数贫困儿童的监护人有较高的抑郁或者焦虑情绪，因此，政府也要对农村地区监护人进行心理健康教育，举办心理健康讲座，改善贫困儿童监护人的心理健康状况，进而促进贫困儿童的早期发展。

四、提升认知能力，激发脱贫内生动力

研究表明，贫困者的认知能力低于非贫困者。在克服了内生性问题后发现，个体认知能力与贫困是否发生有显著关系。认知能力越低，贫困发生的概率越大。因此提高认知能力，可有效实现脱贫减贫。从城乡分组来看，城市居民的平均认知能力高于农村居民，并且认知能力对城市居民摆脱贫困的推动力要大于农村居民。进一步分析认知能力与贫困的关系发现，贫穷会降低智商，形成管窥负担，限制人们的认知能力，甚至陷入"稀缺陷阱"，并且认知能力对经济收入的影响程度要大于经济收入对认知能力的影响。为厘清认知能力影响贫困的发生渠道，本书进一步检验了"借用"和"短视"等管窥行为的中介效应和稀缺心态的调节作用，发现认知能力的提高能够有效改善管窥行为，并经由管窥行为传导其对贫困的影响。认知能力越强的人，其家庭福利依赖程度、负债率越低，越有风险防范意识，越能保持健康自律的生活方式等，就越能摆脱贫困。稀缺心态在管窥行为和贫困之间存在一定的调节作用，当稀缺心态产生"专注红利"时，会抑制消极的管窥行为，降低贫困发生的概率。当稀缺心态产生带宽负担时，会降低自我控制力，加剧管窥行为的消极作用，使贫困主体落入"贫困陷阱"难以自拔。"扶贫先扶志，扶贫必扶智"，减贫脱贫内生动力的塑造需着眼于贫困者自身的知识和行为能力。外在的扶贫财政投入、居住环境改善等措施对贫困内在发展逻辑的改变相对有限，扶助过度可能会造成福利依赖。有效的扶贫计划应当从改善贫困者的稀缺心态、规划和管理好带宽、减缓自我损耗等途径入手精心设计，并与外在助力相结合，形成脱贫合力。根据本书的研究，要催生贫困者的内生

脱贫动力，切实巩固脱贫攻坚成果，提升我国未来贫困长效治理效能，需要做到以下几个方面。

第一，以社会主义核心价值观为引领，加大文化扶贫、知识扶贫、精神扶贫的力度，提高贫困群体的见识、智慧和文化素养。提升本地文化，尤其是提高偏远地区传统文化与扶贫心理资源的兼容性，植入现代发展意识和伦理精神，培育积极向上、自力更生的精神风貌，重塑文化自信；大力普及网络设施建设，加快文体娱乐、农家书屋等基本公共文化服务的均等化与社会化建设，积极开展数字文化扶贫，突破偏远地区基础设施和公共服务瓶颈，提升公共文化服务效能，丰富群众文化生活，增强文化获得感和幸福感，形成示范带动、文化影响和精神激励。

第二，缓减贫困群体经济性稀缺的紧迫性，根据贫困者个体的心理与行为特点精准帮扶，提高其决策能力。在我国贫困治理由消除绝对贫困转为缓减发展不平衡不充分的相对贫困时期，绝对贫困与相对贫困存在交叉，城市中的"新"贫困人群、绝对贫困援助后的易返贫人群以及其他处于收入增长底部的人群是 2020 年之后主要的扶贫对象。因此，在今后较长一段时期内，贫困治理仍以缩小收入差距为主要手段，以此缓解贫困群体经济性稀缺的紧迫性，解决其后顾之忧。如继续夯实贫困群体的"两不愁三保障"，完善养老、医疗、住房等社会保障制度和政策，实现低保制度的城乡一体化建设等。同时，相对贫困的多维属性要求根据贫困者的特殊心理和行为特征，精准破除生存困境，改善决策行为。如为贫困群体定期提供有关健康、债务、失业、经营不善等风险预警信息，根据农业经营季节性波动，为经营者提供应急性资金转移支付项目等，让贫困者能够拥有闲余去理性权衡管窥行为的利弊，避免他们在最为窘迫的时候因不得不作出重大决策而导致失败。

第三，激发贫困群体的"专注红利"，鼓励他们积极主动地选择健康的生活方式、合理借贷、防范长期风险等不急迫但非常重要的事件，逃离"稀缺陷阱"。例如，通过义务教育、技能培训等改善并提升贫困群体人力资本投资的形式和水平；发展劳动密集型产业和实施优先就业政策，提高贫困群体劳动创造收益的急迫性；根据贫困者带宽的变动创新扶贫项目的供给和参与模式，设计灵活变通的帮扶计划，例如，根据帮扶对象的日常生活安排提供多模块、多时段的职业培训，加强培训的急迫性和重要性；为失业者量身打造就业扶助和长期就业追踪；大力发展大病救助、临时救助等保障制度，为贫困者应对"突发事件"提供缓冲保障，摆脱福利依赖，逃离稀缺陷阱。

第五节　贫困心理学未来的发展方向

贫困问题，仍是 21 世纪我们必须面对的最为紧迫的世界性难题之一，而贫困心理学视角为贫困问题的解决带来了新的曙光，取得了一些有益成果，但仍存在一些不足之处，未来可以从以下几个方面进行深入探究。

一、进一步探究贫困的产生机制

为了弄清贫困问题的本质，不少研究者开始关注贫困的心理机制，取得了不少有益成果。其中，贫困文化理论试图从贫困文化视角出发，来说明贫困的产生根源，对于文化扶贫具有重要意义；稀缺理论从稀缺心态角度，为我们阐释了稀缺心态是如何导致贫困的；而自我控制论认为贫困是因为自我控制资源的损耗，强调了意志在贫困产生中的作用。这些理论分别从不同侧面来说明贫困的形成机制，对于我们深化对贫困的理解具有重要意义。除此之外，Kahneman 提出用双系统理论（Dual Systems Theory）来说明贫困的产生根源。该理论认为，大脑中存在两个系统：第一个系统为无意识的直觉判断系统，依赖情感、记忆和经验迅速作出判断，但易受损失规避和乐观偏见的影响；第二个系统为有意识的逻辑思维系统，通过调动注意力来分析和解决问题[1]。日常生活中，由于穷人的经济资源和注意力资源有限，他们会更多地使用直觉判断系统来进行经济决策，又因注意力资源的匮乏而无法利用逻辑思维系统对决策质量进行理性评估，导致作出错误决策的风险升高。

---

[1] Evans J S. Dual-processing accounts of reasoning，judgment，and social cognition[J]. Annual Review of Psychology，2008（59）：255-278.

贫困不仅提高了错误决策的成本，而且为穷人创造了更多的机会去犯错，作出不合理的决策，从而为深化贫困创造了条件（Mullainathan、Shafir，2013）[1]。虽有上述解释，但对贫困心理机制的探讨远未形成定论，因此未来的研究可从系统性的角度出发，探索更为合理的理论模型来说明贫困的产生机制。

二、进一步探索贫困的神经生理机制

进入 21 世纪以来，贫困的神经生理机制研究已有初步进展，主要表现在以下两个方面：首先，贫困会对儿童的大脑神经产生影响，影响个体未来的发展。例如，Noble 等（2015）研究发现家庭收入与青少年儿童的大脑表面积呈对数相关。对低收入家庭的孩子而言，收入上的细微变化带给大脑表面积相对较大的影响，尤其与语言、阅读、执行能力以及空间知觉相关联的脑区，这种影响是最为突出的。并且很多研究都发现，贫困经历会影响学龄期儿童的大脑发育，减少前额叶皮层、颞叶皮层、海马体等结构的灰质容量（Hair、Hanson、Wolfe、Pollak，2015）[2]。由于这些脑区与认知能力、执行控制力等有关，因此，贫困会导致认知能力和执行控制力降低，降低决策质量，为贫困的维持或加深提供了必要条件。其次，贫困对个体生理的影响也会进一步加剧和恶化贫困。例如，一系列研究发现，皮质醇、5- 羟色胺（5-HT）、睾酮等神经递质在贫困产生的过程中发挥了重要作用（Haushofer，2013）[3]。很多研究都发现贫困会带来各种压力，从而提高皮质醇水平，而皮质醇与工作记忆密切相关，是空间记忆、陈述性记忆中的重要成分（McEwen，2004）。进一步追踪发现，童年期经历贫困的成人皮质醇水平明显更高，在标准能力测验中成绩

① Mullainathan S，Shafir E. Scarcity：why having too little means so much[M]. London：Allen Lane，2013.

② Hair N L，Hanson J L，Wolfe B L，et al. Association of child poverty，brain development，and academic achievement[J]. JAMA Pediatrics，2015（169）：822-829.

③ Haushofer J. Neurobiological poverty traps[J].Institute for Empirical Economics，2011（20）：1-77.

更差（Evans、Kim，2007）[1]。目前，对于贫困的神经生理机制尚处于探索阶段，研究者未来应该从已有的研究成果出发，进一步探究贫困产生的神经生理机制，厘清贫困与个体大脑、激素等之间的关系。

三、加强贫困心理学的本土化研究

贫困心理学的提出，具有十分重要的意义，它打破了长期以来的单一经济贫困视角，为从心理学视角解释贫困问题开辟了道路，引起了越来越多的心理学家和行为经济学家的关注。就我国而言，贫困心理学仍处于起步阶段，研究呈现出一些基本特点：首先，贫困心理学研究起步晚，研究内容和研究样本较为单一。我国的贫困心理学研究主要集中在贫困大学生的心理健康（何瑾、樊富珉，2010）[2]，研究对象集中于贫困大学生，而对其他贫困人群很少关注，在一定程度上制约了我国贫困心理学研究的发展。其次，我国的贫困形势依旧严峻，而贫困心理学的本土化研究严重不足。党的十八大以来，我国反贫困工作取得了举世瞩目的成就，截至 2020 年年底，彻底消除了绝对贫困，但相对贫困群体仍需政府的帮扶，仍需研究工作者关注农村贫困人口的心理健康、主观幸福感和行为决策等问题，而贫困对儿童大脑发育的影响研究在国内还是一片空白。目前，贫困心理学研究虽然已经取得不少有益成果，但这些研究主要是由西方国家主导的，所得出来的结论是否也适用于我国，还有待于进一步检验。在未来的贫困心理学研究中，应加强我国的本土化和跨文化研究，为我国的贫困问题提供更多更具针对性的建议和可行性方案。

四、大力开展贫困心理学的应用研究

随着贫困心理学研究的发展，探讨心理学在扶贫工作中的应用价值变得

---

[1] Evans G W，Kim P. Childhood poverty and health : cumulative risk exposure and stress dysregulation[J]. Psychological Science，2007（18）：953-957.

[2] 何瑾，樊富珉. 团体辅导提高贫困大学生心理健康水平的效果研究——基于积极心理学的理论 [J]. 中国临床心理学杂志，2010（18）：397-399，402.

越来越重要。例如，设置默认选项能够增加穷人的储蓄行为，而利用情境因素能提高低收入人群的银行服务热情（Anand、Lea，2011），这些措施都为摆脱贫困提供了重要参考①。此外，预期理论认为，大多数人对损失比对收益更敏感（Kahneman、Tversky，1979）②，因此，我们认为利用框架效应的信息能够增加穷人的储蓄行为。强调不储蓄带来的坏处比强调储蓄带来的好处的信息，可能对穷人增加储蓄行为具有更大的吸引力。研究结果是否与我们的预期相符，有待于进一步研究结果的支持。Noble 等（2015）的研究发现，对处在发展敏感期的儿童而言，贫困对儿童大脑影响最大③。因此，研究者们应当更加关注贫困的早期干预。Mclaughlin 等（2015）认为高水平的贫困早期干预，例如，正向教养（Positive Parenting）和儿科初级护理（Pediatric Primary Care）能够显著提高贫困儿童的认知能力，包括执行能力、观点采择能力、管理注意力、应对情绪刺激的能力以及信息加工的速度④。贫困的早期干预不仅为贫困儿童的大脑发育提供了有益刺激，而且为打破贫困的代际传递创造了条件。在未来的贫困心理学的应用研究中，应重视贫困的早期干预，利用框架效应、默认效应等信息，为解决贫困问题贡献心理学的力量。

① Anand P，Lea S. The psychology and behavioural economics of poverty[J].Journal of Economic Psychology，2011（32）：284-293.

② Kahneman D，Tversky A.Prospect theory：an analysis of decision under risk[J]. Econometrica，1979（47）：263-292.

③ Noble K G，Houston S M，Brito N H，et al. Family income，parental education and brain structure in children and adolescents[J]. Nature Neuroscience，2015（18）：773-778.

④ McLaughlin K A，Sheridan M A，Tibu F，et al.Causal effects of the early caregiving environment on development of stress response systems in children[J].Proceedings of the National Academy of Sciences of the United States of America，2015（112）：5637-5642.

第四章　贫困心态对个体经济决策的影响

　　大量研究表明，穷人群体除了物质资源匮乏以外，他们往往还具有"精神贫困"或者说"心理贫困"的特点——很少关注长远目标，难以作出高效的经济决策。例如，穷人倾向于只关心当前收入的多少而不愿作出长远的人生规划，甚至相对较少地为子女的未来发展进行投资。长此以往，就会形成"贫穷——特定心理与行为模式——加剧贫穷"的恶性循环。可见，穷人特定的心理与行为模式是贫困得以延续的关键，而改变穷人非适应性的心理与行为模式，促进其作出高效的经济决策，是打破贫困恶性循环的重要突破口。为此，理解穷人群体做出加剧贫困的行为背后的心理机制，是开展心理扶贫的前提和基础。

　　根据稀缺理论的观点，生活在贫困环境中的人每天最基本的感受就是"钱不够花"，没有足够的钱购买那些使自己的生活看来"正常"的商品和服务，即贫困心态。贫困心态会把人们的认知资源集中在日常的花费和财务问题上面，造成认知资源的大量损耗。由于金钱稀缺，穷人必须时刻抵御许多商品和服务的诱惑（生活必需但没钱购买），不断地在不同的需要间进行权衡和让步，造成自我控制资源的损耗。认知资源和自我控制资源在特定活动上过度损耗之后，人们就难以注意到其他事物，更不用说对其进行深度的认知加工，最终导致在其他活动上的表现变差，例如，难以作出恰当的经济决策。

第一节　贫困心态的认识

一、贫困心态的相关概念

（一）稀缺

稀缺现象无处不在，消费者时常抱怨自己的钱不够花，学生、员工不得不为截止期限的到来废寝忘食；孤独者总是因为缺少朋友而痛苦不堪。除了那些长期处于资源短缺状态的人之外，那些生活在资源相对丰富环境中的个体有时同样会感觉到资源匮乏，甚至入不敷出。从经济学上讲，稀缺会降低人的幸福感。越是缺钱，就越买不到想要的东西，大到昂贵的学区房，小到调味的油盐酱醋；越是缺时间，就越难以享受休闲时光，无论是出门旅游还是与家人欢聚；越是缺朋友，就越孤独，既没有人可以分享喜悦，也没有人可以倾诉痛苦。稀缺不仅令人不快，而且会产生许多其他不良影响，例如损害健康、破坏安全、甚至减少接受教育的机会。然而，这些都是现实的约束，并没有涉及稀缺心态对人的影响。实际上，当稀缺的感觉萦绕于心头挥之不去时，就会影响个体所关注的事物，影响个体对不同选择的权衡，影响个体的思维方式，甚至导致个体产生不同以往的决策和行为（Adamkovic、Martoncik，2017）[1]。

（二）稀缺心态

稀缺心态（scarcity mindset）是一种"拥有"不能满足"需要"的感觉，它是个体在对所需资源与占有资源的数量进行对比后产生的感觉（Venn、Strazdins，2017）[2]。解决现实中的问题通常需要一定数量的资源，当自身拥有的资源数量不足以解决相应的问题时，稀缺心态就产生了。稀缺心态会自动

① Adamkovi S M，Martoncik M. A review of consequences of poverty on economic decision-making : a hypothesized model of a cognitive mechanism[J]. Frontiers in Psychology，2017（8）：1784.

② Venn D，Strazdins L.Your money or your time ? How both types of scarcity matter to physical activity and healthy eating[J].Social Science and Medicine，2017（172）：98.

俘获个体的注意，将个体的认知资源集中到稀缺的事物上，甚至改变个体对周遭世界的认识。例如，孤独者因为缺少朋友而对社交信息投入更多的注意，使他们在情绪识别任务上表现得更优异；饥饿使个体对食物的相关信息更加敏感，帮助他们更快、更准确地识别出与食物相关的词语；贫困儿童会高估硬币的大小，在他们眼中，硬币的尺寸看起来更大（Mullainathan、Shafir，2013）[1]。稀缺心态会带来收益，一旦感受到稀缺，人们就会把全部注意力集中在如何高效地利用有限的资源解决现实问题上，从而提高工作效率。改变截止日期，设置营造稀缺心态，可以提高个体的工作效率。同样在 3 周的时间内完成 3 篇文章的校对任务，宽松条件下，研究者告诉被试者只要在 3 周内完成 3 篇文章的校对工作就可以了；稀缺条件下，研究者要求被试者每周上交 1 篇完成校对的文章。结果发现，虽然稀缺条件下被试者面对的截止期限更多，但迟交的情况更少，并且校对任务完成的质量更高（Mullainathan、Shafir，2013）。同样地，机会稀缺也会提高个体的专注度和工作质量。在"愤怒的蓝莓"这个游戏中，研究者要求玩家用虚拟的弹弓把蓝莓对准华夫饼射击。实验中，被试者完成 10 轮射击游戏后可以用赢得的点数换取报酬。富裕条件下，研究者给玩家分配 150 颗蓝莓（每轮 15 颗）；稀缺条件下，研究者给玩家分配 30 颗蓝莓（每轮 3 颗）。结果发现，虽然富裕情境中被试者的射击机会是稀缺条件下被试者的 5 倍，但其赢得的点数远少于稀缺条件下被试者赢得的点数（Shah 等，2012）[2]。总之，在稀缺状态下，个体会更加珍惜数量有限的资源，集中注意，排除干扰，让这些资源发挥最大作用，并最终获得更高的回报。然而，稀缺心态就如同一枚硬币的两面，有利也有弊。靠稀缺得来的专注是以忽视其他重要的事情为代价的，当一个人满脑子想的都是最迫切的需要时，就会形成短视（Hofmann 等，2014）[3]。例如，在贫穷国家，

---

[1] Mullainathan S，Shafir E. Scarcity：why having too little means so much[M].London：Allen Lane，2013.

[2] Shah A K，Mullainathan S，Shafir E. Some consequences of having too little[J]. Science，2012，555（6107）：682.

[3] Hofmann W，Luhmann M，Fisher R R，et al. Yes，but are they happy? Effects of trait self-control on affective well-being and life satisfaction[J]. Journal of Personality，2014，82（4）：265.

政府很难说服贫苦的农民购买各类保险。虽然降雨险可以使农民在降雨过多或过少的时候避免损失，政府也会为农民提供大量补贴，但是农民仍然不愿意购买降雨险。当被问起为什么不买保险时，农民的回答总是"买不起"。对于农民来说，最迫切的需要是食物、房子和孩子的学费等，而这些都是保险不能解决的，而且购买保险还会让他们的生活更加拮据。金钱的稀缺让农民竭尽所能地省钱，把钱用到最迫切的需要上面，但又让他们忽视了不购买保险可能造成的危害，使他们处于无法承担的风险之中。

（三）贫困心态

贫困心态（Poverty Mindset）是一种拥有的经济资源难以满足自身需要的感觉，即钱不够用的感觉，是稀缺心态的一种重要的表现形式。贫困心态是穷人最主要最常见的一种心理状态。由于经济资源的匮乏，而且面临着来自外界环境的诸多挑战，穷人常见的一种心理状态或心理感受就是钱不够用。

已有的贫困相关研究大多关注家庭和社会因素对个体心理健康和认知功能等方面的影响。在这种情况下，Haushofer 和 Fehr（2014）指出，研究者有必要将注意力转到有关贫困延续的问题上面，这不仅可以弥补单纯从经济方面考虑贫困问题的不足，而且还可以揭示贫困问题长期存在的潜在因素[1]。例如，穷人在作经济决策方面的行为模式。根据稀缺理论的观点，稀缺状态下人们满脑子都是那些最迫切的需要。以此类推，在经济资源匮乏的情况下，穷人满脑子都是与金钱相关的问题（Shah、Zhao、Mullainathan、Shafir，2018），而对金钱的过度关注会使其忽略其他重要问题，并进一步导致其作出不恰当的决策。经济资源匮乏导致贫困心态的产生，而贫困心态过度损耗个体的认知资源，认知资源不足导致其作出不恰当的经济决策，不恰当的经济决策反过来又会进一步加剧贫困，最终形成"贫困导致更加贫困"的恶性循环[2]。因此，本书把关注点聚焦于贫困心态对经济决策的影响及其心理机制。

---

[1] Haushofer J, Fehr E. On the psychology of poverty[J]. Science, 2014, 344（6186）: 862.

[2] Shah A K, Zhao J, Mullainathan S, et al. Money in the mentallives of the poor[J]. Social Cognition, 2018（36）: 4-19.

二、贫困心态对认知过程的影响

（一）贫困心态对认知负荷的影响

认知负荷是指个体认知系统的负担。资源有限理论认为，人的认知资源总量是有限的；如果同时开展多项活动，就会出现资源分配的问题；认知资源的分配遵循"此多彼少，总量不变"的原则。问题解决过程中的各种认知活动都会消耗认知资源，如果所有的认知活动需要的认知资源数量超过了个体的认知资源总量，就会出现认知资源分配不足的问题，从而影响问题解决的效果（张慧、张凡，1999）[①]。当个体着手处理问题并将注意力集中在特定刺激上时，其认知负荷就会增加，进而导致个体对其他刺激信息的处理能力降低（Sweller、Merrienboer、Paas，1998）[②]。贫困心理学的研究显示，长期的经济资源匮乏会导致个体认知负荷的急剧增加（Shah、Mullainathan、Shafir，2012）[③]。穷人长期生活在资源匮乏且风险众多的环境当中，更容易出现认知负荷过高的情况，主要表现为消极情绪和压力的增加（Haushofer、Fehr，2014）。近几十年来，在家庭收入和主观幸福感的关系的问题上，最为流行的观点被称为伊斯特林悖论（Easterlin Paradox）——只有在一个国家内部，富人才会比穷人有更高的幸福感和生活满意度？在进行跨国比较的时候，富裕国家和贫穷国家人民的平均幸福感和生活满意度几乎没有差别。此外，伊斯特林悖论还指出，在基本需要得到满足之后，收入的增加就不再具备提升人们幸福感的功能（Easterlin，1974）[④]。然而，更新的调查数据显示，无论是在一国之内，还是在跨国比较之中，高收入都意味着高的幸福感和生活满意度。虽然随着收入的不断增加，收入提升幸福感和生活满意度的

① 张慧，张凡.认知负荷理论综述[J].教育研究与实验，1999（4）：45-47.
② Sweller J，Van Merrienboer J J G，Paas F. Cognitive architecture and instructional design[J].Educational Psychology Review，1998，10（3）：251-296.
③ Shah A K，Mullainathan S，Shafir E. Some consequences of having too little[J]. Science，2012（338）：682-685.
④ Easterlin R A. Does economic growth improve the human lot？ Some empirical evidence[J]. Nations and Households in Economic Growth，1974（376）：89-125.

效用边际递减，但并不存在幸福感和生活满意度的饱和点，即一个国家越富裕，其人民就越幸福（Sacks、Betsey、Justin，2013）[1]。除了幸福感和生活满意度之外，贫困与个人的心理健康也存在着密切联系。根据世界卫生组织的报告，富裕国家最贫困的那 1/5 人口，抑郁和焦虑的患病率是最富裕的那 1/5 人口的 1.5 ～ 2 倍（World Health Organization，2001）[2]。在 115 项主要考察了中低收入国家中民众心理健康与贫困的关系的研究中，有将近 4/5 的研究都显示贫困与心理健康之间存在显著的负相关（Lund 等，2010）[3]。另外，家庭收入或个人的社会经济地位还与皮质醇的水平显著相关：低收入、低受教育水平个体（Cohen、Doyle、Baum，2006）[4] 以及低职业地位个体有更高的皮质醇水平，并且在婴儿和儿童群体中得到了类似的结果（Saridjan 等，2010）[5]。总之，相关研究的结果显示，贫困与个体的幸福感、抑郁、焦虑以及皮质醇水平显著相关。探讨减贫与个体的情感、压力因果关系的研究多为随机化的田野实验或自然实验。一项研究在肯尼亚地区考察了无条件现金转移支付项目对个体幸福感的影响。研究者以随机的方式将家庭分配到三种无条件现金转移支付情境（接受 0 美元、400 美元和 1500 美元）中，并对这些家庭成员的幸福感、抑郁、压力以及皮质醇水平进行了测量。结果发现，在主观感受指标上，收到 400 美元和 1500 美元两种无条件现金转移支付的家庭幸福感都显著提升，抑郁和压力感都显著降低，而在压力的生理指标上，只有在收到 1500 美元时，个体的皮质醇水平才出现了显著的降

① Sacks D W，Betsey S，Justin W. The new stylized facts about income and subjective well-be in[J].Emotion，2013，72（6）：1181-1187.

② World Health Organization. The world health report 2001：mental health：new understanding[M]. Geneva：World Health Organization，2001.

③ Lund C，Breen A，Flisher A J，et al. Poverty and common mental disorders in low and middle income countries：a systematic review[J]. Social Science and Medicine，2010，71（3）：517-528.

④ Cohen S，Doyle W J，Baum A.Socioeconomic status is associated with stress hormones[J].Psychosomatic Medicine，2006，65（3）：414-420.

⑤ Saridjan N S，Huizink A C，Koetsier J A，et al.Do social disadvantage and early family adversity affect the diurnal cortisol rhythm in infants？ The Generation R Study[J]. Hormones and Behavior，2010，57（2）：247-254.

低（Haushofer、Shapiro，2013）[①]。另有一些研究得到了类似的结果，现金转移支付确实可以使个体的消极情感（例如抑郁、焦虑）降低，幸福感和生活满意度上升（Baird、Sarah、Hoop、Ozler、Berk，2013[②]；Ozer、Femald、Weber、Flynn、Vanderweele，2011[③]；Powell-Jackson 等，2016[④]）。另外，采用自然实验法的一些研究显示出了同样的结果。一项研究采用准实验设计的方法考察了贫困对儿童心理健康的影响。在 8 年的时间里，研究者每年对 1420 名 9～13 岁的农村地区儿童（1/4 为美洲印第安人，其余为白人）进行心理健康评估。从研究中期开始，一个俱乐部每年给美洲印第安家庭提供收入补贴。在接受补贴的那些家庭中，14% 的家庭实现脱贫，53% 的家庭仍然处于贫困状态，32% 的家庭没有贫困经历。对于接受收入补贴的被试者而言，在接受收入补贴之前，实现脱贫的儿童和一直处于贫困状态的儿童心理健康水平不存在显著差异，都比没有贫困经历的儿童心理健康水平低；在接受收入补贴之后，实现脱贫的儿童心理健康水平得到了显著提升，并达到了没有贫困经历的儿童的心理健康水平。对于没有接受收入补贴的被试者而言，研究期间实现脱贫的儿童心理健康水平同样得到了显著提升。以上结果说明，贫困与心理健康之间存在因果联系（Costello、Compton、Keeler、Angold，2003）[⑤]。在瑞典开展的一项研究发现，通过购买彩票获得大额收入

① Haushofer J，Shapiro J. Household response to income changes：evidence from an unconditional cash transfer programin Kenya.Retrievedfrom［EB/OL］.（2013-09-24）.http://www.princeton.edu/joha/publications/Haushofer_Shapiro_UCT_Online_Appendix_2013.pdf.

② Baird，Sarah，Hoop D，et al. Income shocks and adolescent mental health-population and poverty research network[J]. Journal of Human Resources，2013，48（23）：70-403.

③ Ozer E J，Femald L C，Weber A，et al. Does alleviating poverty affect mothers' depressive symptoms? A quasi-experimental investigation of Mexico's oportunidades programme[J]. International Journal of Epidemiology，2011，40（6）：1565-1576.

④ Powell Jackson T，Pereira S K，Dutt V，et al. Cash transfers，maternal depression and emotional well-being：quasi-experimental evidence from India's Janani Suraksha Yojana programme[J]. Social Science and Medicine，2013（126）：210-218.

⑤ Costello E J，Compton S N，Keeler G，et al. Relationships between poverty and psychopathology：a natural experiment[J]. The Journal of the American Medical Association，2003，90（15）：2023-2029.

可以减少个人精神保健药物的消费量，降低儿童罹患肥胖症的风险，提高个体的心理健康水平以及幸福感（Cesarini、Lindqvist、Ostling、Wallace，2016）[1]。在非洲地区，养老金的领取不仅可以改善整个家庭的营养状况，还可以减轻家庭成员的压力（Case，2004）[2]。除此之外，健康保险以及住房、饮水条件的改善等非直接经济因素都会影响个体的幸福感（Ludwig 等，2013）[3]。相反的，研究者一般通过意外冲击考察贫困加剧对幸福感的影响。一项研究发现，在肯尼亚地区，干旱可能导致农作物减产的时候，农民特别是以农作物为主要收入来源的农民，会体验到更多的压力，同时皮质醇水平也会显著升高（Chemin、De Laat、Haushofer，2013）[4]。另有研究发现，失业会导致个体的皮质醇水平增高（Arnetz 等，1991）[5]，降低整个家庭的心理健康状况和生活满意度（Mendolia，2007）。总之，已有的大量研究证明，贫困与个体的消极情感和压力水平之间存在因果关系：贫困增加会给个体带来更多的消极情感和压力，而贫困的减少或消除会增加个体的积极情感，降低压力水平。

综合以上研究结果可以看出，穷人物质资源匮乏、财政脆弱、社会资源不足，进而体验到更多的消极情感和压力。生活在贫困环境中的个体很可能没有足够的经济和社会资源应对急性和慢性的生活问题，这可能导致个体不

① Cesarini D，Lindqvist E，Ostling R，et al. Wealth，health，and child development：evidence from administrative data on Swedish lottery players[J]. Quarterly Journal of Economics，2016，131（2）：687-738.

② Anne C Case. Does money protect health status? Evidence from south African pensions[J]. Working Papers，2001（8）：531-562.

③ Ludwig J，Duncan G J，Gennetian L A，et al.Long-term neighborhood effects on low-income families：evidence from moving to opportunity American [J].Economic Review，2013，103（3）：26-231.

④ Chemin M，De Laat J，Haushofer J. Negative rainfall shocks increase levels of the stress hormone cortisol among poor fanners in［EB/OL］.（2013-09-24）.http://dx.doi.org/10.2139/ssrn.2294171.

⑤ Ametz B B，Brenner S O，Levi L，et al. Neuroendocrine and immunologic effects of unemployment and job insecurity[J]. Psychotherapy and Psychosomatics，1991，55（24）：76-80.

得不在应对负面性事件本身之外处理自己对事件的消极情绪。例如，在贫困环境中长大的个体成年后会有更多的消极情感体验。贫困与压力之间的关系可以从两个层面进行评估：从短期来看，贫困降低了一个人应对威胁和不可预测事件的能力（例如失去工作）；从长期来看，贫困使个人必须应对稳态应变负荷（例如持续不断地思考财务问题）。贫困环境会给个体造成巨大的压力，进而引起皮质醇水平的升高（Chemin 等，2013）。一个人的认知资源总量有限，而由贫困引发的消极情感和压力会在无形之中占用大量的认知资源（例如消耗认知资源处理消极情感），这就很容易造成可分配的认知资源不足，进而降低对某些问题的处理能力甚至导致错误的选择或判断。例如，在经济决策问题上作出不恰当的判断，致使自身无法摆脱贫困，甚至陷入"贫困加剧贫困"的泥沼无法自拔。

（二）贫困心态对注意的影响

注意是指选择和关注环境中与任务相关的信息，同时忽略与任务不相关的信息的能力。注意具有指向性和集中性的特点，在某一特定瞬间，人的心理活动会在众多认知对象中选择其中一个而忽略其他对象。例如，在影院看电影时，你会选择注意电影的剧情发展而忽略坐在自己周围的其他人。一旦选定了认知对象，人的心理活动就会在这个对象上集中起来。例如，在解决某一问题时，你很可能会把自己的注意力集中在与问题相关的信息上，并把其他无关信息排除在意识之外，即全神贯注。在注意力高度集中的状态下，人的注意范围会缩小，甚至对身边的一切"听而不闻，视而不见"。信息选择是注意的基本功能。人的周围无时无刻不充斥着大量繁杂的刺激信息，有些信息对个人来说很重要，而其他的却无关紧要，甚至会干扰当前的认知活动。人的认知资源总量有限，难以对所有的外部信息进行无差别、无选择性的深度加工。为此，要想自如地应对来自生活、学习和工作中的各项任务，必须能够准确地选择注意有用的信息，并将有限的认知资源尽可能地集中在这些信息上面，并排除无关信息的干扰。个体将注意对象置于意识的中心时，才能对其进行精细的加工处理。人对外界刺激信息的精细加工和整合都是在注意状态下发生的，非注意状态下，个体只能对外界刺激信息进行初步加工。

所以，保持良好的注意是在问题解决过程中作出理性判断的重要条件。

稀缺影响个体注意的现象得到了一系列实验研究（通过实验操纵引发被试者的稀缺感受）和田野研究（例如，比较印度农民在收获前和收获后的认识能力）的支持。人们会将更多注意力集中在自身稀缺的东西上面。"二战"末期，盟军进入德军占领区后遇到了一个麻烦，生活在那里的许多人都处于饥饿状态，在食物充足的状态下（盟军的食物完全可以养活战俘和平民），如何让这些处于饥饿状态的人尽快恢复过来是一个迫切需要解决的问题。针对这一问题，研究者招募了一批健康的志愿者。在长达 6 个月的时间里，研究者为这些人提供的食物不断减少，食物的热量仅够维持生命，但不至于对身体造成永久伤害。随着饥饿时间的延长，志愿者对食物的兴趣不断增加，人们开始对菜谱着迷，有人会花费几个小时对比两份报纸上蔬菜水果的价格；有人开始计划着放弃学术研究，进入餐饮领域，开启一番新的事业；人们在看电影时也只对与食物相关的情节感兴趣，对性以及其他活动的兴趣急剧下降（Keys 等，1950）①。饥饿状态下，食物成了人们一生之中最重要的东西，他们不再对其他事物感兴趣。最近，研究者作了一个类似的饥饿研究，实验人员请还没有吃午饭的被试者在午饭时间到达实验室，允许一半被试者可以吃午餐，但要求另一半被试者继续忍饥挨饿。被试者在实验中需要完成的任务非常简单，就是识别出在电脑屏幕上一闪而过（仅呈现 33 毫秒）的词语。虽然饿肚子的被试者已经筋疲力尽，但他们却在识别食物相关的词语（例如蛋糕）时取得了更好的成绩（Mullainathan、Shafir，2013）②。由于词语的呈现时间非常短，实验任务的完成主要依赖于自动化的信息加工。饿肚子的被试者能更好地识别与食物相关的词语，并不是意志努力的结果，而是这些词语自动俘获了他们的注意。除了饥饿口渴等生理需要的稀缺之外，那些与本能无关的稀缺形式同样会自动俘获人的注意，就像饥饿会使人把全部注意力都放在与食物相关的信息上面一样，其他形式的稀缺同样会使人对稀缺的事物全神贯注。在一项有趣的研究中，研

① Keys，Ancel，Josef，et al. The biology of human starvation[M]. Minneapolis：University of Minnesota Press，1950.
② Mullainathan S，Shafir E. Scarcity：why having too little means so much[M]. London：Allen Lane，2013.

究人员要求儿童估计摆在他们面前的硬币尺寸，结果发现，贫困儿童对硬币尺寸的估计误差更大，但在没有硬币的情况下，孩子们估计相似大小的硬纸片时准确度都很高，说明硬币的金钱属性引起了贫困儿童更多的注意。另有研究者考察了孤独者对社交信息的记忆，结果发现孤独者的成绩与社交达人的成绩一样好，并且孤独者更加善于记住社交互动的细节（Mullainathan、Shafir，2013）。稀缺带来专注的同时也带来了忽视。认知资源的总量是有限的，资源的稀缺会导致个体将注意资源过分地集中在特定的任务上面，进而造成可用于分配到其他任务上的认知资源不足，最终产生注意忽视。研究发现，机会稀缺会影响个体的注意资源分配，在"命运之轮"（Wheel of Fortune）游戏中，获得较少猜测机会的被试者虽然花费了更少的时间完成猜测任务，但他们在猜测时付出了更多的认知努力，造成在后续的认知测试中表现不佳；在"愤怒的蓝莓"任务中，获得较少射击机会的被试者每一次射击都需要花费更长的时间才能作出判断，虽然射击次数少，但任务完成后会有更强烈的疲劳感，并且在接下来的注意测试任务上表现得更差（Shah Mullainathan、Shafir，2012）[1]。具体到贫困问题上来，金钱稀缺引起的注意忽视可能会导致人们作出非常不恰当的经济决策。例如，在贫困国家，政府很难说服农民购买保险，一个很重要的原因就是金钱稀缺让这些农民过分关注当前需要，忽略了不购买保险可能面临的风险，最终将自身置于无法承受的风险之中。Mani 等人（2013）发现，思考大额的财务问题会影响穷人的注意，并且贫困心态对注意资源的俘获是导致个体认知能力下降的重要原因[2]。尽管长期贫困引发的消极情绪和压力会增加穷人的认知负荷，但金钱稀缺才是急剧贫困中引发认知负荷增加的原因，它导致个体忽视未来成本，寻求即刻满足（Shah 等，2012）。

（三）贫困心态对工作记忆的影响

工作记忆是个体在信息加工过程中对信息进行暂时保存和操作的记忆

---

① Shah A K，Mullainathan S，Shafir E. Some consequences of having too little[J]. Science，2012，555（6107）：682.

② Mani A，Mullainathan S，Shafir E，et al. Poverty impedes cognitive function[J]. Science，2013，341（6149）：976-980.

系统（Baddeky，2003）。工作记忆不是一个单一的成分，而是由语音环路（Phonological Loop）、视觉空间画板（Visuo-Spatial Sketchpad）、中央执行系统（Central Executive）和情景缓冲器（Episodic Buffer）四个成分构成。语音环路负责保持和复述基于言语的信息，跟短时记忆有很大重合。例如，你复述电话号码时总能"听"到一个声音在脑海中回荡。视觉空间画板对视觉和空间信息执行类似于语音环路的功能。信息可以直接，也可以以表象的方式进入视觉空间画板。例如，观看野外的风景时，信息就直接进入视觉空间画板；如果闭上眼睛回忆看到的风景，就是以表象的方式进入视觉空间画板。中央执行系统负责控制注意，协调语音回路和视觉空间画板的活动。执行一个需要不同心理过程联合的任务（例如描述看到的风景）时，便需要中央执行系统的参与。情景缓冲器与长时记忆相连，是一个容量有限的空间，它会将存储于语音环路的言语信息和存储于视觉空间画板的视觉和空间信息整合在一起。大量实证研究表明，工作记忆在许多复杂的认知活动中起着非常重要的作用，例如表象、语言、逻辑推理、问题解决和决策等（D'Esposito、Postle，2015）[1]。贫困导致工作记忆受损的证据主要来自对儿童的研究（Pavlakis、Noble、Pavlakis、Ali、Frank，2015）[2]。研究者通过对大量脑成像的研究进行梳理发现，与出生在富裕家庭的孩子相比，出生在贫困家庭的孩子更容易出现海马体发育不良的情况，而海马体发育不良会造成工作记忆能力受损（Pavlakis 等，2015）。针对贫困限制儿童工作记忆发展这一现象，有研究者从心理学角度给出了两个解释：（1）丰富多彩的生活环境是个体认知能力发展的必要条件，而贫困家庭的孩子生存环境过于单调，不能为儿童认知能力的发展提供丰富的刺激，进而造成工作记忆能力的发展受限；（2）贫困家庭的孩子和富裕家庭的孩子在出生的那一刻起就面临着完全不同的生存和发展任务，为了应对不同的生存挑战，他们很可能各自发展出完全

---

① D' sposito M，Postle B R. The cognitive neuroscience of working memory[J].Annual Review of Psychology，2015，66（1）：115-142.

② Pavlakis A E，Noble K，Pavlakis S G，et al. Brain imaging and electrophysiology biomarkers：is there a role in poverty and education outcome research? [J]. Pediatric Neurology，2015，52（4）：383-388.

不同的生存技能和心智能力。标准化的测试多是为非贫困人口开发的，很可能不适合贫困儿童的文化环境。虽然短时压力可以增强个体的工作记忆，但长期压力（例如贫困）会损害工作记忆（Yuen 等，2009）[1]。纵向研究显示，儿童期的贫困与成年后的工作记忆能力显著相关，并且长期压力在这一关系中起中介作用（Evans、Schamberg，2009）[2]。虽然贫困和长期压力会损伤儿童的工作记忆，但并不是所有贫困环境中的儿童工作记忆都受到了相同程度的损伤。随后，进一步研究发现，虽然生命早期的贫困经历与个体成年期的工作记忆存在显著的负相关，但贫困与工作记忆之间的关系会受自我调节（Self-Regulation）能力的影响。自我调节能力较高的个体工作记忆的发展更少受到贫困经历的影响（Evans、Fuller-Rowell，2013）[3]。在最近的一项研究中，研究者考察了巴西地区家庭经济地位和父母受教育程度对儿童非语言智力、口语和书面语能力、工作记忆、言语记忆以及执行功能的影响。结果显示，家庭经济地位与以上几种心理能力存在显著的正相关，而且家庭经济地位对年龄较小的儿童各种认知能力的发展有更大的影响；随着儿童年龄的增长，家庭经济地位的影响逐渐减小。研究者分析，可能是儿童在进入学校后，学校教育以及其他社会环境因素减弱了家庭经济状况对儿童认知能力的影响（Piccolo 等，2016）。个体的工作记忆表现很可能与当时的情绪状态存在密切关系。有研究者考察了消极情绪与工作记忆之间的关系。结果发现，工作记忆不是一个稳定的特质，会受情绪状态的影响。消极情绪会损害个体在工作记忆任务上的表现，这很可能是因为当体验到负面情绪时，个体会将注意力集中在负面情绪上面，并对消极情绪进行自我调节，而对消极情绪的注意以

① Yuen E Y，Liu W，Karatsoreos I N，et al. A cute stress enhances glutamatergic transmission in prefrontal cortex and facilitates working memory[J]. Proceedings of the National Academy of Sciences，2009，106（33）：14075-14079.

② Evans G W，Schamberg M A.Childhood poverty，chronic stress，and adult working memory[J]. Proceedings of the National Academy of Sciences of the United States of America，2009，106（16）：6545-6549.

③ Evans G W，Fuller-Rowell T E. Childhood poverty，chronic stress，and young adult working memory：the protective role of self-regulatory capacity[J]. Developmental Science，2013，16（5）：688-696.

及自我调节都会消耗大量的认知资源，必然造成工作记忆可用的认知资源不足，最终导致工作记忆表现降低。然而，Philipp、Christof 和 Reinhard（2014）的研究却发现，在诱发被试者消极情绪的条件下，消极情绪虽然降低了个体工作记忆的容量，但提高了工作记忆的精确程度。此外，研究者还考察了积极情绪对个体工作记忆表现的影响，发现积极情绪可以极大地提升个体的动机水平，增强个体的工作记忆表现（Annette、Martin、Florian，2014）[①]。总之，个体在贫困状态下倾向于有更强的压力体验和消极情感，这会进一步损害其工作记忆表现。需要注意的是，贫困并不总是损害个体的认知表现，并且在特定情境中还可能会增强个体的认知表现。有研究者认为，虽然频繁出现的财务困难会增加工作负荷，并降低个体的行为表现，但财务困难很可能不会损害与程序化加工过程相关的认知功能（Dang、Xiao、Dewitte，2015）[②]。最近的研究发现，引发穷人对财务问题的思考会损害其认知表现，这很可能是由工作记忆不堪重负造成的（Dang 等，2016）[③]；然而在程序化的学习任务中，对财务问题的思考不仅没有损害穷人的任务表现，反而提高了学习效率（Dang 等，2016）。金钱稀缺与工作记忆之间并非简单的线性关系，中间存在众多的调节变量，例如任务类型、自我调节能力等，这为人们干预贫困对工作记忆的影响提供了可能。

（四）贫困心态对自我控制的影响

自我控制是指个体为了执行能带来长远利益的目标指向行为而通过调整注意、思维、行为以及情绪来抵制诱惑和冲动的能力（Diamond，2013）[④]。抑制冲动性行为，按照规范的要求行事是社会文明的象征。为

---

① Annette B，Martin L V，Florian S. Daily fluctuations in positive affect positively co-vary with working memory performance[J]. Emotion，2013，14（1）：1-6.

② Dang J，Xiao S，Dewitte S. Commentary："poverty impedes cognitive function" and "the poor" mental power[J]. Frontiers in Psychology，2015（6）：1037.

③ Dang J，Xiao S，Zhang T，et al.When the poor excel：poverty facilitate procedural learning[J]. Scandinavian Journal of Psychology，2016，57（4）：288-291.

④ Diamond A.Executive functions[J]. Annual Review of Psychology，2013，64（1）：135-168.

此，自我控制无论是对个体的自身发展还是整个社会的正常运转都是必不可少的。研究表明，良好的自我控制不仅可以有效地减少人们的不良行为，还可以改善人们的心境，促进人际关系融洽和亲社会行为，从而促进社会的和谐发展。反过来讲，自我控制的失败很容易给个人和社会带来严重的危害，例如过度消费、药物滥用、酒精成瘾、攻击行为等（Berkman、Hutcherson、Livingston、Kahn、Inzlicht，2017）①。根据资源模型（Resource Model）的观点，自我控制资源在一定时间内总量是有限的，个体在控制自身行为时可以耗尽（Baumeistei、Heatherton、Tice，1995）②。当然，自我控制资源的消耗只是暂时的，可以通过休息或放松得到恢复。例如，自我控制资源损耗之后，观看一段视频就可以提高被试者在自我控制任务中的表现（Tice、Baumeister、Shmueli、Muraven，2007）③。研究者通常采用自我控制的双任务范式检验自我控制的资源模型。实验组被试者完成两个连续的自我控制任务，控制组被试者同样完成两个连续的任务，但仅有第二个需要自我控制。根据资源模型可以预期，由于实验组在第一个实验任务上消耗了大量的自我控制资源，留给第二个实验任务的自我控制资源变少，进而导致在第二个实验任务上的表现会比控制组差。例如，研究者要求实验组被试者在观看可以引发情绪反应的视频材料时抑制自己的情绪表达，而控制组被试者观看视频时可以自由表达情绪。随后，两组被试者都完成一个抓握弹簧手柄的任务，结果实验组被试者的抓握成绩比控制组差（Muraven、Tice、Baumeister，1998）④。可以看出，随着自我控制资源在抵制诱惑或冲动的过程中不断损耗，个体屈服于其他诱惑或冲动的可

---

① Berkman E T，Hutcherson C A，Livingston J L，et al. Self-control as value-based choice[J]. Current Directions in Psychological Science，2017，26（5）：422.
② Baumeister R F，Heatherton T F，Tice D M. Losing control：how and why people fail at self-regulation[J]. Clinical Psychology Review，1995，75（4）：367-368.
③ Tice D M，Baumeister R F，Shmueli D，et al. Restoring the self：positive affect helpsimprove self-regulation following ego depletion[J]. Journal of Experimental Social Psychology，2007，43（3）：379-384.
④ Muraven M，Tice D M，Baumeister R F.Self-control as limited resource：regulatory depletion patterns[J]. Journal of Personality and Social Psychology，1998，74（3）：74.

能性就会增加。由于金钱稀缺，穷人时刻面临巨大的经济压力，他们必须抑制自己对某些物品或服务的欲望，并艰难地在不同需要间作出权衡和让步。例如，穷人在购买某一商品之后很可能需要压缩其他方面的消费，以维持收支平衡。持续地在不同需要间进行妥协和权衡，会大量地损耗有限的认知资源和自我控制资源，进而造成自我控制能力的降低。大量研究表明，持续性地抑制基本需要会导致自我控制资源的减少（Vohs，2013）[①]。例如，在抑制对美味食物（例如巧克力）的需要之后，人们调节负性情绪以及完成复杂认知任务的能力会降低，甚至出现暴饮暴食的情况（Vohs、Heatherton，2000）[②]。另外，在不同的需要间进行选择和权衡同样会极大地削弱个体抵御诱惑的能力（Mullainathan、Shafir，2013）[③]。在一项研究中，研究者分发给被试者一个购物清单和一定金额的现金后，要求被试者在模拟商店中挑选七件商品。挑选任务完成后，必须用手中的现金买下自己选中的七件商品中的一件，以抽签的方式决定被试者需要购买哪一件。购买的商品越贵，能够带走的现金就越少。为此，从理性角度讲，被试者不太可能挑价格比较贵的商品。实验条件中，被试者收到的购物清单列出了七个商品类别，其中，前五个类别分别对应着商店中两件价格和吸引力相当的商品，后两个类别同样分别对应着两件商品，但两件商品的价格和吸引力存在差异：一件更贵（比预期的价格贵），更有吸引力，一件更便宜（比预期的价格便宜），吸引力更低。控制条件中，被试者的购物清单上前五件商品给出了具体名称，不需要被试者在价格和吸引力相当的商品间进行选择。研究者关注的是在不同选择间进行权衡对后面商品选择偏向的影响。结果发现，实验条件下的被试者在后两类商品的选择中更多地选择了吸引力高但价格贵的商品，说明在一系列的选择和权衡任务之后，人们会更加难以抵御情感需要的诱惑，他们的自我控制能力降低了

---

① Vohs K D.The poor's poor mental power[J]. Science，2013，547（6149）：969-970.

② Vohs K D，Heatherton T F.Self-regulatory failure : a resource-depletion approach[J]. Psychological Science，2000，77（3）：249-254.

③ Mullainathan S，Shafir E. Scarcity : why having too little means so much[M]. Accountancy Ireland，2013.

（Bruyneel、Dewitte、Vohs、Warlop，2006）[1]。稀缺、混乱、没有余闲是穷人生活环境的基本特征，加之收入的不稳定，这些因素综合起来会将穷人置于需要持续不断地面对紧急事务的泥沼。由于金钱稀缺，任何失误都会带来无法承受的后果，这就使得穷人没有犯错的余地。他们需要时刻保持警惕，非常谨慎地管理手中有限的资源。因此，对金钱和财务的关注和思考就成为穷人生活的重中之重。贫困状态下，那些较为迫切的需要会吸引人们的注意，并引发权衡思维。一些研究发现，穷人更倾向于频繁地在不同需要间进行权衡，他们在购物中表现得更为谨慎，对商品的价格更为了解，甚至能清晰地记住所购物品的价格（Mullainathan、Shafir，2013）。持续的财务困境会成为穷人的心理负担，关于花费和金钱的想法会自发地浮现在脑海中，挥之不去，进而干扰对其他问题的思考，并塑造其生活经验。研究发现，穷人在日常生活中更多地思考生活事件的经济方面。例如，在聚会、看医生时，穷人会更多考虑有关花费的问题，因为他们必须思考"如果我要买下某件商品，那必须得放弃什么？"而对于富人来说，这些并不是经济问题。金钱稀缺不但要求人们必须抵御各种基本需要的诱惑，而且要求人们不断地在不同的需要间进行权衡和选择，这些都会极大地损害人们的自我控制能力。当自我控制资源消耗殆尽的时候，穷人很难抵御诱惑，更容易出现冲动行为，甚至作出非常糟糕的经济决策，最终导致贫困的恶性循环（Vohs，2013）[2]。例如，被试者在完成思维控制任务后，会有更强烈的欲望花掉主试者给的现金（思维控制任务前，主试者给被试者一定数额的现金，可以花掉也可以自己保存），而且他们也确实花掉了更多的钱，说明自我控制资源不足很可能会导致非理性消费（Tice等，2007）[3]。

① Bruyneel S，Dewitte S，Vohs K D，et al. Repeated choosing increases susceptibility toaffective product features[J]. International Journal of Research in Marketing，2006，23（2）：215-225.

② Vohs K D. The poor's poor mental power[J]. Science，2013，547（6149）：969-970.

③ Tice D M，Baumeister R F，Shmueli D，et al. Restoring the self：positive affect helps improve self-regulation following ego depletion[J]. Journal of Experimental Social Psychology，2007，43（3）：379-384.

第二节　经济决策的认识

　　无论是个人还是组织，多数决策都可以简化为某种基本的经济决策形式。延时性和风险性是决策过程中选择备择方案时重要的考虑因素。关注延时性的决策可以抽象为跨期选择（Samanezlarkin、Knutson，2015）[①]。例如，是尽早离开学校挣钱还是继续升学深造？是满足当下的口舌之欲还是坚持健康饮食？关注风险性的决策可以抽象为风险决策。例如，是自主创业还是找一份安稳的工作？是追加投资还是及时止损？决策中的多数选项基本都有一定的延时性和不确定性。因此，几乎所有的决策或是跨期选择，或是风险选择，或者两者都是。

一、跨期选择

　　跨期选择（intertemporal choice）是指人们对发生在不同时间点上的结果（获益或损失）进行权衡和选择的过程（索涛、张锋、赵国祥、李红，2014）[②]。一般情况下，研究者会用以金钱数额为结果的二择一问题来考察人们的跨期选择行为，要求被试者根据自己的偏好在数额小但时间早（Smaller-Sooner，SS）和数额大但时间晚（Larger-Later，LL）这两个备择选项之间进行选择（江程铭、刘洪志、蔡晓红、李纾，2016）[③]。例如，询问被试者倾向于选择"今天获得 300 元"还是倾向于选择"6 个月后获得 350 元"。当一个人手里有一笔钱的时候，很可能就会面临一个问题：立即消费，还是存入银

① Samanezlarkin G R，Knutson B. Decision making in the ageing brain：Changes in affective andmotivational circuits[J].Nature Reviews Neuroscience，2015，16（5）：278-289.

② 索涛，张锋，赵国祥，等．时间感知差异对跨期选择倾向的影响作用 [J]. 心理学报，2014，46（2）：165-173.

③ 江程铭，刘洪志，蔡晓红，等．跨期选择单维占优模型的过程检验 [J]. 心理学报，216，48（1）：59-72.

行？回答上面的问题往往需要权衡立即消费这笔钱获得的效用与未来消费这笔钱（包含利息）获得的效用哪一个大，哪一个小。跨期选择研究的一个基本发现是，人们倾向于高估当下收益带来的效用，低估未来获益带来的效用。例如，置环境污染于不顾而大肆进行经济开发，为追求即刻的快乐而吸烟酗酒甚至过度消费，等等。由此可以看出，作出合理的跨期选择是个人或组织能够保持理性的重要标志。在古典经济学领域，最为广泛接受的是萨缪尔森基于"理性人"假设提出的折扣效用模型（the discounted utility model，DU；Samuelson，1937）[①]。然而，现实生活中的人并不是完全理性的，真实的决策过程中存在着许多非理性因素。研究者在实证研究中发现，现实中存在大量违反折扣效用模型的"异常现象"（Loewenstem、Prelec，1992）[②]。正是"异常现象"的存在，把人们的关注点引向了跨期选择背后的心理机制。考察跨期选择背后的心理机制不仅可以对建立在"理性人"假设上的理论模型进行有益补充，而且还可以帮助人们更深入地理解跨期选择现象，为开展更为有效的干预提供理论支持。

（一）折扣效用模型

诺贝尔经济学奖得主萨缪尔森提出的折扣效用模型是经济学中研究时间折扣的标准模型（Frederick 等，2002）[③]。

折扣效用函数 $U^t(C_t, \cdots, C_T)$ 可以表示为如下形式：

$$U^t(C_t,\cdots,C_r) = \sum_{k=0}^{k=T-t} D(k)u(C_{t+k}), D(k) = \left(\frac{1}{1+p}\right)^k$$

模型中，$u(C_{t+k})$ 表示个体在 $f+A$ 时间点上的即时效用函数 $D(k)$ 表示时间折扣函数，即个体对各时间点的即时效用赋予的权重。p 表示时间折扣率，

① Samuelson P A. A note on measurement of utility[J]. Review of Economic Studies，1937，4（2）：155-161.

② Loewenstein G，Prelec D. Anomalies in interpersonal choice:Evidence and an interpretation[J]. Quarterly Journal of Economics，1992，107（2）：573-597.

③ Frederick S，Loewenstein G，O'Donoghue T. Time discounting and time preference:A critical review[J]. Journal of Economic Literature，1972，40（2）：351-401.

即个体纯粹的时间偏好。由于其简洁性，模型一经提出便得到了广泛的认可。然而，模型成立必须满足以下几个前提假设：

（1）时间折扣率恒定。时间折扣函数 $D(k)$ 一般可以写成如下形式：

$$D(k) = \prod_{n=0}^{k-1} \frac{1}{1+\rho_n}$$

其中，ρ_n 表示时间点上的折扣率，折扣率随着时间点 n 的变化而变化。然而，在折扣效用模型中 $\rho_n = P$，暗含着一个重要假定——所有的时间点上折扣率都相同。这就意味着，如果一个人在"立即获得 3000 元"和"1 年后获得 3100 元"之间选择前者，那么在"10 年后获得 3000 元"和"11 年后获得 3100 元"之间他仍然会选择前者。然而，现实情况却是人们更倾向于选择"11 年后获得 3100 元"。

（2）决策时个体会把新的备选计划与已有计划整合在一起考虑。如果已有的消费计划是（C_t, ···, C_T），现在给出一个新的跨期选择 X（例如，放弃现在的 1000 元以便获得 2 年后的 1100 元），人们不会孤立地考虑跨期选择 X，而是要根据 X 对已有计划的影响作出决定。加入新的选择 X，原有计划就变为（C_t', ···, C_T'）只有在 $U^t (C_t', ···, C_T') > U^t (C_t, ···, C_T)$ 时，人们才会接受 X。

（3）即时效用独立于时间。效用的大小和方向不随时间的变化而变化，即一个人在任何时间对同一活动的偏好是相同的。例如，棉被在冬天的效用和在夏天的效用完全相同，这明显不符合现实情况。

（4）每个时间点上的决策彼此独立。个体在时间点 $t+k$ 上的决策独立于在其他时间点上的决策状况，即每个时间点上特定选择的效用不会受到前面或后面决策的影响。例如，当下对景点 A 和景点 B 的偏好不会受昨天是否去过景点 A 或是否计划明天去景点 A 的影响。

（5）折扣函数独立于决策内容。个体的时间偏好不会随着决策内容的变化而变化，折扣率始终保持不变。如果个体对不同的决策内容（例如，度假问题和饮食问题）有不同的时间折扣率，单一的时间折扣率就会出现问题。

可以看出，需要满足许多前提假设才能保证折扣效用模型的成立。然而，一些实证研究发现，人们在跨期选择中存在着大量违背其前提假设的情况。

例如，人们的时间折扣率会随着延迟时间的增加逐渐减小；收益的时间折扣率明显高于损失的折扣率；延迟事件比提前事件有更高的时间折扣率；时间折扣率随着效用值的增加而减少，等等（Frederick、Loewenstein、o'Donoghue，2002）。[1]

（二）双曲线折扣模型

当被问及在 1 个月、1 年、10 年后获得多少钱主观感受上与现在获得 15 美元相等时，被试者在三种时间跨度上给出的答案的中位数分别为 20 美元、50 美元和 100 美元。研究者通过计算发现，三个时间跨度上的时间折扣率分别为 345%、120%、19%，说明时间折扣率随着时间的延长递减（王桂梅，2016）。[2] 根据折扣率随时间递减的规律研究者提出了双曲线折扣模型，其基本形式如下：

$$V_t = \frac{V_{t+d}}{1+kd}$$

其中，V_t 表示即时效用，V_{t+d} 表示未来效用，k 表示折扣率，d 代表示延迟时间。研究发现，双曲折扣模型可以很好地拟合在健康人、成瘾者、动物在跨期选择任务中得到的数据（Callan、Shead、Olson，2011）。[3] 除双曲线折扣模型外，研究者还提出一些新的模型用于解释时间折扣现象，如准双曲模型、加法折扣模型、尽快折扣模型等，都对原有模型进行了一定程度的改进（Killeen，2009[4]；Scholten、Read，2010[5]）。

① Frederick S，Loewenstein G，O'Donoghue T. Time discounting and time preference：A critical review[J]. Journal of Economic Literature，2002，40（2）：351-401.

② 王桂梅. 行为经济学对传统跨期选择理论的修正与扩展 [J]. 金融理论探索,2016(2)：12-18.

③ Callan M J，Shead N W，Olson J M. Personal relative deprivation，delay discounting，and gambling[J]. Journal of Personality and Social Psychology，2011，101（5）：955.

④ Killeen P R. An additive-utility model of delay discounting[J]. Psychological Review，2009，116（3）：602-619.

⑤ Scholten M，Read D. The psychology of intertemporal tradeoffs[J]. Psychological Review，2010，117（3）：925-944.

（三）影响跨期选择的心理因素

"异常现象"的存在说明跨期选择中的个体不是完全理性的，会受到"非理性"因素的影响。为了深化对跨期选择现象的认识，研究者从心理学的角度对跨期选择进行了探讨，并从多个方面对原有理论进行了修正和扩展。现在，简要介绍几种影响跨期选择的心理因素。

参照点依赖，Loewenstein 和 Prelec（1992）把前景理论（prospect theory）的价值函数引入跨期选择，用来解释跨期选择中出现的"异常现象"。人们存在一个主观上的时间参照点，效用的实现比时间参照点提前会被认为是收益，而效用的实现比时间参照点延迟会被当作损失。人们对损失更为敏感。因此，人们面对延迟时要求的补偿数额更大，而面对提前时愿意支付的数额更小[1]。

投射偏见，是指个体高估自己的当前偏好与未来偏好的一致性，进而将当前偏好投射到未来的心理倾向（徐富明、李欧、邓颖、李燕、史燕伟，2016）[2]。人们在预测自己的未来偏好时倾向赋予当前偏好过大的权重，夸大未来偏好与当前偏好的一致性。例如，要求被试者在苹果和巧克力之间挑选一种作为自己下一周傍晚时分的零食，人们在饥饿状态下更倾向于挑选巧克力，而在非饥饿状态下更倾向于挑选苹果（Read、Van、Leeuwen，1998）。[3]

时间知觉，人们在跨期选择中往往依据时间的主观长度而非客观长度作出选择。时间的客观长度和主观长度遵循韦伯 - 费希纳定律，主观感受上近期的一段时间（例如现在一年）比远期的同样一段时间（例如 10 年后的一

---

① Loewenstein G，Prelec D.Anomalies in interpersonal choice：Evidence and an interpretation[J]. Quarterly Journal of Economics，1992，107（2）：573-597.

② 徐富明，李欧，邓颖，等 .判断与决策中的投射偏差 [J]. 心理科学进展，2016，24（3）：422-430.

③ Read D J，Van Leeuwen B. Predicting hunger:The effects of appetite and delay on choice[J]. Organizational Behavior and Human Decision Processes，1998，76（2）：189-205.

年）更长。因此，时间知觉可以很好地解释"为什么时间折扣率会随着延迟时间的增加而减小"的情况。一些研究表明，用主观时间替代折扣效用模型中的客观时间可以更好地拟合跨期选择数据（Giovinazzo、Novarese，2016）[①]。

情绪激活，人类具有两个信息加工系统：情感系统和认知系统。人们估计远期事物的价值倾向于采用认知系统，而估计近期事物的价值时倾向于采用情感系统，产生情绪上的冲动，寻求即时的满足（何贵兵、陈海贤、林静，2009）[②]。例如，在饥饿状态下很容易购买过多的食物。此外，在金钱跨期选择研究中，被试者只有在选择立即获益的选项时，主管情绪的多巴胺系统和边缘系统才会被激活，而在选择延迟选项时，多巴胺系统和边缘系统不会被激活（McClure、Laibson、Loewenstein、Cohen，2004）[③]。

二、风险决策

风险（risk）是指特定情境中消极结果发生的可能性，具有很强的主观性和建构性。人对风险的判断通常受到自身所处环境、价值观念以及人格特征等因素的影响。人们主要通过两种途径形成对风险的感知判断：（1）根据自己当下的情感体验判断消极结果发生的可能性。例如，焦虑可以增强个体对危险信息的敏感性，提高个体对消极后果发生可能性的估计。（2）依靠理性的逻辑推理估计发生消极后果的可能性。例如，个人在股票投资前大量搜集各公司的财务状况以及相关行业信息，并对搜集到的资料进行理性分析，最终形成对每只股票的风险判断。虽然逻辑推理看起来更加合理可靠，但日常生活中人们的风险感知大多是基于情绪感受的（Sadlersmithj，2016）[④]。例如，

① Giovinazzo V D，Novarese M. The meaning of happiness：Attention and time perception[J]. Mind and Society，2016，75（2）：207-218.

② 何贵兵，陈海贤，林静. 跨期选择中的反常现象及其心理机制 [J]. 应用心理学，2009，5（4）：298-305.

③ McClure S M，Laibson D I，Loewenstein G，et al. Separate neural systems value immediate and delayed monetary rewards[J]. Science，2004，306（5695）：503-507.

④ Sadler smith E. The role of intuition in entrepreneurship and business venturing decisions[J].

烟瘾者很少通过理性分析的方式评估吸烟带来的伤害，而是主观地认为吸烟对自己的危害远不及对别人的伤害（Zlatev、Pahl、White，2010）[①]。风险的基本特征是不确定性，所以风险决策（risk decision-making）就是个体对不确定性的选择。从吃饭购物到就业婚姻，处处都包含着不确定性，可以说风险决策是日常生活的一项基本内容。只要不受个体控制，存在多个选项且具有不确定性的决策都可以称为风险决策。风险决策是一个复杂的过程，往往会受到个体内部（例如能力高低、情绪状态等）和外部（例如任务类型、任务目标等）多重因素的影响。高风险必须伴随着高收益，如果风险选项没有足够的吸引力，人们会偏爱确定的选项（Tversky、Kahneman，1985）[②]。此外，个体在不同类型的风险决策任务上可能会采取不同的信息加工方式。例如，娱乐活动的风险决策中直觉系统往往占主导地位，金钱或生命相关的风险决策中分析系统往往占主导地位（Figner、Weber，2011）[③]。

（一）基于理性人假设的决策模型

最初，研究者认为追求利益最大化是人们在经济决策中的首要目标，并基于"完全理性假设"提出了期望价值理论（expected value theory）。期望价值理论认为，个体会依据结果期望值的最大化原则作出决策。决策的基本过程是：在收益分布已知的情况下，个体首先根据概率分布计算出不同选择的期望收益，再按照期望价值最大化的原则作出决策（Plous，1993）[④]。期望价值理论成立的一个重要条件是风险中性（risk neutrality）。

European Journal of Work and Organizational Psychology，2016，25（2）：212-225.

① Zlatev M，Pahl S，White M. Perceived risk and benefit for self and others as predictors of smoker'attitudes towards smoking restrictions[J]. Psychology and Health，2010，25（2）：167-182.

② Tversky A，Kahneman D. The framing of decisions and the psychology of choice[J]. Science，1981，277（4481）：453-458.

③ Figner B，Weber E U. Who takes risks when and why? Determinants of risk taking[J]. Current Directions in Psychological Science，2011，20（4）：211-216.

④ Pious S. The psychology of judgment and decision making[M]. New York：Mcgraw-Hill Book Company，1993.

例如，面对 A、B 两个选项：A 选项是确定收益 50 元；B 选项是 50% 的概率收益 100 元，50% 的概率收益 0 元。按照期望价值理论的观点，人们对 A 选项和 B 选项的偏好应该相等。然而，现实情境中，大部分人会规避风险，选择 A 选项。随后，研究者在期望价值理论的基础上又提出了期望效用理论（expected utility theory；Von Neumann、Morgenstern，2007）[①]。期望效用理论认为，在其他条件不变的情况下，金钱的效用随着财富的增加递减，人们不是根据金钱数量的最大化而是根据期望效用的最大化进行决策。结果的效用和发生的可能性的乘积决定了个体的最终选择。期望效用函数可以写成如下形式：

$$EU(p, x) = \sum p_i u(x_i)$$

其中，p_i 表示 x_i 出现的客观概率，$u(x_i)$ 表示 x_i 产生的效用。按照期望效用模型，50 元收益的效用大于 100 元收益效用的一半，因此也就解释了在面对上述两个选项时为什么大多数人会选择 A 选项。期望效用理论认为理性决策符合有序性、占优性、相消性、可传递性、不变性和独立性等原则。其中，有序性是指，面对选项 A、B 时，决策者要么偏爱其中一个，要么都不偏爱，不可能既偏爱 A，又偏爱 B；占优性是指，如果选项 A 至少在一个方面好于选项 B，在其他方面均不比选项 B 差，则 A 选项占优，决策者偏爱 A 选项；相消性是指，面对多个选项时，具有相同效用的部分可以相互抵消，决策者会通过比较具有不同效用的部分作出决策；可传递性是指任意三个选项，如果选项 A 优于选项 B，选项 B 优于选项 C，则选项 A 优于选项 C；不变性是指，决策不受选项描述方式的影响，只要可能的结果相同，无论采取怎样的描述方式，决策者都会作出相同的选择；独立性是指，各备择选项之间彼此独立，互不影响。任何不符合这些原则的决策行为都是非理性决策。后来，许多研究者对期望效用理论进行了改进以提高其实际的可应用性。其中，最著名的是主观期望效用理论（subjective expected utility theory），它将原模型中收益的客观概率替换为主观概率（Savage，1954）。

---

① Von Neumann J，Morgenstem O. Theory of games and economic behavior[J]. Princeton University Press Princeton N J，2007，26（1-2）：131-141.

然而，现实生活中的人并不是纯粹理性的，基于理性人假设的决策理论受到了来自各方面的挑战。例如，阿莱悖论（Allaisparadox）、埃尔斯伯格悼论（Ellsberg paradox）。

（二）前景理论

针对期望效用理论难以解决的问题，Kahneman 和 Tversky（1979）提出了描述性的风险决策模型——前景理论（prospect theory）[1]。在前景理论中，某一结果的预期效用由价值函数和权重函数的乘积决定，可以写成如下形式：

$$V(x, p) = \sum w(p_i)v(x_i)$$

其中，$v(x_i)$ 表示价值函数，$w(p_i)$ 表示权重函数。前景理论认为，人们的决策遵循参照点依赖（reference dependence）、敏感性递减（diminishing sensitivity）和损失规避（loss aversion）三个原则。参照依赖是指，决策者在决策过程中依据财富的相对值而非绝对值进行决策判断，并且财富的相对值易受决策框架的影响。敏感性递减是指，收益时为凹函数，损失时为凸函数，随着损失和收益绝对值的不断增加，人们的敏感性逐渐降低，如图4-1所示。损失规避是指，人们对损失更敏感，特别是在损失收益较小的阶段损失尤为陡峭。决策者在收益时会相对保守，而在损失时却相对激进。前景理论中，权重函数是概率的一个增函数，小概率时会被高估，大概率时会被低估，如图4-2所示。在 Tversky 和 Kahneman（1981）的研究中发现，1% 的概率得到200 美元和100% 确定得到10 美元等价；99% 的概率得到200 美元和100% 确定得到188 美元等价，这很好地说明了人们在决策时会高估小概率的权重，低估大概率的权重[2]。

---

[1] Kahneman D，Tversky A. Prospect theory：An analysis of decision under risk[J]. Econometrica，1979，47（2）：263-291.

[2] Tversky A，Kahneman D. The framing of decisions and the psychology of choice[J]. Science，1981，277（4481）：453-458.

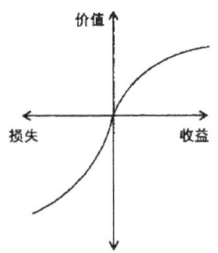

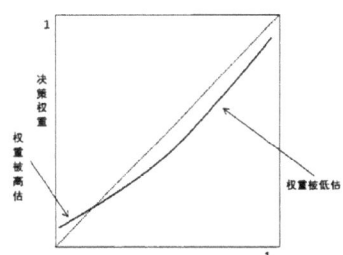

图 4-1　前景理论的价值函数　　　　图 4-2　前景理论的概率权重函数

从价值函数的凹凸性和人们高估小概率权重、低估大概率权重的特征中可以看出（Tvereky、Kahneman，1992），在面对小概率的大收益和确定的小收益时，由于对小概率的高估和价值函数的凹性，人们倾向于冒险；在面对小概率的大损失和确定的小损失时，由于对小概率的高估和价值函数的凸性，人们倾向于保守；在面对大概率的收益和相对较小的确定收益时，由于对大概率的低估和价值函数的凹性，人们倾向于保守；在面对大概率的损失和相对较小的确定损失时，由于对大概率的低估和价值函数的凸性，人们倾向于冒险[①]。

（三）影响风险决策的心理因素

跟跨期选择一样，人类的风险决策行为同样不是完全理性的，会受到许多非理性因素的影响。影响风险决策的几个主要心理因素如下：

心理账户，心理账户是指人们在内心会自动化地把财富划归不同的账户进行管理（Thaler，1999）[②]。人们并不是把所有财富都放在一个账户内进行管理，而是根据来源和支出划分成许多不同的账户。从理性角度讲，金钱没有标签，是可以相互替代的。然而，被分配到不同心理账户的钱具有不可替代性，每个账户有单独的记账方式和运算规则（李爱梅、凌文辁，2007）[③]。例如，

---

① Tversky A，Kahneman D. Advances in prospect theory：Cumulative representation of uncertainty[J]. Journal of Risk and Uncertainty，1992，5（4）：297-323.

② Thaler R H. Mental accounting matters[J]. Journal of Behavioral Decision Making，1999，72（3）：183-206.

③ 李爱梅，凌文辁 . 心理账户：理论与应用启示？ [J]. 心理科学进展，2007，75（5）：727-734.

人们会把意外收获和辛苦赚来的钱划归不同的心理账户，辛苦赚来的钱一般舍不得花，而意外得来的钱可能很快就会花掉。

动机因素，动机因素对个体的风险决策行为具有不容忽视的影响（Sekscinska、Maison、Trzcinska，2016）[1]。在风险决策过程中，人们的内心通常有两个相互对立的愿望：一个是尽可能地作出有最大收益的选择；一个是尽可能地避免失败或损失。风险决策都是两个对立愿望彼此协调的结果：如果一个人追求成功的动机超过了回避失败的动机，则会表现出更高的风险寻求倾向。人们在成就动机上存在差异，有些人追求成功而不是害怕失败；有些人害怕失败而不是追求成功，这些差异使人们表现出不同的风险偏好。

情绪因素，情绪是个人在风险决策过程中重要的信息来源，特别是在非常复杂的决策任务中，人的认知负荷过重，分析系统难作出决策，情绪就会对个体的决策过程产生很重要的影响（Hu、Wang、Pang、Xu、Guo，2015）[2]。研究者一般从背景情绪、预期情绪和基于行为的情绪三个角度探讨情绪对风险决策的影响。其中，背景情绪是指作决策时个体已有的情绪，预期情绪是指决策结果将会引发的情绪，基于行为的情绪是指决策任务本身引发的情绪（Dunning、Fetchenhauer、Schlosser，2017）[3]。

根据以上的介绍可以发现，跨期选择和风险决策之间有很强的相似性（陈海贤、何贵兵，2011）。首先，在两种决策形式中，人们都会根据效用最大化原则作出选择。其次，两种决策中都存在折扣现象，跨期选择中个体会把延迟选项折扣成主观现值，风险决策中个体会把风险选项折扣成主观确定值。再次，跨期选择中的时间折扣和风险决策中的风险折扣都遵循相似的折扣函数。最后，跨期选择和风险决策都存在损失和收益的不对称现象。因此，跨期选择和

---

[1] Sekscinska K，Maison D，Trzcinska A. How people's motivational system and situational motivation influence their risky financial choices[J]. Frontiers in Psychology，2016（7）：1360.

[2] Hu Y，Wang D，Pang K，et al. The effect of emotion and time pressure on riskdecision-making[J]. Journal of Risk Research，2015，75（5）：637-650.

[3] Dunning D，Fetchenhauer D，Schlosser T. The varying roles played by emotion in economic decision making[J]. Current Opinion in Behavioral Sciences，2017（75）：33-38.

风险决策很可能具有相同的心理机制（Prelec、Loewenstein，1991）[①]。

第三节 贫困心态对经济决策的影响

目前为止，世界各地（包括一些发达国家在内）仍存在着大量的贫困人口，贫困问题不仅关乎个人的健康、幸福，还关乎整个社会的繁荣稳定。因此，消除贫困是整个世界面临的一个重要课题。过去，传统的贫困研究总是把贫困当作一个群体性、政策性的宏观问题，而扶贫也主要是以提供经济援助为主（卢盛峰、卢洪友，2013）[②]。然而，近年来的研究发现，单纯的物质援助很难帮助贫困人口彻底摆脱贫困，脱贫后极易出现返贫，很可能是因为穷人更容易作出非理性的、不恰当的经济决策（万喆，2016）。

一、贫困心态对跨期选择的影响

人们常常需要对发生在不同时间点上的备择方案进行权衡和选择。例如，追求刺激还是努力戒烟？即时消费还是坚持储蓄？保护环境还是经济开发？这些问题都可以抽象为跨期选择问题，即要求人们在不同延时性的方案中作出选择。跨期选择问题不仅关系到个人的健康、财富和幸福，甚至还会影响到一个国家的兴衰成败（Camerer、Loewenstein，2005）[③]。跨期选择研究发现，低估未来收益的效用是人的一个基本倾向。人类与动物的重要区别是人类具备规划未来的能力，但大量心理学和认知神经科学的研究证实，无论是动物、儿童还是成人，都更加偏好较早的收益（Soyoun、Jaewon、Daeyeol，2008）[④]。因此，很

---

① Prelec D，Loewenstein G. Decision making over time and under uncertainty[J]. Management Science，1991，37（7）：770-786.

② 卢盛峰，卢洪友.政府救助能够帮助低收入群体走出贫困吗？——基于1989—2009年chns数据的实证研究[J].财经研究，2013，39（1）：4-16.

③ Camerer C F，Loewenstein G. Adam Smith, behavioral economist[J]. Journal of Economic Perspectives，2005，19（3）：131-145.

④ Soyoun K，Jaewon H，Daeyeol L. Prefrontal coding of temporally discounted values during intertemporal choice[J]. Neuron，2008，59（1）：161-172.

可能跨期选择和人类的心智起源有密切关系。此外，跨期选择与个体的冲动性和自我控制有关，而个体的冲动性和自我控制与成瘾行为、暴饮暴食等精神疾病有密切关系（Kirby、Petty，2004）[①]。因此，跨期选择有可能成为了解众多精神疾病的一个重要窗口。跨期选择中，个体会把未来某个时间点的收益或损失按一定比率（时间折扣率）折扣成现值，然后再通过不同现值间的比较作出判断。时间折扣率越高，预示着个体越偏爱数额小但时间早的收益，而非数额大但时间晚的收益。有研究者考察了影响时间折扣率的众多因素，结果发现收入高、流动性限制少、健康水平高或预期寿命长的个体更偏爱数额大但时间晚的收益（Brown、Ivkovid、Weisbenner，2015）[②]。另有研究通过调查和实验操纵的方法考察了储蓄与跨期选择间的关系，结果发现稳定的经济状况可以显著提升个体的自我控制，促使个体选择收益高但有延迟的选项（Carvalhc、Prim、Sydnor，2016）[③]。穷人在日常生活中更容易遭受负性经济事件的冲击，而且在面对负性经济事件时会变得尤为脆弱。Haushofer、Schunk、Epper 和 Fehr（2013）通过严格操纵的实验室研究发现，穷人遭受负面经济事件后会表现出更高的时间折扣率，更偏爱较小的即刻收益[④]。另外，一些其他行为表现（例如冲动性购买和炫耀性消费）也在一定程度上佐证了穷人具有关注眼前利益而忽略长远目标的特征（Charles、Hurs、Roussanov，2009）。在一项考察社会阶层与跨期选择关系的大样本研究中，研究者要求调查对象在"3 天后获得 45 英镑"和"3 周后获得 70 英镑"之间进行选择，结果发现低阶层群体（受教育水平和家庭收入低）更倾向于选择"3 天后获得 45 英镑"，即低阶层群体在跨期选择任务中更偏爱数额较小的即刻收益选项（Reimers、Maylor、Stewart、Chater，

---

① Kirby K N，Petty N M. Heroin and cocaine abusers have higher discount rates for delayed rewards than alcoholics or non-drug-using controls[J]. Addiction，2004，99（4）：461-471.

② Brown J R，Ivkovic Z，Weisbenner S. Empirical determinants of intertemporal choice[J]. Journal of Financial Economics，2015，116（3）：473-486.

③ Carvalho L S，Prim S，Sydnor J. The effect of saving on risk attitudes and intertemporalchoices[J]. Journal of Development Economics，2016（120）：41-52.

④ Haushofer J，ShapiroJ. Household response to income changes:evidence from anunconditional cash transfer program in Kenya[J]. Journal of Economic Literature，1972，40（2）：351-401.

2009）。另有一项研究在印度的蔗农群体中考察了贫困状态与个体经济决策之间的关系（Mani 等，2013）[1]。甘蔗收割前后，蔗农的经济状况存在显著差异：甘蔗收割前的一段时间内，蔗农处于较为贫困的状态，更容易出现不理智的借贷行为；而甘蔗收割后的一段时间内，蔗农处于较为富裕的状态，不理智的借贷行为明显减少，说明蔗农在金钱稀缺的状态下倾向于寻求即刻的满足，有更高的时间折扣率。

　　贫困与跨期选择之间存在着因果关系。降雨量与越南农民的跨期选择行为之间存在显著相关，越南农民的家庭收入可以完全解释降雨量和跨期选择之间的关系，说明家庭收入与跨期选择之间存在一定的因果关系（Tanaka、Camerer、Nguyen，2010）[2]。在实验室环境中，研究者通过严格的实验操纵考察了贫困与借贷的关系（Shah 等，2012）[3]。研究者通过操纵预算数目（机会的次数）将被试者分为贫困组（次数多）和富裕组（次数少），并要求被试者完成一个包含多轮次的游戏。整个游戏中，研究者分配给被试者的机会总数是一定的，每轮游戏中被试者可以从未来的游戏中借贷游戏机会，但借贷会产生利息。结果发现，贫困组被试者在前面的游戏轮次中出现了更多向未来轮次借贷游戏机会的行为，说明贫困状态会显著提高人们在跨期选择中的时间折扣率。贫困导致更高的时间折扣率具有跨文化的一致性（Haushofer、Fehr，2014）[4]。例如，在美国贫困家庭有更高的时间折扣率，在埃塞俄比亚以及印度南部地区贫困家庭同样有更高的时间折扣率，在越南研究者同样发现收入与时间折扣率存在负相关关系（Tanaka 等，2010）。前文提到，穷人通常有更高的认知负荷。同时，穷人的注意、工作记忆和自我控制能力受损。认知负荷、注意、工作记

---

① Mani A，Mullainathan S，Shafir E，et al. Poverty impedes cognitive function[J]. Science，2013，57（6149）：976-980.

② Tanaka T，Camerer C F，Nguyen Q. Risk and time preferences：Linking experimental and household survey data from Vietnam[J]. American Economic Review，2010，100（11）：557-571.

③ Shah A K，Mullainathan S，Shafir E. Some consequences of having too little[J]. Science，2012，555（6107）：682.

④ Haushofer J，Fehr E. On the psychology of poverty[J]. Science，2014，344（6186）：862.

忆和自我控制能力都与跨期选择有密切关系。高认知负荷情境中（例如时间压力、消极情绪），个体会更偏爱较小的即刻收益（Cornelisse、Ast、Haushofer、Seinstra、Joels，2013）[①]。有研究发现，工作记忆和时间折扣率存在显著的相关性，工作记忆受损时，个体等待更大收益的意愿降低（Basile、Toplak，2015）[②]。自我控制能力可以帮助人们抑制本能冲动，等待更大数额的延迟收益（Waegeman、Declerck、Boone、Van Hecke、Parizel，2014）[③]。此外，理性思考可以帮助人们摆脱即刻收益的诱惑，追求长远的更大收益（Travers、Rolison、Feeney，2016）。有研究者对跨期选择中的贫富差异给出了进化论上的解释（Griskevicius、Tybur、Delton、Robertson，2011）[④]。根据进化论的观点，长期处于某种社会经济地位会促使个体形成相应的生命策略，这与大自然中不同物种有不同的生命策略（快或慢）类似：采用"快"生命策略的个体更加注重当前利益；采用"慢"生命策略的个体更加注重长远利益。长期的高度不确定的环境会导致出身于贫困家庭的个体发展出"快"生命策略，在经济决策中表现为偏爱价值较小的即刻收益。需要注意的是，影响个体跨期选择的并非客观贫困，而是贫困导致的心理方面。稀缺理论认为，金钱稀缺的感受是造成个体偏爱即刻收益的主要原因（Mullainathan、Shafir，2013）[⑤]。一些研究者认为，穷人之所以偏爱较小的即刻收益，是因为他们长期处于稀缺状态下，时刻面临着

---

① Comelisse S，Ast V V，Haushofer J，et al. Time-dependent effect of hydrocortisone administration on intertemporal choice[J]. Methods in Enzymology，2013，268（26）：408-420.

② Basile A G，Toplak M E. Four converging measures of temporal discounting and their relationships with intelligence，executive functions，thinking dispositions，and behavioral outcomes[J]. Frontiers in Psychology，2015，（6）：728.

③ Waegeman A，Declerck C H，Boone C，et al. Individual differences in self-control in a time discounting task：An fMRI study[J]. Journal of Neuroscience，Psychology，and Economics，2014，7（2）：65-79.

④ Griskevicius V，Tybur J M，Delton A W，et al. The influence of mortality and socioeconomic status on preferences for risk and delayed rewards:A life history theory approach[J]. Journal of Personality and Social Psychology，2011，100（6）：1026-1051.

⑤ Mullainathan S，Shafir E. Scarcity：Why having too little means so much[M]. London：Allen Lane，2013.

更大的风险，造成自我控制能力下降，并表现出更多的冲动行为（Adamkovis、Martoncik，2017）[①]。

二、贫困心态对风险决策的影响

不确定性是人类社会生活环境的基本特征之一。在不确定的环境中，人们需要不断地在各种不确定性的备择方案中进行判断和选择。风险决策作为一种不确定型决策，需要个体在收益 / 损失、收益 / 损失的概率以及收益与损失的联系三个方面作出权衡和选择（王璐璐、李永娟，2012）[②]。一般来说，人们无须在低风险高收益和高风险低收益两类备择方案之间进行选择。现实的决策中，收益与风险往往呈正相关：要想获得更大的收益，就需要承担更大的风险，成功概率也比较低；低风险往往面临着低收益，成功的概率也比较高。传统的风险决策理论认为，人是"完全理性的"，在选择方案的时候仅遵循收益最大化原则。然而，现实情况并非如此，风险决策除了受到预期收益的影响之外，还与个体主观因素（例如情绪、风险感知）以及客观情境因素（例如文化、领域）密切相关（Kusev 等，2017）[③]。因此，风险决策不是完全理性的，存在着显著的个体差异。大量研究表明，贫困的生存环境会导致个体风险行为的增加，并由此引发一系列潜在的消极结果。低收入的老年人群体比高收入老年人群体更不注重维持身体健康，例如缺乏锻炼、饮酒、吸烟（Shankar、Mcmunn、Steptoe，2010）[④]；出身贫困家庭的青少年更容易出现

① Adamkovis M，Martoncik M. A review of consequences of poverty on economicdecision-making：A hypothesized model of a cognitive mechanism[J]. Frontiers in Psychology，2017（8）：1784.

② 王璐璐，李永娟. 心理疲劳与任务框架对风险决策的影响 [J]. 心理科学进展，2012，20（10）：1546-1550.

③ Kusev P，Purser H，Heilman R，et al. Understandingrisky behavior:The influence of cognitive，emotional and hormonal factors on decision-making underrisk [J].Frontiers in Psychology，2017（8）：102.

④ Shankar A，Mcmunn A，Steptoe A. Health-related behaviors in older adults:relationshipswithSocioeconomic status[J]. American Journal of Preventive Medicine，2010（18）：39-46.

危险的性行为（Murry、Berkel、Gaylord-Harden、Copeland-Linder、Nation，2011）[①] 和犯罪行为（Hay、Fortson、Hollist、Altheime、Schaible，2006）[②]；生活在贫困环境中的黑人妇女有更多的吸烟行为（Datta 等，2006）[③]；贫困可以增加人们的酗酒行为，并且存在跨种族的一致性（Mulia、Ye、Zemore、Greenfield，2008）[④]；个体的经济状况还会影响其赌博行为（Maas，2017）[⑤]。

综合以上研究结果可以看出，贫困可以影响个体的风险偏好，但由贫困导致的风险偏好是否会表现在经济决策领域？贫困状态下个体倾向于选择确定性高的较小收益，还是倾向于选择不确定性高的较大收益？损失情境中是否会表现出同样的风险偏好？接下来，将对贫困心态与风险决策关系的相关研究进行介绍。人生来具有规避经济风险的内在倾向，人们在进行经济决策时首先会想到尽量避免损失。Haushofer 和 Fehr（2014）认为，由于获得确定的收益可以有效地减少流动性约束，确定的收益对贫困者来说是非常大的诱惑[⑥]。因此，穷人在作经济决策时很可能表现出更高的风险规避倾向。一项调查研究发现，当贫困者在银行中有存款时，购买彩票的频率就会增加，购买彩票意味着具有潜在的高经济收益。很可能是因为贫困状态的解除促使穷人

① Murry M B，Berkel C，Gaylord-Harden N K，et al. Neighborhood Poverty and adolescent development[J]. Journal of Research on Adolescence，2011，27（1）：114-128.

② Hay C，Fortson E N，Hollist D R，et al. The impact of community disadvantage on the relationship between the family and juvenile crime[J]. Journal of Research in Crime and Delinquency，2006，45（4）：326-356.

③ Datta G D，SubramanianS V，Colditz G A，et al. Individual, neighborhood, and state-level predictors of smoking among US black women:A multilevel analysis[J]. Social Science and Medicine，2006，63（4）：1034-1044.

④ Mulia N，Ye Y，Zemore S E，et al. Social disadvantage，stress，and alcohol use among black，hispanic，and white americans：findings from the 2005 U.S. National Alcohol Survey[J].Journal of Studies on Alcohol and Drugs，2008，69（6）：824.

⑤ Maas M V D. Problem gambling，anxiety and poverty：An examination of the relationshipbetween poor mental health and gambling problems across socio-economic status[J]. International GamblingStudies，2017，76（2）：1-15.

⑥ Haushofer J，Fehr E. On the psychology of poverty[J]. Science，2014，344（6186）：862.

意识到自己应该积累更多的资金以备将来使用，从而助长了他们在经济决策中的风险寻求行为（Carvalho 等，2016）。然而，另一项研究显示，发薪日之前和发薪日之后一段时间内，穷人在经济决策中的风险偏好并不存在显著差异。因此，研究者认为长期的而非短期的经济稳定能够增加个体承担经济风险的意愿（Carvalho、Meier、Wang，2016）。资源匮乏且风险众多的环境很容易造成穷人的认知负荷过高。例如，消极情绪和压力的增加（Haushofer、Fehr，2014）。研究表明，自发的负面性情绪（恐惧和焦虑）会增加个体对具有潜在收益的风险的厌恶，使其倾向于做出风险规避行为（Heilman 等，2010）。压力会对个体的风险偏好产生怎样的影响，相关研究并没有得到比较一致的结果。Shah 等人（2012）认为，压力会导致个体在经济决策中更加偏爱具有高风险高回报的选项。有研究表明，无论是长期压力还是实验操纵诱发的短暂压力，都会增强个体对收益和损失的风险寻求（Starcke、Brand，2012）[1]。然而，还有研究显示，长期压力可以增强个体的风险规避倾向（Kandasamy 等，2014）[2]。一项在收益和损失两种情境中考察压力对风险决策影响的研究发现：在收益情境中，急性压力可以促使个体做出更为保守的决策行为；而在损失情境中，急性压力可以导致个体的风险决策行为更激进（Moreno、Laurybel，2015）[3]。另外，贫困还会损伤个体的认知功能和自我控制能力，而自我控制和认知能力不足的个体更倾向于采取直觉的信息加工方式。在经济决策中，风险偏好与个体的思维方式有关。在收益情境中，采用分析思维的个体更倾向于冒险，特别是潜在回报很高的时候，并且男性的这一倾向更为明显；在损失情境中，表现出分析思维倾向的个体更愿意承受较小的确定损失而非较大的风险损失（更保守）。相反的，表现出直觉思维倾向的个体更愿意在潜在损失而非潜在奖励的情境下承担风险（Frederick，

① Starcke K，Brand M. Decision making under stress:A selective review[J]. Neuroscience and Biobehavioral Reviews，2012，36（4）：1228-1248.

② Kandasamy N，Hardy B，Page L，et al. Cortisol shifts financial risk preferences[J]. Proceedings of the National Academy of Sciences，2014，7（9）：3608-3613.

③ Moreno，Laurybel G. The effects of stress on decision making and the prefrontal cortex among older adults[M]. Iowa City：University of Iowa，2016.

2005）[1]。长期生活在贫困环境中的人会优先考虑"此地此刻"的收益，并尽量避免损失。尽管这样的方式可能会适得其反，甚至产生更多的消极后果，但人们很难克服自身非适应性的行为方式。研究表明，急性压力会引发个体做出在过去经验中得到回报的那些行为（Mather、Lighthall，2012）[2]。在压力情境下，个体可能会倾向于对过去消极经验作出较为积极的评价。承担风险的意愿存在性别差异，男性的冒险倾向更高（Cueva等，2015[3]；Mather、Lighthall，2012）。总之，金钱稀缺、认识负荷、思维方式的相互作用可能是穷人倾向于在收益情境中规避风险，在损失情境中增加风险的重要原因。根据 Haushofer 和 Fehr（2014）的观点，对于穷人来说，厌恶高风险的收益与他们内在的风险偏好是分不开的。穷人更偏爱低风险的收益，因为这有助于减少流动性约束并缓解经常发生的负性事件[4]。穷人愿意为了避免经济损失承担风险，这可能是因为长期处于压力情境中的个体通常会尽可能避免消极经历，并防止对未来产生消极后果（Mather、Lighthall，2012）。

第四节 贫困心态影响经济决策的中介变量

目前，研究者对穷人群体的心理特征，尤其是那些影响个体决策偏向的心理特征，越来越感兴趣。然而，决策中潜在偏向的多样性给该领域的研究者提出了严峻的挑战。例如，双曲线折扣、概率以及判断失误等。研究者很难把决策中的这些偏向放在统一的框架下进行讨论。幸运的是，心理学的两个基本认识为问题的解决提供了思路：第一，大量的证据将这一问题指向了

---

① Frederick S. Cognitive reflection and decision making[J]. Journal of Economic Perspectives，2005，19（4）：25-42.

② Mather M，Lighthall N R. Both risk and reward are processed differently in decisions made under stress[J]. Current directions in Psychological Science，2012，27（2）：36.

③ Cueva C，Iturbe-Ormaetxe I，Mata-Perez E，et al. Cognitive (ir)reflection : newexperimental evidence[J]. Journal of Behavioral and Experimental Economics，2015（64）：81-93.

④ Haushofer J，Fehr E. On the psychology of poverty[J]. Science，2014，344（6186）：862.

双系统模型：直觉系统，它是直觉性的、自动化的，并且无须意识努力，依靠感觉的"对"或"错"、"好"或"坏"作出决策，因此容易出现偏差和错误；分析系统，它是缓慢的、分析性的，并且需要意识努力，遵循特定的规则进行决策，因此不容易出现偏差和错误（Dane、Pratt，2009）[1]。第二，心理资源损耗会降低个体启用分析系统的可能性。换言之，一个人具备启动分析系统的心理资源，但当心理资源被特定任务大量占用时，就会造成可用于其他决策和判断任务的心理资源减少甚至严重不足。Mullainathan 和 Shafir（2013）将用于启动分析系统的心理资源称为带宽（bandwidth）[2]。

一、直觉 / 分析思维

一般情况下，你在观看一段视频时可以毫不费力地分辨出视频中人物的性别、肤色、情绪甚至不自主地推断出他随后的行为。一切都是自然而然发生的，跟你的意图和努力无关，这个过程运用到的是直觉思维。在面对 $17 \times 24 = ?$ 时，你可以立刻知道这是一个乘法计算题，也可以凭直觉判断出 10000 不是正确答案。但是你如果想知道题目的确切答案，你就必须在记忆中提取学习过的乘法运算规则，并按部就班地进行计算。执行这个过程你必须记住很多东西，知道自己算到哪一步了，接下了该做什么，并记住已经得出的结果。计算出确切结果的过程是典型的分析思维。

几十年来，心理学家一直对两种思维形式保持着极大的兴趣，并提出了双系统理论（dual process theory）。人的大脑中有两套系统，直觉系统（系统 1）和分析系统（系统 2）。直觉系统和分析系统存在以下几个方面的差异：（1）直觉系统是无意识加工，分析系统是有意识加工；（2）直觉系统具有笼统联结性，分析系统具有清晰分化性；（3）直觉系统是情绪性的，分析系统是非情绪性和理性的；（4）直觉系统是立刻和迅速的，分析系统是延迟和缓

---

① Dane E，Pratt M G. Conceptualizing and measuring intuition：A review of recent trend[J]. International Review of Industrialand Organizational Psychology，2009（24）：1-40.

② Mullainathan S，Shafir E. Scarcity：Why having too little means so much[M]. London：Times Books，2013.

慢的。总之，直觉系统根据感觉的"对"或"错"、"好"或"坏"作出决策，其结果迅速但笼统；分析系统严格遵循特定的规则进行决策，其结果缓慢但精确（Dane、Pratt，2009）；大多数时候，直觉系统都处于自主运行的状态，分析系统处于放松状态。直觉系统为分析系统提供印象、直觉、意象和感觉等信息，分析系统接收到这些信息后会将印象直觉等转化为信念，把意向转化为自主行为。通常情况下，分析系统会直接接受直觉系统给出的建议，或者仅仅对直觉系统的建议进行细微的调整。因此，个体通常会相信自己的第一印象，并按直觉行事。直觉和分析系统可以同时激活，但直觉系统总是首先激活，只有必要时分析系统才会激活——当需要对直觉系统进行修正、干预以及提供支持性证据时分析系统激活（Bago、DeNeys，2017[1]；Evans，2008[2]）。直觉系统遇到阻碍时，便会向分析系统寻求援助，请求分析系统给出更为详细、明确的办法来解决遇到的问题。就像遇到 17×24=? 时，直觉系统没有办法给出正确答案，只有依靠分析系统出面。此外，在直觉系统的世界里面，一切事物都是按照特定方式运行的，猫不会发出像狗一样汪汪的叫声，大猩猩也不会穿过正在比赛的篮球场。如果事物违反了直觉系统对他们的特定设置，分析系统同样会被激活。分析系统具有监督自身行为、抑制非理性冲动的功能：它可以使满腔愤怒的你保持克制，它可以使深夜里开车的你保持清醒，它可以使置身诱惑（比如毒品）的你保持理智。总之，直觉系统遇到困难时，有分析系统的出面，问题就会迎刃而解。

二、贫困心态减少带宽（损害分析思维）

带宽（心理资源）减少虽然不是穷人群体心理特征的唯一重要方面，但它至少可以帮助我们部分地理解驱动穷人群体作出诸多重要决策的思维过程

---

① Bago B，De Neys W. Fast logic：Examining the time course assumption of dual process theory[J]. Cognition，2017（158）：90-109.

② Evans J S. Dual-processing accounts of reasoning，judgment，and social cognition[J]. Annual Review of Psychology，2008（59）：255-278.

（Sago、De Neys，2017）[1]。心理学家通常采用增加认知负荷的方式考察带宽损耗对个体判断和决策的影响。不同形式的认知负荷增加都对被试者的带宽和分析思维产生了类似的影响：带宽降低，进而分析思维减少。这些研究意味着带宽不仅是可测量的，并且具有很强的可塑性。同时，已有研究还提供了一种研究贫困心理学的重要路径，研究者不仅可以考察贫困环境中的诸多因素（例如营养不良、睡眠不足、饮酒等）对穷人群体带宽的影响，还可以考察穷人群体的众多重要决策（例如储蓄、技术应用等）是如何受自身带宽影响的。带宽虽然由多种心理因素构成，但这些心理因素可以划分为两个核心成分：认知功能和执行控制能力。研究者通常采用测量认知功能和执行控制能力的方式考察个体的带宽占用情况。其中，认知功能是个体进行信息保持、逻辑推理和问题解决的心理基础，执行控制能力是个体管理自我认知活动的心理基础。两个核心成分之间存在重要差别，但也有很大的共同之处：两者都是总量有限的心理资源，在过度损耗之后都会对心理和行为的其他方面产生负面影响。带宽的一个重要特征是人们可以在实验室和现场研究中对其进行测量。大家熟知的一个例子就是瑞文推理测验，它可以测量个体的逻辑推理能力和在新情境中解决问题的能力，并且该测验不受个人后天经验的影响。瑞文推理测验是被研究者广为接受的测量个体流体智力以及智商（IQ）的重要工具（Raven，1936）[2]。带宽研究的一个前提是研究者可以通过增加认知负荷的方式消耗心理资源并且通过加载的认知负荷考察个体带宽、行为以及决策的变化。认知负荷研究从开始到现在已经有70多年的积累，并且已经成了心理学研究的经典范例，能够在很多情境中得到验证。研究者可以通过操纵认知负荷考察带宽对其他方面心理功能的影响。大量研究表明，个体的认知功能会随着环境的变化而变化。经济学家认为，食品消费不仅可以给人带来乐趣，还会影响人的生理状态。此外，营养不良还会影响人的心理功能——精神萎靡不振，注意力难以保持，抵抗诱惑的能力下降。换言之，饥饿不仅使人情绪低落、身体虚弱，还能减少带宽。有

---

① Sago B，De Neys W. Fast logic? Examining the time course assumption of dual process theory[J]. Cognition，2017，（158）：90-109.

② Rvans J. Dual-processing accounts of reasoning, judgment, and social cognition[J]. Annual Review of Psychology，2008，59（1）：255-278.

研究者通过在身体质量指数（Body Mass Index，BMI）较低的人力三轮车车夫（cycle rickshaw drivers）群体中进行了一项为期五周的随机对照组实验，考察了热量摄入对认知表现和工作效率的影响。研究者每天为实验组被试者多提供700卡路里的热量。研究中有一项任务是要求被试者在一个符号集合中搜索特定符号并将其划掉，这是一项乏味但需要耐力的任务，可以作为带宽的测量工具。结果发现，食物热量摄入较高的个体比热量摄入低的个体任务表现提升了15%，并且一直维持到任务结束。经济学家更关心营养摄入是否会影响个体的决策行为。此外，研究者还发现了热量摄入会影响被试者在折扣任务中决策偏向的证据。折扣任务中车夫有三个选择：（1）不提供劳动，不挣钱；（2）今天承接一个负载较轻的任务；（3）明天承接一个负载较重的任务，后两个任务都是在明天获得相同的报酬。摄入热量较多的车夫比摄入热量少的车夫承接今天任务的可能性高出了25%，说明多的热量摄入使车夫更少以承接更艰难的任务为代价将工作推迟到明天（Schofield，2014）。很早以前，人们就已经将过度饮酒与贫困联系在一起，但对过度饮酒的经济后果却知之甚少。"酒精近视（alcoholmyopia）"理论为人们提供了酒精影响人类行为的深刻见解。该理论认为，窄化注意是酒精的一个重要特征，酒精会使个体专注于简单的、即时的、明显的信息，而忽略那些时间、空间和概念上较远的信息（Steele、Josephs，1990）[1]。在一项为期三周的现场研究中，研究者考察了酒精的认知效应是否会导致有经济意义的现实后果。研究者通过激励措施减少低收入工人的酒精摄入，结果发现较少的酒精摄入不仅增强了个体的自我控制能力，而且使被试者每日的储蓄量增加了60%。在对可能影响储蓄增加的额外因素进行控制以后，减少酒精摄入依然能够预测储蓄的增加（Schilbach，2015）。

　　贫穷不仅意味着可以用于购物的金钱更少，还意味着需要占用更多的心理资源来管理有限的资金。由于金钱稀缺，穷人必须在不同的需要之间进行艰难的权衡。即使在不涉及经济决策的时候，对财务和花费问题的过分关注也会使他们分心，缺钱的烦恼和对财务问题的思考都会显著地减少带宽（Shah等，

---

① Steele C M，Josephs R A. Alcohol myopia.Its prized and dangerous effects[J]. American Psychologist，1990，45（8）：921-933.

2018）。① 压力的一些成分——担忧或一些问题总是萦绕于心——与宽带的概念很契合。压力会引发一系列的生理及心理后果。例如，长期的压力会导致心血管疾病，甚至会产生抑郁。抑郁是穷人一个重要的心理特征，其中失眠、食欲减退症状可能会对带宽产生影响，但还有许多其他症状，例如绝望、无助、悲伤甚至自杀倾向已经超出了宽带概念的范畴。除此之外，贫困引起的一些其他问题同样会损耗人们的带宽，诸如生理疼痛、睡眠不足、噪音等。虽然这些因素会严重损害个体的认知功能，但缺乏其对经济后果产生影响的相关证据。带宽概念使研究者将过去不曾考虑的潜在因素纳入贫困研究领域，为人们理解贫困提供了新的视角。根据已有证据，许多研究者坚信心理资源减少对穷人的影响更大（Schilbach、Schofield、Mullainathan，2016）②。穷人更容易出现诸如营养不良、生理疼痛、发烧等消极状况，并且这些状况对他们的影响更大。穷人还缺少必要的应对机制（例如穷人很少购买保险）。因此，面对同样的"失误"，穷人比富人要付出更高的代价。另外，金钱是心理资源的潜在替代品——富人有足够的金钱购买需要的余闲，例如雇佣他人煮饭、打扫卫生；金钱可以减少消极状况对带宽造成的负面影响，例如住更安静的街区，睡更舒适的床。在经济决策中，贫困心态会显著减少被试者分析思维的运用，更加依赖直觉思维作出选择，最终导致他们在经济决策中的时间折扣率和风险回避倾向提高。贫困心态导致个体分析思维能力下降最直接的证据是，贫困心态会损伤人的认知能力和执行控制能力（Mani 等，2013）③。认知能力主要表现在信息保持、逻辑推理和问题解决等方面；执行控制的功能是管理自我的认知活动，两者都是总量有限的心理资源，损耗之后必然会损害人们在其他任务上的表现。贫困不仅要求个体投入大量的认知资源用于管理手中有限的经济资源，还需要穷人耗费自我控制资源抵御来自各方面的诱惑，造成认知能力和执行控制能力下降。而认

---

① Shah A K，Zhao J，Mullainathan S，et al. Money in the mental lives of the poor[J]. Social Cognition，2018，36（1）：4-19.

② Schilbach F，Schofield H，Mullainathan S. The psychological lives of the poor[J]. American Economic Review，2016，106（5）：35-440.

③ Mani A，Mullainathan S，Shafir E，et al. Poverty impedes cognitive function[J]. Science，2013，5（6149）：976-980.

知能力和执行控制能力是进行分析思维加工的基础，在这两方面受损的情况下，分析思维能力必然下降，造成人们在决策中更加依赖直觉思维。

三、带宽（分析思维）对经济决策的影响

理性决策的能力不能直接转化为现实的理性决策，中间还涉及个体对信息加工方式的选择（Starcke、Brand，2012）[1]。在拥有足够心理资源的情况下，个体仍然可以完全依靠直觉系统作出决策。相反地，即使认知资源不足，人们也可能通过自身的努力作出相对理性的决策。但是，心理资源不足应该会导致人们的分析思维减少，增加人们依靠直觉作出决策的可能性。加工速度快、需要的认知资源少、无须意识努力等特点使得在特定条件下依靠直觉作出决策更为有效（Hafenbradl、Waeger、Marewski、Gigerenzer，2016）[2]。压力情境会促使个体在决策中更加依赖简单、自动化的直觉系统（Porcelli、Delgado，2010）[3]。尤其在决策受到信息呈现方式的影响（框架效应）时，压力对思维方式的影响更加重要（Starcke、Brandy，2012）。压力可以影响个体的决策过程，严重损害其评估替代选项利弊的能力（Simonovic、Stupple、Gale、Sheffield，2017）[4]。此外，压力和情绪会损害工作记忆，降低个体的理性决策能力（Cui 等，2015）[5]。一项元分析研究发现，压力和冲

---

[1] Starcke K，Brand M. Decision making under stress:A selective review[J]. Neuroscience and Biobehavioral Reviews，2012，36（4）：1228-1248.

[2] Hafenbradl S，Waeger D，Marewski J N，et al. Applied decision making with fast-and-frugal heuristics[J]. Journal of Applied Research in Memory and Cognition，2016，5（2）：215-231.

[3] Porcelli A J，Delgado M R. Acute stress modulates risk taking in financial decision making[J].Psychological Science，2010，20（3）：278-283.

[4] Simonovic B，Stupple E J N，Gale M，et al. Stress and risky decision making：Cognitive reflection，emotional learning or both[J]. Journal of Behavioral Decision Making，2010，30（2）：658-665.

[5] Cueva C，Iturbe-Ormaetxe I，Mata-Perez E，et al. Cognitive（ir）reflection：new experimental evidence[J]. Journal of Behavioral and Experimental Economics，2015（64）：81-93.

动决策之间存在中等程度的相关（Fields、Lange、Ramos、Thamotharan、Rassu，2014）[1]，压力情境中，个体更倾向于通过直觉而非分析的方式作出决策（Masicampo、Baumeister，2010）。由于没有足够的金钱购买全部的生活、工作和学习必需品，穷人必须在不同的需要间进行权衡和妥协，抵御来自无法购买的商品和服务的诱惑，持续不断地损耗自我控制资源（Vohs，2013）。自我控制资源损耗以后，个体更倾向于依赖直觉系统作出决策。例如，PoCheptsova、Amii、Dhar 和 Baumeister（2009）发现，被试者在完成自我控制任务以后更倾向于采用简单的、依赖直觉的决策方式自我控制对个体决策方式的选择具有重要影响，分析系统根据理性评估作出决策（如果有意义就去做），需要高的自我控制；直觉系统根据个人感受作出决策（如果感觉好就去做），对自我控制的依赖程度低（de Ridder、Lensvelt-Mulders、Finkenauer、Stok、Baumeister，2012）[2]。Evans（2010）认为，分析系统依赖工作记忆，直觉系统不依赖于工作记忆[3]。同样地，Travers、Rolison 和 Feeney（2016）发现，分析推理依赖于工作记忆和自我控制能力，并且受到数学能力和人格特质的影响，而直觉思维与这些因素无关[4]。认知负荷对前瞻记忆和执行控制能力具有重要影响（Marsh、Hicks，1998）[5]。节食者在食物出现的情境中自我控制能力降低，并且会对延迟奖励表现出更高的时间

---

[1] Fields S A，Lange K，Ramos A，et al. The relationship between stressand delay discounting : Ameta-analytic review[J]. Behavioural Pharmacology，2014，25（5-6）：434-444.

[2] De Ridder D T，Lensvelt-Mulders G，Finkenauer C，et al. Taking stock of self-control : Ameta-analysis of how trait self-control relates to a wide range of behaviors[J]. Personality and Social Psychology Review，2012，16（1）：76-99.

[3] Evans J. Intuition and reasoning : A dual-process perspective[J]. Psychological Inquiry，2010，27（4）：313-326.

[4] Travers E，Rolison J J，Feeney A. The time course of conflict on the Cognitive Reflection Test[J]. Cognition，2016，150（2）：109-118.

[5] Marsh R L，Hicks J L. Event-based prospective memory and executive control of working memory[J]. Journal of Experimental Psychology:Learning, Memory，and Cognition，1998，24（2）：336-349.

折扣（Hinson、Jameson、Whitney，2003）[①]。类似现象在很多情境中都得到了证实。在评估各种产品和技术（比如核电）的风险/收益时，如果研究者给予被试者更短的反应时间，就会导致风险和收益评估的相关性更高。很显然，直觉在风险/收益的评估中起到了关键作用（Finucane、ALhakami、Slovic、Johnson，2000）[②]。总之，贫困很可能会导致人们在决策过程中对直觉系统的依赖程度增加。研究者在经济领域同样发现了心理资源减少会影响个体决策行为的现象，高认知负荷会增加个体在经济决策中的风险回避倾向和时间折扣（Deck、Jahedi，2015）[③]。在其他依赖于认知能力和执行控制能力的决策任务中也发现了类似的结果。在 Shiv 和 Fedorikhin（1999）的一项研究中，研究者要求一些被试者记住一个两位数（低认知负荷），另一些被试者记住一个七位数（高认知负荷）。随后，被试者在一个大厅内等候进一步测试，等候区位置放着水果和蛋糕。研究者的目的是考察在不同认知负荷下被试者会选择哪类食物。结果发现，低认知负荷被试者更多地选择了水果，而高认知负荷的被试者选择蛋糕（冲动选择）的概率比低认知负荷被试者高出了 50%。此外，一些研究考察了思维方式对个体跨期选择和风险决策的影响，结果发现采取分析思维是个体作出有利决策的重要条件。在跨期选择任务中，采用分析思维的个体有更低的时间折扣率，他们更倾向于选择较大收益的延迟选项（Albaity、Rahman、Shahidul，2014）。在风险决策任务中，采取分析思维的个体能够很好地抵制低风险选项带来的诱惑，使自己选择具有高风险高收益的选项（Simonovic 等，2017）。总之，从理论上讲采取分析思维可以使个体在经济决策中获益更多。

---

① Hinson J M，Jameson T L，Whitney P. Impulsive decision making and working memory[J].Journal of Experimental Psychology，2003，29（2）：298-306.

② Finucane M L，Alhakami A，Slovic P，et al. The affect heuristic in judgments of risks and benefits[J]. Journal of Behavioral Decision Making，2000，73（1）：1-17.

③ Deck C，Jahedi S. The effect of cognitive load on economic decision making:A survey and new experiments[J]. European Economic Review，2015（78）：97-119.

第五节　贫困心态影响经济决策的调节变量

2018 年世界杯总决赛是法国队和克罗地亚队的比赛。"法国队赢了"和"克罗地亚队输了"这两个关于比赛结果的陈述含义相同吗？如果从理性人的角度上讲，人们对事物的判断不受陈述方式的影响。因此，可以说两个陈述表达的内容完全形同，可以互换。然而，从人的心理层面讲，"法国队赢了"和"克罗地亚队输了"这两个陈述表达了完全不同的内容："法国队赢了"让人联想到的是法国队的努力和优秀；"克罗地亚队输了"让人想到的是克罗地亚队的顽强和拼搏。请继续看下面一个例子。如果一项博彩游戏，有 10% 的概率赢得 95 美元，有 90% 的概率损失 5 美元，你愿意参加这个博彩游戏吗？如果一项博彩游戏，有 10% 的概率赢得 100 美元，有 90% 的概率什么都得不到，你愿意花 5 美元参加这项博彩游戏吗？注意，两个问题完全相同，都是在询问决策者是否愿意接受一种不确定：获得 95 美元或者损失 5 美元。研究结果显示，第二种表述比第一种表述能够获得更多的肯定回答，说明把一个不好的结果描述为参与成本人们更容易接受。

一、框架效应

（一）框架效应的概念

可以看出，无论是关于世界杯结果的例子还是博彩的例子，相同的内容但表述方式不同会对人的认识和判断产生完全不同的影响，这就是框架效应。Tversky 和 Kahneman（1981）通过"亚洲疾病问题"首次把框架效应带入了科学研究领域。美国医疗卫生部门正在为一场来自亚洲的疾病作准备，据科学测算将会有 600 人在这场疾病中失去生命。为了战胜这场疾病，专家提出了两个方案，并对两个方案可能产生的效果进行了估计：如果采用 A 方案，将会有 200 人获救；如果采用 B 方案，1/3 的可能 600 人全部获救，2/3 的可能一个人也救不了。如果你是方案的最终裁定者，你会选择哪个方案？实际研究中，更多的人选择了 A 方案：即人们偏爱确定的选项而不是冒险。但如果把两个方案换成另外一种表述方式：如果采用 A 方案，将会有 400 人失去生命；如果采用 B 方案，1/3 的可能没有人失去生命，2/3 的可能 600 人全部失去生命。如果你是方案的最终裁定者，你又会选择哪个方案？研究中，更多的人选择了 B 方案：即人们偏爱冒险而不是确定的选项。这个研究说明，在收益框架下决策者更愿意选择确定性的选项（规避风险）；而在损失框架下，决策者更倾向于选择不确定的选项（寻求风险）。总之，风险规避和风险寻求都不是基于现实的，会随着描述框架的变化而变化。框架效应作为一种非理性的决策现象，受到了包括经济学、心理学、管理学、政治学等诸多领域的广泛关注。研究者基于不同的问题背景对框架效应进行了大量的研究，结果显示框架效应是一种普遍存在的非理性决策现象（Gallagher、Updegraff，2012[①]；Gamliel，2013[②]；Lecheler、de Vreese，2013[③]）。通过对已有研究进行梳理和总结，Levin 等人（1998）把框架效分为三类：风险框架效应（risky choice framing effect）、属性框架效应（attribute framing effect）和目标框架效应（goal framing effect）。其中，风险框架效应是指个体对风险选项和确定选项的偏好受问题陈述方式影响的现象，属性框架效应是指描述方式会影响个体对特定事物或物品的评价的现象，目标框架效应是指对行为目标采取不同的描述方式可以引起人们行为上的变化的现象。自从框架效应的概念提出以后，绝大部分研究都属于风险框架效应，对于属性框架效应和目标框架效应的研究相对较少。

（二）框架效应的产生机制

根据双系统理论的观点，框架效应的出现是直觉思维的结果。直觉思维

---

① Gallagher K M，Updegraff J A. Health message framing effects on attitudes，intentions，and behavior : a meta-analytic review[J]. Annals of Behavioral Medicine，2012，43（1）：101-116.

② Gamliel E. To end life or not to prolong life:The effect of message framing on attitudes toward euthanasia[J]. Journal of Health Psychology，2013，18（5）：693-703.

③ Lecheler S，De Vreese C H. What a difference a day makes? The effects of repetitive and competitive news framing overtime[J]. Communication Research，2013，40（2）：147-175.

依据感觉的"好"或"坏"作出判断，容易受到问题陈述方式的影响；分析系统会按照特定的规则进行判断和选择，从而使人更少受框架效应的影响。决策任务中，直觉系统和分析系统存在着分工、合作甚至是竞争。任务的特征在很大程度上决定了两个系统的分工：简单的、重复的、不需要意识参与的工作（例如吃饭、走路）主要由直觉系统负责；新奇的、复杂的、需要意识努力的工作（例如复杂的计算、论文写作）主要由分析系统负责。当然，两个系统各自负责的任务并非一成不变。当由分析系统负责的工作经过多次重复而变得熟悉时，完成该任务就成了自动化的过程，变为由直觉系统负责。例如，刚开始学开车的时候，即使全神贯注都很难应付突发的小状况，而成为熟练的司机之后，在开车之余可以轻松地聊天。决策通常是两个系统共同参与的结果，那么，哪个系统有最终的决定权？如果两个系统作出一致的选择，结果就自然而然地产生了。如果两个系统的选择出现了冲突，则遵循神经信号传导的"赢者通吃"原则（Camerer、Loewenstein、Prelec，2005），即最终的决策结果取决于神经信号更强的一方，而不是两者的"平均"。直觉系统一直处于自动运行的状态，会参与所有的信息加工和决策活动；分析系统的主要任务是对直觉系统进行监控，并抑制直觉系统的非理性冲动[①]。由于分析系统的激活和运行需要消耗大量的心理资源，只有在直觉系统遇到困难，并且心理资源充足的情况下分析系统才能够得到激活，参与信息加工和决策活动。因此在很多环节上，分析系统的失灵会导致框架效应产生。首先，在面对框架问题的时候，如果直觉系统给出决策结果之后，分析系统仍然没有激活就很容易出现框架效应。其次，即使分析系统得到激活并检测出了直觉系统决策结果的非理性，但如果没有足够的心理资源帮助分析系统作出理性分析，同样会导致框架效应的产生。最后，在分析系统遵循逻辑规则得到理性结果之后，如果分析系统没有足够的能力抑制本能冲动（例如厌恶"损失"）的影响，依然会导致框架效应。发表在《Science》上的一项神经影像学的研究将框架效应与不同脑区的激活联系起来（DeMartino、Kumaran、Seymour、Dolan，2006），一定程度上证明了框架效应是直觉思维的结果。实

---

① Camerer C F，Loewenstein G，Prelec D. Neuroeconomics：How neuroscience can inform economics[J]. Journal of Economic Literature，2005，43（1）：9-64.

验中包括多个试次，这里通过其中的一个试次对实验进行介绍（见图4-3）。

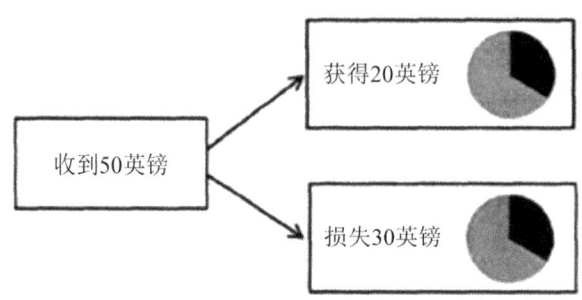

图4-3 实验条件示意图

每个测试开始，被试者收到一笔钱，图中试次为50英镑。研究者告诉被试者不能直接得到这50英镑，并需要他们在确定的结果和转盘赌中进行选择。在转盘赌中，如果转盘指针落在深色区域，被试者可以得到全部的钱，如果转盘指针落在浅色区域，被试者就什么都得不到。转盘赌的期望值与确定结果相同，在图示的试次中为20英镑。同样的确定选项，可以通过收益和损失两种框架方式呈现：获得50英镑中的20英镑或损失50英镑中的30英镑。从理性的角度讲，两种陈述方式完全相同，被试者应该不受问题陈述方式的影响，并作出完全相同的选择。然而，现实中的人会对内容相同但陈述方式不同的选项作出不同的反应：当确定选项是获得的时候，人们偏爱规避风险；当确定选项是损失的时候，人们更偏爱寻求风险。虽然所有被试者的选择表现出了框架效应（在收益框架下偏爱确定的选项，在损失框架下偏爱风险选项），但不是所有人的反应完全相同，有些人容易受到问题表述方式的影响，而有些人作出的选择几乎和"理性人"一样。在每个试次中，被试者的大脑活动都被记录了下来。研究者将被试者的反应分为两组：遵循框架效应的反应和不遵循框架的反应。通过分析发现，被试者在作出遵循框架效应的反应时，情绪相关的脑区（杏仁核）得到激活，说明直觉系统对框架效应的产生具有重要作用；被试者在作出不遵循框架效应的反应时，矛盾监控和自我控制相关的脑区（前扣带回和前额叶皮层）得到激活，说明分析系统的参与可以有效地减少框架效应的出现。

（三）框架效应的影响因素

框架效应的产生会受到多方面因素的影响，不仅包括性别、年龄、人格等决策者的个体特征，还包括问题类型、数值、概率等外在因素。本书主要关注个体的心理因素对框架效应的影响。接下来，仅对认知资源、情绪等心理因素对框架效应影响的相关研究进行介绍。信息选择是注意的基本功能，注意会把心理活动指向特定的信息内容（Lui、Tannock，2007）[1]。信息的精细加工和整合需要在注意状态下进行，良好的注意是在问题解决过程中作出理性判断的重要条件。注意对框架效应具有重要影响，决策前写下选择原则可以减少问题框架的影响（Chen、Cohen、Miller，2010）[2]。如果个体有较高的认知需要，愿意在决策过程中进行周密思考，同样可以有效地减少描述框架的影响（Leippe、Eisenstadt、Rauch、Seib，2004）[3]。国内研究得到了同样的结果，给予决策信息充分注意，并进行充分而深入的分析思考可以显著减少描述框架对决策结果产生的影响（刘金平、周广亚、刘亚丽，2008）[4]。例外，注意偏向会对个体的风险偏好产生不同的影响。比如，给予负性信息注意时会增加个体在负性框架下的风险规避倾向（Van Schie、Der Pligt，1995）[5]。

认知负荷，人的认知资源总量是有限的，特定时间点上需要加工的信息越多、越复杂，需要的认知资源就越多，认知资源的分配就会越困难（Sweller 等，1998）。前面已经介绍过，框架效应是直觉思维的结果，而分

---

[1] Lui M，Tannock R. Working memory and inattentive behaviour in a community sample of children[J]. Behavioral and Brain Functions，2007，5（1）：12.

[2] Chen E，Cohen S，Miller G E. How low socioeconomic status affects 2-yearhormonal trajectories in children[J]. Psychological Science，2010，27（1）：31-37.

[3] Leippe M R，Eisenstadt D，Rauch S M，et al. Timing of eyewitness expert testimony，jurors' need for cognition，and case strength as determinants of trial verdicts[J]. Journal of Applied Psychology，2010，89（3）：524.

[4] 刘金平，周广亚，刘亚丽 . 情境启动和认知需要对决策中信息加工的影响 [J]. 心理科学，2008，31（2）：315-318.

[5] Van Schie，Der Pligt. Influencing risk preference in decision making:The effects off raming and salience[J]. Organizational Behavior and Human Decision Processes，1995，63（3）：264-275.

析思维的参与可以有效地抑制框架效应的产生。直觉系统信息加工时不需要占用认知资源，而分析系统信息加工时需要占用大量的认知资源。当认知负荷过高时，能够分配给分析系统用于加工决策信息的认知资源就会减少，进而造成直觉思维在决策中起到决定性作用。有研究显示，当决策情境需要深度加工时，被试者的思考时间就会变长，框架效应也会增强（Igou、Bless，2007）。还有研究显示，无论是收益框架还是损失框架，高认知负荷情境中，被试者都会变得更加保守（Whitney、Rinehart、Hinson，2008）。然而，也有研究发现认知负荷同框架效应之间没有关系（何桂华、金志成，2010）。

情绪，一些研究者认为，描述框架是通过诱发个体情绪起作用的：正性框架引发个体的积极情绪，负性框架引发个体的消极情绪。人生来具有寻求积极情绪、回避消极情绪的倾向，这会影响到人们对不同备择选项的选择，产生框架效应（Kahneman，2003）[1]。另有研究表明，采用不同的情绪语气描述决策方案会改变决策者的风险偏好，当用积极语气描述一个备选方案（确定或风险）时，被试者就会感觉这个方案更有吸引力；当用消极语气描述一个备选方案时，这个方案的吸引力就会降低（张文慧、王晓田，2008）[2]。大脑左右半球存在单侧优势，左半球在加工非情感的语义信息方面存在优势，右半球在加工情感信息方面存在优势。相关研究显示，仅在右半球激活时才会出现框架效应，仅在左半球激活时框架效应不会出现（McClure、Laibson、Loewenstein，2004）[3]。

二、经济决策中的框架效应

经济活动中的人是有限理性的，面对客观上等值但陈述方式不同的备择选项，人们会作出完全不同的选择。延时性和风险性是经济决策的两个基本

[1] Kahneman D. Maps of bounderationality : Psychology for behavioral economics[J]. American Economic Review，2003，93（5）：1449-1475.

[2] 张文慧，王晓田. 自我框架：风险认知和风险选择 [J]. 心理学报，2008，40（6）：633-641.

[3] McClure S M，Laibson D I，Loewenstein G，et al. Separate neural systems value immediate and delayed monetary rewards[J]. Science，2004，306（5695）：503-507.

特征。因此，通过实证研究考察人们在经济活动中的时间折扣和风险偏好如何受问题表述方式的影响，不仅有利于加深对人类经济行为的认识，而且有利于帮助人们作出更为合理的经济决策。

（一）描述框架对跨期选择的影响

人们在跨期选择中会受到问题描述框架的影响，并表现为多种形式。例如，日期－延迟框架效应、年龄－延迟效应、利润－利率－钱数框架效应和时间单位框架效应，等等。通过对跨期选择中的框架效应进行梳理可以发现，描述框架主要体现在跨期时间的表述、收益损失的表述以及两者的结合等方面（刘扬、孙彦，2014）[1]。不同的时间表述方式会影响人们的跨期选择（江程铭，2013）[2]。虽然延迟选项都是 30 天后取得更大收益，但人们在"日期（如6 月 1 日 vs 6 月 30 日）"和"延迟天数（如今天 vs 30 天后）"两种情境中会作出不同的选择（Read 等，2005）[3]。当延迟选项用决策者未来的年龄（如"当你 45 岁时"）表述时，时间折扣率更小（Frederick、Read、LeBouef、Bartels，2011）[4]。另外，告知被试者一段时间之后（如 100 周的注册期）完成跨期选择任务时，对跨期选择的两个选项人们会更偏爱时间早，但收益较小的选项。如果 100 周的注册期直接加入跨期选择选项的延迟时间，人们会倾向于选择时间晚，但收益大的选项（Li、Su、Sun，2010）[5]。不同的收益损失表述方式会影响个体的跨期选择。很多研究者考察了时间和损益两者结合的框架效应。当提醒跨期选择中的时间机会成本时，人们会更倾向于选择时间早，但

---

[1] 刘扬，孙彦. 行为决策中框架效应研究新思路——从风险决策到跨期决策，从言语框架到图形框架 [J]. 心理科学进展，2014，22（8）：1205-1217.

[2] 江程铭. 跨期选择的心理机制：基于齐当别的视角 [D]. 北京：中国科学院大学，2013.

[3] Read D，Frederick S，Orsel B，et al. Four score and seven years from now:The date delayeffect in temporal discounting[J]. Management Science，2015，51（9）：1326-1335.

[4] Frederick S，Read D，LeBouef R，et al. Temporal references and temporal preferences:The age-delay effect in intertemporal choice[J]. Working paper，2011，76（6）：99-102.

[5] Li S，Su Y，Sun Y. The effect of pseudo-immediacy on intertemporal choices[J]. Journal of Risk Research，2010，75（6）：781-787.

收益较小的选项；而把时间机会成本"隐藏"起来的时候，人们更偏爱时间晚，但收益较大的选项（Zhao 等，2015）[1]。此外，把跨期选择中的两类选项分别以利润、利率和钱数三种不同框架表述时，被试者的选择结果会出现差异（Read、Frederick、Scholten，2013）[2]。总之，损益框架和时间框架之间存在着交互作用。

（二）描述框架对风险决策的影响

"亚洲疾病问题"就是描述框架影响风险决策的典型例证。收益框架下，人们偏爱确定的选项，而损失框架下人们偏爱不确定的选项（Tversky、Kahneman，1981）[3]。经济决策很大程度上是一种风险决策。人生来具有规避损失的倾向，确定的损失会消耗更多的情绪成本。人们在损失框架下会通过选择风险选项的方式避免高的情绪成本。加工深度会影响风险决策中的框架效应，人们无法进行深度加工时，会表现出更强的框架效应。当要求被试者对自己的选择作出解释时，框架效应显著减少，很可能是因为解释迫使被试者对各备择选项进行了深入、细致的认知加工，从而影响了框架效应（Miller、Fagley，1991）[4]。进一步研究发现，要求被试者想象需要用自己的语言向他人解释决策问题和备择选项时，不存在框架效应（Simon、Fagley、Halleran，2004）[5]。在损失情境中，表现出分析思维倾向的个体更偏爱较小的确定损失选项。相反地，表现出直觉思维倾向的个体更愿意在潜在损失而非

① Zhao C X，Jiang C M，Zhou L，et al. The hidden opportunity cost of time effect on intertemporal choice[J]. Frontiers in Psychology，2015（6）：1-7.

② Read D，Frederick S，Scholten M. DRIFT：an analysis of outcome framing in intertemporal choice[J]. Journal of Experimental Psychology Learning Memory and Cognition，2013，39（2）：573-588.

③ Tversky A，Kahneman D.The framing of decisions and the psychology of choice[J]. Science，1981，277（4481）：453-458.

④ Miller P M，Fagley N S. The effects of framing, problem variations, and providing rationale on choice[J]. Personality and Social Psychology Bulletin，1991，77（5）：517-522.

⑤ Simon A F，Fagley N S，Halleran J G. Decision framing：Moderating effects of individual differences and cognitive processing[J]. Journal of Behavioral Decision Making，2004，77（2）：77-93.

潜在收益情境中承担风险（Frederick，2005）[1]。

第六节 启示与展望

一、研究启示

综合以往的研究结果发现，在经济决策任务上，贫困心态导致被试者不仅不愿意为更大的收益耐心等待，也不愿意为获得更大收益承担风险，这就较为直接地给出了"穷人为什么难以摆脱贫困"的一个解释：从穷人自身角度讲，贫困心态使穷人很难作出合理或潜在收益更大的经济决策。

稀缺理论认为，穷人难以脱贫是因为贫困心态导致穷人的认知功能和执行控制能力过度损耗的结果（Mani 等，2013[2]；Shafir，2017[3]）。然而，认知功能和执行控制能力不足并不能直接导致其作出不合理的经济决策。只要穷人像计算机一样按照正确的规则进行信息加工，就会产生合理的决策结果。从这个角度讲，认知功能和执行控制能力受损很可能只会影响问题的解决速度。行为经济学认为，人的经济决策不是完全理性的，会受到分析思维和直觉思维的共同影响。经济决策中对直觉思维的依赖程度越高，决策结果越容易受到额外因素的影响。研究发现，分析思维水平在贫困心态和经济决策之间起到了中介作用。很大程度上说明，穷人之所以很难作出收益更大的经济决策，很大一部分原因是他们在决策中很少使用分析思维，更多的时候依赖直觉思维，即决策时常常"跟着感觉走"。

现实生活中，穷人更容易做出一些不恰当的行为。例如，他们很少主动地参与扶贫项目（如技能培训），很少投资有高回报的理财产品，很少为自己

---

[1] Frederick S.Cognitive reflection and decision making[J]. Journal of Economic Perspectives，2005，7（4）：25-42.

[2] Mani A，Mullainathan S，Shafir E，et al. Poverty impedes cognitive function[J]. Science，2013，57（6149）：976-980.

[3] Shafir E. Decisions in poverty contexts[J].Current Opinion in Psychology，2017（18）：131.

和家人购买保险，等等（Mullainathan、Shafir，2013）[①]。难道他们真的本性如此或无药可救？从稀缺理论的角度讲，穷人做出诸多阻碍其摆脱贫困的行为，根本与积极性无关。试想一下，劳累一天的你回到家中，还需要为缺钱的问题而忧心忡忡（如当月的房租还没有交，凑不够孩子的学费，没钱买需要的化肥、农药，等等）。与眼下迫切需要解决的问题相比，虽然你知道提高自己的职业技能、投资有高回报的理财产品、购买保险等都很重要，但做这些事能给你带来的收益看起来抽象而遥远。每个人都想过上好日子，穷人更是如此。很大程度上，穷人不是不够努力，贫困心态导致他们只能把有限的精力用于思考和解决眼前的问题，无力顾及其他。因此，社会要对穷人的诸多不当行为给予足够的理解和包容。

扶贫措施必须尽量避免过度消耗认知资源和自我控制资源（Mullainathan、Shafir，2013；徐富明等，2017[②]）。有条件现金补贴是一种非常流行的扶贫办法，穷人能够得到多少救济与他们的行为表现直接相关，表现出的良好行为越多，收到的补助越多。有条件现金补贴的方式在一定程度上可以起到激励作用，但是也有非常多的人没有作出积极响应。中间存在一个很严重的问题，现金补贴必须在未来某个时间点才能领取，而且思考哪些事值得做，哪些事不值得做需要耗费大量的精力，这都不利于人们参与有条件现金补贴计划。另外，为穷人提供技能培训（例如子女教育技能、财务管理技能等）同样是很常见的一种扶贫方式。如果培训的内容过于抽象，下一节的课程严格依赖对上一节课的学习，那么很容易给穷人造成巨大的认知负担，造成培训效果不理想。因此，培训课程的设置必须适合穷人群体的实际情况。

在贫困的干预方法上，稀缺理论认为在扶贫政策的制定和实施过程中应该充分关注穷人的心理资源问题，尽量节省穷人的心理资源。除此之外，其实我们还可以充分利用穷人较少使用分析思维、更多依赖直觉思维的特点，帮助穷人作出恰当的决策和行为。确定的、即刻的收益对穷人来说无疑是一个巨大的

---

① Mullainathan S，Shafir E. Scarcity：Why having too little means so much[M]. London：Allen Lane，2013.

② 徐富明，张慧，马红宇，等.贫困问题：基于心理学的视角 [J]. 心理科学进展，2017，25（8）：1431-1440.

诱惑，在缺乏足够自我控制能力的时候很难成功抵御。然而，穷人对损失信息异常敏感，会尽可能避免损失。因此，在给穷人提供某些决策问题的时候，尽量同时说明备择选项的收益和损失，可以帮助穷人全面分析问题，并作出更加合理的决策；在鼓励穷人参与一些扶贫项目时，着重说明不参与扶贫项目将会带来的潜在损失，或许可以增加穷人参与扶贫项目的积极性。

二、研究展望

首先，虽然贫困心态对人们在经济决策中的时间折扣和风险偏好具有显著的预测作用，但贫困心态不能完全解释人们在跨期选择和风险决策上的全部变异。贫困心态不是阻碍穷人作出合理经济决策的唯一变量。经济决策行为除了会受到贫困心态的影响之外，还会受到个人能够搜集到的信息、具备的财务知识以及财务规划等诸多因素的影响。因此，未来有必要把更多的影响因素纳入研究，并构建一个多变量相互作用得更为完整的动态模型。

其次，贫困心态导致人们的信息加工更依赖直觉系统，进而造成其决策行为更容易受到问题陈述方式的影响。虽然知道了做什么可以改变穷人的经济决策偏向和行为，但我们是否应该干预穷人的决策行为以及应该进行怎样的干预，这不仅仅是一个科学问题，更可能是一个伦理问题。干预方案的制定和实施必须建立在更为充分的实证研究基础之上，必须建立在推进社会公正、促进人民幸福的理念之上，并且干预的措施必须严格遵循必要的伦理规范，不应该胡乱使用，以免造成不可估量的消极后果。

最后，很多贫困相关实证研究的被试者大多为在校大学生和社会成人，并不是处于贫困线以下的极度贫困人口。以主观贫困为自变量得出的研究结果有可能难以反映客观贫困人口真实的经济决策行为。因此，在未来的研究中有必要深入客观贫困的群体之中，通过访谈、调查以及实验相结合的方法考察贫困人口的经济行为。

第五章　贫困农民的心理资本与经济行为关系的实证研究

《中国农村扶贫开发纲要（2011—2020 年）》提出，扶贫要更加注重增强扶贫对象的自我发展能力，鼓励和帮助有劳动能力的扶贫对象通过自身努力摆脱贫困。2015 年 10 月 16 日，习近平在 2015 减贫与发展高层论坛的主旨演讲中强调，中国扶贫攻坚工作实施精准扶贫方略，坚持分类施策，因人因地施策，因贫困原因施策，因贫困类型施策。课题组调查并分析了青龙县大巫岚镇张庄村贫困农民的心理资本、经济行为选择的情况，进而为扶贫工作提出有针对性的扶贫策略。

第一节　研究的基本情况

一、河北省青龙县扶贫历程与基本情况

自 1994 年我国第一次将扶贫工作列入国家发展计划以来，河北省青龙满族自治县就被确定为我国国家级扶贫对象。2001 年青龙满族自治县被列为新时期国家扶贫开发重点县，2012 年青龙满族自治县又一次被列为新一轮国家扶贫开发重点扶持县。作为秦皇岛市唯一国家级扶贫开发重点县，党的十八大特别是 2016 年以来，青龙满族自治县始终把脱贫攻坚作为首要政治任务和第一民生工程，严格主体责任，明确脱贫路径，按照"六个精准""五个一批"要求，深挖致贫根源，找准主攻方向，明确脱贫路径，在国家省市的大力支持下，举全县之力实施"十大脱贫工程"，脱贫攻坚各项工作取得突破性

进展。市选派 618 名、县选派 108 名后备干部进驻贫困村开展帮扶，县选派 573 名干部进驻非贫困村开展帮扶，实现全县 396 个行政村驻村帮扶全覆盖；市县分别明确帮扶责任人 5010 人、6510 人，实现所有贫困人口责任帮扶全覆盖，市县两级和社会各界参与脱贫人数达 2 万余人。2016 年以来累计投入各类扶贫资金 30.5 亿元，是 2001—2015 年这 15 年总投入的 7.8 倍。其中道路、水利、电力、通信、网络、危房改造、农村公共服务、植树造林等方面的工程量和投入量位居全省前列，全县农村经济发展实力明显增强，生产生活条件显著改善，贫困人口收入水平稳步提高，贫困群众获得感、认可度大幅提升。青龙满族自治县于 2018 年 9 月高质量脱贫，2019 年剩余贫困人口全部"清零"。2019 年全县农村居民人均可支配收入 11932 元，比 2015 年增加 4253 元，增长 55.4%。

二、张庄村及调查对象的基本情况

青龙满族自治县大巫岚镇张庄村，位于燕山山脉深处，行政区域总面积 4.71 平方千米，户籍人数 851 人，145 户属于建档立卡贫困家庭，是河北科技师范学院定点扶贫村，帮扶项目集中在畜牧养殖、菌业、果树栽植、光伏等产业。

研究调查了张庄村 96 位农民，范围包括 16～65 岁贫困农民，详见表 5-1。

表 5-1 研究对象人口学分布情况

变量	类别	人数	百分比
性别	男	44	45.8%
	女	52	54.2%
年龄	22 岁以下	4	4.2%
	23～35 岁	12	12.5%
	36～50 岁	20	20.8%
	51～65 岁	60	62.5%
文化程度	文盲	16	16.7%
	小学	8	8.3%
	初中	60	62.5%
	高中	12	12.5%

三、研究工具

（一）调查对象及家庭的基本情况问卷

（1）人口学变量信息，主要包括性别、年龄、文化程度、家庭人口数、家庭人均年纯收入、当年从事的工作等题目。

（2）调查对象及家庭经济行为选择的问卷，调查的主要内容包括：贫困的归因，目前的生活态度，对种地、外出打工、农村合作社等经济行为的态度，个人认为摆脱贫困的最好方法，调查对象的父母（或子女）家庭贫困情况，希望政府采取哪些措施帮助家庭摆脱贫困，本年度的脱贫计划，经济行为选择冒险行为实验等题目。

（二）积极心理资本问卷

本次研究选择使用张阔（2010）的《积极心理资本量表》（因农民文化程度不同，实际应用中对个别题目的表述进行了改动），主要因子包括四种，分别是自我效能感、韧性、希望、乐观。项目均选择使用七点计分法，分别记作 1、2、3、4、5、6、7 分，分别表示从"完全不符合"到"完全符合"七个不同程度。不同维度得分将直接对项目分值产生影响，随着总分的提升，说明个体正向心理状态良好。

四、研究过程

研究团队经申请，采用入户一对一调查的形式，历时 3 天完成了 100 份问卷，经后期筛选，有效问卷 96 份，有效率为 96%，使用 SPSS20.0 对数据进行分析，形成研究报告。

第二节　贫困农民的积极心理资本现状

一、积极心理资本在性别上的差异

由表 5-2 可知，贫困农民的积极心理资本的总分和乐观维度在性别上达到了极其显著的水平，韧性和希望维度也达到了显著水平；进一步观察表 5-3，发现男性农民在积极心理资本总分及其各维度的得分均高于女性农民。

表 5-2　贫困农民积极心理资本在性别上的差异

	T	df	显著性（双尾）	平均差异	标准误差
自我效能	1.896	94	0.061	2.57343	1.35733
韧性	3.453	94	0.001	4.23776	1.22720
希望	2.820	94	0.006	4.84615	1.71831
乐观	4.721	94	0.000	6.57343	1.39240
积极心理资本总分	3.826	94	0.000	18.23077	4.76490

表 5-3　贫困农民积极心理资本各维度在性别上的均值比较

	性别	N	平均数	标准偏差
自我效能	男	44	32.7273	5.93125
	女	52	30.1538	7.16031
韧性	男	44	26.5455	5.85664
	女	52	22.3077	6.10220
希望	男	44	42.0000	7.40835
	女	52	37.1538	9.13383
乐观	男	44	41.7273	6.20714
	女	52	35.1538	7.25822
积极心理资本总分	男	44	143.0000	21.62686
	女	52	124.7692	24.55615

调查中发现，农村中男性农民处于家庭的主导地位，是家庭经济来源的主要贡献者，同时也是家庭对外联系的主要决定者，拥有乐观的心态并充满希望，绝大多数的男性农民有过多年的打工经历，磨炼出较强的生活韧性。

二、积极心理资本在年龄上的差异

由表5-4可知，4个年龄阶段之间的积极心理资本总分及其各维度，只有乐观存在显著差异；经事后多重检验（见表5-5），除23～35岁的农民与36～50岁的农民在乐观维度不存在显著差异，其他年龄段均存在显著差异；进一步观察各年龄段的均值发现（见表5-6），22岁以下的农民乐观维度得分最高，其次是51～65岁的农民，两个阶段在乐观维度上的得分显著高于中间两个年龄段。年轻一代农民看待事情充满乐观主义精神，这基本符合年龄特征，且这一年龄的农民涉世不多，缺少世故的牵绊，同时对自己从事打工或其他工作改变生活现状充满了信心，做事勇往直前；年长的农民因儿女成长、结婚等原因，家中的经济压力有了分担，同时也开始关注隔代人的成长，对生命本身充满了希望而获得较好的乐观心态；23～50岁的农民更多受婚姻、子女教育等经济压力较大，故心理资本水平较低。

表 5-4　贫困农民积极心理资本在各年龄段之间的差异

		平方和	df	平均值平方	F	显著性
自我效能	群组之间	216.533	3	72.178	1.632	0.187
	在群组内	4068.800	92	44.226		
	总计	4285.333	95			
韧性	群组之间	97.467	3	32.489	0.807	0.493
	在群组内	3704.533	92	40.267		
	总计	3802.000	95			
希望	群组之间	327.567	3	109.189	1.467	0.229
	在群组内	6846.933	92	74.423		
	总计	7174.500	95			
乐观	群组之间	1175.467	3	391.822	8.587	0.000
	在群组内	4197.867	92	45.629		
	总计	5373.333	95			
积极心理资本总分	群组之间	4621.700	3	1540.567	2.617	0.056
	在群组内	54164.800	92	588.748		
	总计	58786.500	95			

表 5-5　贫困农民积极心理资本乐观维度的事后多重比较

（I）年龄	（J）年龄	平均差异（I-J）	标准错误	显著性
	23～35 岁	13.66667*	3.89996	0.001
22 岁以下	36～50 岁	13.20000*	3.69982	0.001
	51～65 岁	7.00000*	3.48823	0.048
	22 岁以下	−13.66667*	3.89996	0.001
23～35 岁	36～50 岁	−0.46667	2.46655	0.850
	51～65 岁	−6.66667*	2.13609	0.002
	22 岁以下	−13.20000*	3.69982	0.001
36～50 岁	23～35 岁	0.46667	2.46655	0.850
	51～65 岁	−6.20000*	1.74411	0.001
	22 岁以下	−7.00000*	3.48823	0.048
51～65 岁	23～35 岁	6.66667*	2.13609	0.002
	36～50 岁	6.20000*	1.74411	0.001

表 5-6　贫困农民积极心理资本乐观维度在各年龄段上的均值

年龄	平均数	N	标准偏差
22 岁以下	47.0000	4	0.00000
23～35 岁	33.3333	12	7.15203
36～50 岁	33.8000	20	8.76356
51～65 岁	40.0000	60	6.07300
总计	38.1667	96	7.52073

三、积极心理资本在文化程度上的差异

由表 5-7 可知，不同文化程度的农民在积极心理资本总分及其各维度上的差异均表现出极其显著；进一步观察表 5-8 的事后多重比较，发现除乐观维度、韧性维度上，文盲的得分高于小学外，农民积极心理资本的总分及其维度上表现出一致性的规律，即高中＞初中＞小学＞文盲；乐观维度上，各文化程度间均表现出了显著差异；自我效能维度、希望维度上，只有文盲与其他文化程度间存在显著差异；韧性维度上，文盲、小学与初中、高中之间存在显著差异；积极心理资本总分上，只有文盲与小学之间不存在显著差异。

表 5-7　贫困农民积极心理资本在文化程度上的差异

		平方和	df	平均值平方	F	显著性
	群组之间	2310.400	3	770.133	23.132	0.000
乐观	在群组内	3062.933	92	33.293		
	总计	5373.333	95			
	群组之间	827.733	3	275.911	7.341	0.000
自我效能	在群组内	3457.600	92	37.583		
	总计	4285.333	95			
	群组之间	1138.400	3	379.467	13.107	0.000
韧性	在群组内	2663.600	92	28.952		
	总计	3802.000	95			
	群组之间	1494.167	3	498.056	8.067	0.000
希望	在群组内	5680.333	92	61.743		
	总计	7174.500	95			
	群组之间	17486.567	3	5828.85	2.984	0.000
积极心理资本总分	在群组内	41299.933	92	448.912		
	总计	58786.500	95			

表 5-8　贫困农民积极心理资本在文化程度上的事后多重比较

因变数	（I）文化程度	（J）文化程度	平均差异（$I-J$）	标准错误	显著性
		小学	9.00000*	2.49848	0.001
	文盲	初中	−3.86667*	1.62348	0.019
		高中	−12.00000*	2.20345	0.000
乐观	小学	初中	−12.86667*	2.17174	0.000
		高中	−21.00000*	2.63363	0.000
	初中	高中	−8.13333*	1.82463	0.000
		小学	−6.00000*	2.65457	0.026
	文盲	初中	−7.46667*	1.72490	0.000
		高中	−9.33333*	2.34111	0.000
自我效能	小学	初中	−1.46667	2.30742	0.527
		高中	−3.33333	2.79816	0.237
	初中	高中	−1.86667	1.93862	0.338

（续表）

因变数	（I）文化程度	（J）文化程度	平均差异（I-J）	标准错误	显著性
韧性	文盲	小学	3.00000	2.32992	0.201
		初中	-6.36667*	1.51395	0.000
		高中	-8.16667*	2.05480	0.000
	小学	初中	-9.36667*	2.02523	0.000
		高中	-11.16667*	2.45595	0.000
	初中	高中	-1.80000	1.70153	0.293
希望	文盲	小学	-8.75000*	3.40246	0.012
		初中	-9.08333*	2.21087	0.000
		高中	-13.75000*	3.00069	0.000
	小学	初中	-0.33333	2.95751	0.911
		高中	-5.00000	3.58651	0.167
	初中	高中	-4.66667	2.48481	0.064
积极心理资本总分	文盲	小学	-2.75000	9.17448	0.765
		初中	-26.78333*	5.96145	0.000
		高中	-43.25000*	8.09113	0.000
	小学	初中	-24.03333*	7.97470	0.003
		高中	-40.50000*	9.67075	0.000
	初中	高中	-16.46667*	6.70009	0.016

　　从数据分析看，文化程度越高积极心理资本水平越高。一是因为，高文化程度的农民具有很好的分析问题、解决问题的能力，对事物的认知、心理健康能力上高于他人；二是因为，高文化的农民在农村仍是凤毛麟角，他们比一般的农民更能感知在群体中的优越性，良好的心理优势更容易形成。

第三节　贫困农民的经济行为现状

一、经济行为在性别上的差异

（一）经济行为理性在性别上的差异

从表 5-9 可知，行为理性在性别上具有显著差异，男性农民均值为 2.73，女性农民均值为 2.03，均低于理论中值 3，说明男性农民在投资行为实验上更理性。

表 5-9　贫困农民经济行为理性在性别上的差异

	平均数	理论中值	T	df	显 显著性（双尾）	平均差异	标准误差
行为理性			2.002	94	0.048	0.650	0.325
男	2.73	3					
女	2.03	3					

从实验得分可以看出，农民在经济行为的选择上极少有极端冒险行为，男性更理性、更保守。这可以在性别的人格差异得到解释：一是男性可以在学习和工作上比较主动、喜欢冒险、喜欢占主导地位，所以有竞争性的工作能激起男生的斗志，而女性农民在家庭多为从属地位，做事被动、保守；二是男性农民更渴望通过成功来撑起一个家，选择理性甚至冒险的投资行为，而女性求稳的思想比较多，更知道日常生活中"柴米油盐"的重要性，不许有闪失是她们的基本诉求。

（二）经济行为类型在性别上的差异

由表 5-10 可知，对合作社的态度上男女农民比较一致，没有显著的差异性，在种地、打工的选择上存在显著差异。

表 5-10　贫困农民经济行为类型在性别上的差异

	T	df	显著性（双尾）	平均差异	标准误差
种地态度	2.871	94	0.005	0.392	0.136
打工态度	-2.656	94	0.009	-0.643	0.242
合作社态度	-1.121	94	0.265	-0.280	0.250

在对种地的态度上，仅有 9% 的男性农民、15.4% 的女性农民选择"农民就应该种地"，有 27.3% 的男性农民、53.8% 的女性农民选择"以种地为主、打工补贴家用"，有 63.6% 的男性农民、30.8% 的女性农民选择"单靠种地不能致富"。在打工态度上，有 30.8% 的女性农民、18.1% 的男性农民选择"还是在家好，即使穷一点也没关系"，男性农民远低于女性农民。

由此可见，男性农民更愿意选择种地以往的打工等来致富、脱贫。这种经济行为类型的选择状况符合农村当下男人外出打工、女人在家务农。因为在农民的务工岗位多为繁重的体力劳动，其中以建筑工人为主，适合女性的岗位较少；再就是女性外出务工存在人身安全、卫生问题的困扰。

二、经济行为在年龄上的差异

（一）经济行为理性在年龄上的差异

由表 5-11 可知，贫困农民经济行为理性在各年龄段之间不存在显著差异。

表 5-11　贫困农民经济行为理性在年龄上的差异

	平方和	df	平均值平方	F	显著性
群组之间	10.233	3	3.411	1.328	0.270
在群组内	236.267	92	2.568		
总计	246.500	95			

（二）经济行为类型在年龄上的差异

由表 5-12 可知，贫困农民对种地的态度存在显著差异，表 5-13 的多重比较发现 22 岁以下、23～35 岁两个年龄阶段的农民与 51～65 岁的农民存在

□ 149 □

显著差异。从得分来看，年龄越低越倾向于不种地而去打工或创业，年龄大的农民更多选择种地。由于农村的土地较少，尤其是研究调查对象为山区农民，每家仅有几亩山地，家中的留守妇女或年长在家的中老年农民就可以完成，更多的年轻人有时间和精力外出打工；还有就是村里的年轻一代在同龄人、社交网络的影响下，更渴望外面五彩斑斓的世界。

表 5-12　贫困农民经济行为类型在年龄上的差异

		平方和	df	平均值平方	F	显著性
种地态度	群组之间	4.267	3	1.422	3.186	0.027
	在群组内	41.067	92	0.446		
	总计	45.333	95			
打工态度	群组之间	9.067	3	3.022	2.102	0.105
	在群组内	132.267	92	1.438		
	总计	141.333	95			
合作社态度	群组之间	8.533	3	2.844	1.971	0.124
	在群组内	132.800	92	1.443		
	总计	141.333	95			

表 5-13　贫困农民经济行为类型在年龄上的多重比较

因变数	（I）年龄	（J）年龄	平均差异（I-J）	标准错误	显著性
种地态度	22 岁以下	23～35 岁	0.333	0.386	0.390
		36～50 岁	0.600	0.366	0.105
		51～65 岁	0.800*	0.345	0.023
	23～35 岁	22 岁以下	-0.333	0.386	0.390
		36～50 岁	0.267	0.244	0.277
		51～65 岁	0.467*	0.211	0.030
	36～50 岁	22 岁以下	-0.600	0.366	0.105
		23～35 岁	-0.267	0.244	0.277
		51～65 岁	0.200	0.173	0.249

三、经济行为在文化程度上的差异

（一）经济行为理性在文化程度上的差异

由表 5-14 可知，贫困农民经济行为理性在文化程度上存在显著差异；由表 5-15 事后多重比较发现，文盲与高中，小学与初中、高中存在显著差异，几种文化程度关系是高中 > 初中 > 文盲 > 小学。

表 5-14 贫困农民经济行为理性在文化程度上的差异

	平方和	df	平均值平方	F	显著性
群组之间	28.900	3	9.633	4.073	0.009
在群组内	217.600	92	2.365		
总计	246.500	95			

表 5-15 贫困农民经济行为理性在文化程度上的多重比较

（I）文化程度	（J）文化程度	平均差异（I-J）	标准错误	显著性
	小学	1.000	0.666	0.137
文盲	初中	-0.467	0.433	0.284
	高中	-1.333*	0.587	0.026
	文盲	-1.000	0.666	0.137
小学	初中	-1.467*	0.579	0.013
	高中	-2.333*	0.702	0.001
	文盲	0.467	0.433	0.284
初中	小学	1.467*	0.579	0.013
	高中	-0.867	0.486	0.078

由于文盲和小学两个文化程度的农民在经济行为理性上存在差异，可以认为文化程度越高的农民越理性，越低越保守。这可能是因为，文化程度越高对投资行为越有信心，而文化程度低则会求稳定，经济行为保守。

（二）经济行为类型在文化程度上的差异

由表 5-16 发现，在种地、打工、参加合作社的经济行为上，四种文化程度存在显著差异；表 5-17 的文化程度多重比较显示：在种地态度上，只有文盲的农民与其他文化程度的农民存在显著差异，表现出保守的种地态度；在打工态度上，文盲、小学文化的农民与其他文化程度的农民之间存在显著差异，通过交叉列表分析，文盲农民全部选择打工不如在家好，即使打工也不出力，而小学文化的农民更多选择靠体力打工为主，初中、高中文化程度的打工农民更多靠一技之长；在合作社态度上，文盲和小学文化的农民没有显著差异，而两者与初中、高中文化程度的农民存在显著差异，通过交叉列表分析，文盲和小学文化的农民对合作社了解不多，即使了解也有 50% 的文盲选择不愿加入合作社，而初中、高中文化程度的农民表现出较好的接受意愿。

表 5-16　贫困农民经济行为类型在文化程度上的差异

		平方和	df	平均值平方	F	显著性
种地态度	群组之间	7.267	3	2.422	5.854	0.001
	在群组内	38.067	92	0.414		
	总计	45.333	95			
打工态度	群组之间	41.333	3	13.778	12.676	0.000
	在群组内	100.000	92	1.087		
	总计	141.333	95			
合作社态度	群组之间	46.600	3	15.533	15.085	0.000
	在群组内	94.733	92	1.030		
	总计	141.333	95			

表 5-17　贫困农民经济行为类型在文化程度上的多重比较

因变数	(I) 文化程度	(J) 文化程度	平均差异 (I–J)	标准错误	显著性
种地态度	文盲	小学	−0.750*	0.279	0.008
		初中	−0.650*	0.181	0.001
		高中	−0.917*	0.246	0.000
	小学	初中	0.100	0.242	0.681
		高中	−0.167	0.294	0.572
	初中	高中	−0.267	0.203	0.193
打工态度	文盲	小学	2.500*	0.451	0.000
		初中	1.500*	0.293	0.000
		高中	1.500*	0.398	0.000
	小学	初中	−1.000*	0.392	0.012
		高中	−1.000*	0.476	0.038
	初中	高中	0.000	0.330	1.000
合作社态度	文盲	小学	0.750	0.439	0.091
		初中	1.817*	0.286	0.000
		高中	1.750*	0.388	0.000
	小学	初中	1.067*	0.382	0.006
		高中	1.000*	0.463	0.033
	初中	高中	−0.067	0.321	0.836

第四节　积极心理资本与经济行为的关系

一、经济行为理性与积极心理资本的关系

（一）经济行为理性与积极心理资本的相关分析

由表 5-18 可知，贫困农民的经济行为理性仅与积极心理资本的乐观维度存在显著相关，表 5-19 的回归结果显示乐观能解释行为理性的 3.6% 变异量，具有显著的预测作用。

表 5-18　经济行为理性与积极心理资本的相关结果

		总分	自我效能	韧性	希望	乐观
行为理性	皮尔森相关	-0.001	-0.027	0.007	-0.173	0.214*
	显著性（双尾）	0.991	0.792	0.944	0.093	0.037
	平方和及交叉乘积	-4.500	-28.000	7.000	-229.500	246.000
	共变异	-0.047	-0.295	0.074	-2.416	2.589
	N	96	96	96	96	96

（二）积极心理资本对经济行为理性的回归分析

表 5-19　积极心理资本对经济行为理性的回归结果

预测变量	B	T	R^2	修正 R^2	F
乐观	0.046	2.121*	0.046	0.036	4.500*

二、经济行为类型与积极心理资本的关系

（一）经济行为类型与积极心理资本的相关分析

由表 5-20 可知，种地态度、打工态度与积极心理资本总分、自我效能维度、希望维度存在显著相关；农民对合作社的态度与积极心理资本总分及其各维度均存在显著相关。由表 5-21 发现，希望维度能解释种地态度的 7.7% 的变异量；由表 5-22 发现，积极心理资本总分与希望维度能够联合解释打工

态度的 27.3% 的变异量；由表 5-23 发现，积极心理资本总分能解释合作社态度的 21.6 的变异量。

表 5-20　积极行为类型与积极心理资本的相关结果

经济行为选择		韧性	希望	乐观	总分	自我效能
种地态度	皮尔森相关	0.293**	0.000	0.295**	0.103	0.213*
	显著性（双尾）	0.004	1.000	0.004	0.320	0.037
	N	96	96	96	96	96
打工态度	皮尔森相关	−0.284**	−0.098	−0.479**	−0.026	−0.277**
	显著性（双尾）	0.005	0.341	0.000	0.801	0.006
	N	96	96	96	96	96
合作社态度	皮尔森相关	−0.461**	−0.447**	−0.429**	−0.282**	−0.473**
	显著性（双尾）	0.000	0.000	0.000	0.005	0.000
	N	96	96	96	96	96

（二）积极心理资本对经济行为类型的回归分析

表 5-21　积极心理资本对种地态度的回归结果

预测变量	B	T	R	R^2	修正 R^2	F
希望	0.023	2.989*	0.295	0.087	0.077	8.932*

表 5-22　积极心理资本对打工态度的回归结果

预测变量	B	T	R	R^2	修正 R^2	F
希望	−0.122	−5.254***	0.479	0.229	0.221	27.938***
总分	0.022	2.772**	0.537	0.288	0.273	18.805***

表 5-23　积极心理资本对合作社态度的回归结果

预测变量	B	T	R	R^2	修正 R^2	F
积极心理资本总分	−0.023	−5.208***	0.473	0.224	0.216	270.123***

结果表明，越是充满希望感的农民越能通过打工等非种地的形式脱贫致富，积极心理资本高的农民能更好地接受农村合作社的脱贫项目。

第五节　研究结论与扶贫建议

一、研究结论

（一）贫困农民积极心理资本的特点

贫困农民理性的经济行为仅与积极心理资本的乐观维度存在显著相关：积极心理资本高的农民更愿意选择灵活的致富途径，更愿意接受新鲜事物，且文化程度越高，积极心理资本水平越高。

（二）贫困农民经济行为选择的特点

积极心理资本较高的农民普遍希望自己外出打工实现脱贫，更能接受农村合作社等新兴的农村业态。就目前很多贫困村开展的扶贫项目来说，绝大多数是在本地发展扶贫项目，而现实是本地项目的吸纳能力有限，农民很少能进入扶贫项目工作。

（三）贫困农民积极心理资本与经济行为选择的关系

积极心理资本得分越高的贫困农民首先是更愿意通过打工的方式实现脱贫，其次是通过新兴的农业合作社实现脱贫，最低的是通过种地来脱贫；研究还发现，积极心理资本及其各维度均与农民对农村合作社的积极态度呈显著正相关，说明贫困农民对于农村合作社有着积极的接受态度；积极心理资本得分越高农民的经济行为选择越理性。

二、扶贫对策与建议

虽然张庄村在 2018 年已经实现脱贫摘帽，但驻村工作队仍然要从以下几个方面加强工作力度，巩固扶贫成果，避免返贫现象的出现。

（一）扶贫观念需"重心"

驻村工作队和具体帮扶主体帮扶观念需"重心"，即重视改变农民的贫困心理，改变贫困农民"等、要、靠"的"吸血"心理价值观，重塑贫困农村的亚文化，彻底阻断返贫和贫困的代际传递。学校需发挥高校教育资源，采用行为干预、教育扶贫的具体措施。行为干预，即矫正贫困农民的日常行为习惯和经济行为规划（如学会储蓄等），养自我管理能力和自制能力，破除"延迟折扣"、短视利益的贫困文化。教育扶贫，即发挥扶贫主体的教育优势，开展技术教育、文化水平提升教育的融合，形成短期致富能力的培养与长期致富文化环境的建立同向而行。

（二）脱贫项目要"应心"

扶贫团队与地方政府互相配合，将扶贫项目的着眼点从区域内转向内外结合，将区域内开展的木兰菌业、山羊养殖、肉鸡养殖与农民外出就业项目相结合，既要"请进来"，又要"走出去"。发挥扶贫主体教师高水平信息化的优势，采用线上线下双渠道打造"农民工就业信息平台"，让具有不同需求意愿的农民找到适合自身的脱贫项目，才能真正让农民朋友脱贫"应心"。

（三）帮扶制度可"走心"

从文献及调查中发现，目前的帮扶制度主要是以地方政府（包括县、乡镇、村）为基础，以驻村工作队为主体、帮扶责任人为辅的帮扶制度，具体帮扶责任人在帮扶过程中很难发挥有效的积极影响，有"慰问式"扶贫现象的存在。"后精准扶贫时代"的帮扶制度体现讲规矩、求创新。讲规矩，是指帮扶主体严格按照国家、地方政府的政策和要求开展工作；求创新，是指帮扶主体在讲规矩前提下，创新帮扶形式，改变"慰问式"扶贫为"走心式"扶贫，既是从内容上提升农民的心理资本，又是从情感走入农民心里去。具体措施借鉴"心理团体辅导"的形式，帮扶责任人针对张庄村不同村组，组成若干团队，每个团队定期对几户农民开展行为干预、教育培训等团体辅导，推进贫困农民脱贫心理的转变进程。

（四）阻断返贫必"强心"

调查研究发现，积极心理资本得分越高农民的经济行为选择越理性，更有可能对家庭生活作好长远规划，更重视教育问题，避免贫困心理的代际传递。2020年，现行标准的贫困人口已经实现全面脱贫，扶贫工作已经进入"后精准扶贫时代"。在"后精准扶贫时代"，我们面临的主要课题将是：怎样使原贫困主体保持富裕、避免返贫，"强心、扶志"必是最好保证。扶贫主体应组织心理学相关专业队伍，在帮扶村开展"强心、扶志"的心理建设活动，即制定个体的心理贫困防范、家庭教育贫困心理代际传递防范机制。具体措施可以从几户农民先行先试，待防范机制成熟后再行推广；还可以为驻村工作队集中培训相关心理学知识和技能，使其在工作中多一个"心理"视角理解现象、把握规律、解决问题。

第六章　农村贫困代际传递及其影响因素

第一节　贫困代际传递的认识

一、贫困代际传递的含义

（一）贫困代际传递的概念

贫困代际传递是指贫困现象就像基因遗传一样在跨代之间进行传递的这样一种现象。在既有研究中，部分研究甚至认为贫困代际传递会从家庭内部向周边的社区或阶层范围进行扩展。因此，"贫困代际传递"的具体内涵，是指在群体间贫困以及致贫因素能够在跨代之间进行传承或延续，即父代贫困导致子代依然处于贫困状态的一种社会现象或一种循环社会状态。需要强调的是，贫困代际传递效应不仅仅涉及简单的个体经济贫困状态的延续，更指的是群体之间精神状态、怠惰心态、颓废病态的一种社会延续或"感染"。

（二）贫困代际传递的实证研究

Corcoran 和 Adams（1997）研究发现，黑人家庭贫困与否直接决定了其子代成年后是否处于贫困状态的人口比例是 1.25 : 1。Blanden 和 Gibbons（2006）研究表明，英国贫困家庭中，若子辈 16 岁前为贫困障碍，成年后仍有近 19% 人群处于贫困状态。Airio 和 Moisio（2006）对北欧国家芬兰的家庭贫困代际传递现状作了相似研究，发现出生在贫困家庭的子女，其成年后继续贫困的概率是出生在非贫困家庭子女的 2 倍。除此以外，Keister（2017）从家庭生产力变化视角论述分析了家庭特征对子辈后代的影响，认为父母离婚降低了家庭生产力，以至于减少了对抚育子辈后代的各类经济和情感资源的投入。Li（2015）研究甚至认为，祖父母的贫困经济状况对孙子女的身高和体重指数产生影响，而这均为影响贫困代际传递效应发生的重要因素。

方鸣和应瑞瑶（2010）利用 CHNS 微观调查数据，研究分析发现我国农村地区的代际贫困传递效应表现得较为明显。林闽钢和张瑞利（2012）利用 CHNS 微观调查数据，研究发现：贫困家庭父母的收入水平显著决定了子辈收入水平的高低；在婚姻状况、受教育年限、收入水平、就业机会和医疗保险等方面，贫困家庭父辈和子辈之间有显著的代际相关性；贫困家庭的子辈生存条件更易受父辈经济和社会关系劣势的负面影响；在接受教育、就业状况以及医疗保险等方面，贫困家庭父辈和子辈都处于明显劣势地位。李力行和周广肃（2014）着力分析了中国收入代际流动性降低、职业间代际传递效应固化等社会现象，并且研究发现父代收入对子辈收入水平高低具有显著的正向影响，而且这种代际传递演化趋势正在不断强化。

二、农村贫困代际传递的理论假说

（一）代际收入影响理论

Becker 和 Tomes（1986）首次提出了经典的代际收入流动性理论分析框架，他认为父代与子代之间的流动性主要在于两点：（1）父辈对子辈进行的人力资本投资是一种理性经济行为，父辈对子辈的人力资本投资额度越高，子辈收入可能就越高；（2）子辈从父辈那里承袭了一系列影响个体子辈收入和经济条件的先天性特征，并将其称为禀赋，其主要受遗传基因或家庭特征、家庭社区环境和文化特征的影响①。虽然该理论分析模型的运用尚有诸多限制，但却为后续的代际收入流动性方面的研究奠定了理论基础。基于上述理论框架，我们可以将影响代际收入贫困传递发生的因素归为三类：首先是教育因素。父代常常会将家庭收入转化为对子代的教育投入，在社会教育和财富资

---

① Becker G S，Tomes N. An Equilibrium Theory of the Distribution of Income and Intergenerational Mobility[J]. Journal of Political Economy，1986，87（6）：1153-1189.

源分配不平等时，父代因其较高收入而在子代教育资源获取方面存在更多优势，而父代贫困将导致子女在教育资源获取方面处于劣势地位，故因父代收入差距的影响导致贫困群体的代际收入流动性降低；其次是劳动力市场不完善，使得社会资本和权力在很大程度上影响了子代的劳动职业选择和收入水平，表现为职业的代际循环；最后是在收入差距扩大的社会背景下，财富的代际传递效应日趋显现。改革开放 40 多年来，中国居民的财产分布差距迅速扩大，其对收入和财富分配差距扩大的贡献度不断扩大，并起到加固阶层固化和加速贫困代际传递机制发生的作用。根据上述理论框架，可以得到基本的代际收入流动性分析实证的基准分析模型：

$$y_i^c = \partial_i + \beta \times y_i^f + \xi_i$$

上述分析基准模型中，y_i^c 表示子代的对数收入，y_i^f 表示父代的对数收入，表示代际间的收入弹性系数，含义是父代收入变动的百分比引致子代收入变动的比值。这一数值越大，表明父代的经济收入对子代收入的影响就越大，社会阶层流动性就越低。在具体实证研究中，通常以单年人均收入数据来代理个体的持久性收入，但是个体单年的人均收入可能会产生较大偏差，与持久性收入并不完全一致，所以使用个体单年人均收入通常会产生向下偏误（Solon, 1992），导致代际贫困传递效应的估计不准确[①]。对此，Solon 认为，个人生命实际内的收入通常呈现驼峰形，所以，在具体的计量实证研究过程中，需要对个体父辈和子辈的人均年收入水平用各自年龄及平方项进行调整，调整后的标准模型如下所示：

$$y_i^c = \partial_i + \beta_1 \times y_i^f + \beta_2 \times age_{i,c} + \beta_3 \times age_{i,c}^2 + \beta_4 \times age_{i,f} + \beta_5 \times age_{i,f}^2 + \xi_i$$

上述就是调整后的代际收入流动性的模型，为我们分析农村代际贫困传递效应奠定了基础。

（二）人力资本影响理论

Schultz（1960）首次提出了人力资本的概念，总结学界对人力资本定义的研究，我们归纳为以下三点：其一，劳动者的文化知识、工作技能和身体

---

① Solon G. Intergenerational Income Mobility in the United States[J]. American Economic Review，1992，82（3）：393-408.

健康的加总和通常即认定为人力资本，其主要代表人物为舒尔茨[1]。该定义以人力资本的内容为主要出发点，认为提高以个体的知识、技能、身体健康等为主要特征的人力资本水平，有利于提高经济增长水平，这比单纯地提高物质、劳动力数量有效得多。其二，劳动群体在教育、职业技能培训、身体健康等方面进行投资所形成的资本综合通常即认定为人力资本，代表人物是Becker（1962）[2]。该定义是以人力资本的形成为原始出发点，更加强调人力资本是通过个体理性投资而形成的资本。其三，凝结在劳动者体内并能够物化为商品或服务，能够增加商品的服务效用，以此来分享价值收益的一种资本，也可定义为人力资本，持这种观点的是李忠民（1999）。该定义着力突出了人力资本内在的抽象性，将人力资本归类为价值范畴，认为其是劳动者有意识投资的产物，它可以推动劳动生产率的提高和居民财富的增进，故应该和物质资本一样分享价值收益[3]。由上可知，舒尔茨和贝克尔关于人力资本的内涵界定是外因论、描述性的定义，而李忠民的定义则更侧重于内因论、抽象性，但这三种定义都集中体现了人力资本的根本特性，即人力资本是凝结在劳动者身上的"人力"，在使用过程中可以作为获取利益的"资本"。由此，本书可以将人力资本的内涵凝练为：人力资本就是指凝结在劳动者人体内的体力和智力中所具有的无差别的劳动价值的总和。

人力资本理论继明塞尔、舒尔茨、贝克尔、丹尼森等经济学家进行开拓贡献后，在卢卡斯、罗默尔、斯宾塞等人共同努力下，构建起了现代人力资本理论框架体系。尤其是在1980年以后，以"知识经济"为发展背景的"新经济增长理论"在西方世界兴起。与20世纪60年代舒尔茨等人构建新古典统计分析法不同，"新经济增长理论"采用现代数学建模方法，构建了以"知识资本"为核心的经济增长理论框架，从而使现代人力资本理论克服了20世

---

[1] Schultz T W. Capital Formation by Education[J]. Journal of Political Economy，1960，68（6）：571-583.

[2] Becker G S. Investment in human capital：A theoretical analysis[J]. Journal of Political Economy，1962，70（5）：9-49.

[3] 李忠民. 人力资本：一个理论框架及其对中国一些问题的解释 [M]. 北京：经济科学出版社，1999.

纪 60 年代构建的初始人力资本理论的一些内在的缺陷。卢卡斯和罗默是被公认的"新经济增长理论"的代表人物，他们构建了知识积累人力资本模型，简称 AK 模型（accumulation of knowledge）。相对于 20 世纪 60 年代的人力资本理论研究，新经济增长理论的主要贡献表现为首次将人力资本作为函数变量纳入了增长理论模型之中。在罗默和卢卡斯的理论模型中，不仅能够将人力资本纳入模型中，并且能够使其内生化，同时也克服了经济体系的一般均衡增长外生地取决于劳动力增长率的缺陷。对此，人力资本影响贫困代际传递的理论研究认为，父辈较低的文化水平不仅影响其本身的生活和生产方式，其子辈的教育投资决策很可能也会因此受到影响，致使子辈受文化教育程度有限，以至于陷入贫困状态。并且，当父辈人力和知识资本存量积累较少，子辈寻找工作岗位的市场竞争力将可能较低，这将对子辈的经济收入水平和生存能力产生消极影响。此外，跨代之间的人力资本传递，常常会导致"教育匮乏—就业困难—收入低下—教育更匮乏"这样的一个恶性循环链条产生。需要着重强调的是，子辈接受教育的程度和层次方向是父辈群体进行理性和感性综合权衡之后作出的选择。具体看，理性方面，父辈的传统思想观念及教育的投资和收益回报会对其对子女的教育投资行为产生影响，是基于自身经济困境导致的对"读书改变命运"的心理认知的信任程度。

（三）社会资本影响理论

汉尼芬（1920）最早提出了"社会资本"，他使用此词汇主要是为了说明社会人际交往对教育和社群的重要性，但此"社会资本"的概念内涵还比较模糊[①]。法国社会学家布迪厄（1989）首次正式界定了"社会资本"的内涵，并将其正式用于社会学领域的研究中。20 世纪 80 年代，他的研究认为社会资本是实际或潜在的各类资源的集合，这些资源同社会群体所共同熟悉或认可的制度化关系的长久关系网络紧密联系在一起。其后，许多学者对此内涵进行了扩展和界定，联合国开发计划署（UNDP）将"社会资本"定义为一种自发形成的社会规则，它在社会各组成单元关系中得以体系，并体现在人与人

[①] Hanifan L J. Social capital-Its development and use[J]. The Community Center，1920（67）：78-90.

之间的日常关系之中，但它必须建立在以民间团体和经济组织所达成的协议为基础，这样才可能是稳定的社会规则。

综上，"社会资本"本质上是一种社会人与人之间相互支持性的网络关系，即社会网络资本。通过它，群体之间可以减少直达目的的各类成本。对于寻求社会保障庇护的贫困者来说，社会资本的意义主要是，它可以帮助贫困者减少他获取所缺物质资源的成本，如此也就相当于帮助他们获得了某种程度的社会保障。"社会资本"的本质内涵，也正体现了其在反贫困斗争中的产生价值的影响机制①。就社会关系来看，在中国农村传统的社会结构体系内，社会关系更大程度上体现的是"人情关系"，是以血缘、亲缘、地缘为纽带构建而来。这类社会关系网络的使用，主要是一种"人情交换"，体现的是"被用来促进恩惠的关系交换"，是推动双方交换有价值的物质或情感的一种桥梁或纽带。因此，在社会人际关系的交往中就出现了一种"送他一个人情"或"回我一个人情"的社会资本的借贷行为。"社会人情"关系资本的困顿，造成贫苦者可利用的社会人脉关系较少，这是贫困家庭的共同特征。虽然当前许多案例证实了社会资本的内在影响机制可能恰好也是贫困现象产生和消除贫困难度较大的原因所在，但换个角度来看，也证实了社会关系资本能够积极有效地影响经济增长、社会公平和缓解贫困。譬如，经济组织和制度安排能够为特定的贫困人群提供有效的共享信息、推动行动协调和集体决策的机制和平台，从而有利于推动帮扶贫困人口脱贫。对于贫困人群来说，有效信息的获取路径较少，对信息的精确性缺乏足够的判断力，对有效信息的利用能力更是有限。因此，相关社会关系资本的构建有利于向贫困人群传播足够多和正确的信息，有利于整合社会扶贫资源，提高其资源配置和使用效率，从而推动整个贫困地区的脱贫进程，防止贫困代际传递效应的发生。

（四）社会保障制度影响理论

著名经济学家阿玛蒂亚·森（2006）认为，作为一个国家或地区主要的收入再分配途径之一，社会保障有利于减小初次收入分配差距，从而在一定程

---

① 张凯淞.农村贫困代际传递效应发生的影响因素及脱贫政策设计研究[D].长沙：湖南科技大学，2019.

度上有利于缓解各类社会矛盾强度及维护基本的社会公平和正义①。社会保障制度如何消除贫困，可以通过分析各个具体社会保障项目具体的消除贫困的社会效果来进行分析。当前，学界研究认为，社会救助、社会福利及社会保险三个层面构成了既有的社会保障体系，其中，社会救助以保障社会最底层人民最基本的物质生活需要为目的，一定程度上有利于缓解社会贫困；社会福利，则是以保障和提高全体国民的生活质量为目的，一定程度上有利于缓解和预防贫困；社会保险以保障和满足参保社会群体的需要为目的，一定程度上有利于预防贫困。就贫困的代际传递效应来看，当家庭父辈缺乏基本的生存技能而导致家庭处于经济贫困状态时，有效的社会保障制度有利于缓解家庭经济贫困代际传递效应的发生。首先，社会救助、社会保险和社会福利等，可以保障家庭基本的物质生活和生产需要，可以减轻家庭的医疗、卫生、教育培训等经济负担，尤其是可以保障子辈接受教育的基本权利；其次，当前农村家庭普遍存在"因病返贫"的社会现象，这可能对家庭子辈的受教育、工作技能获得以及心理健康等方面产生负面影响，此时社会医疗保险制度等可以有效缓解子辈的经济负担，从而有利于防止家庭贫困代际传递效应的产生。

综上所述，代际收入弹性理论提出了数据实证基准模型，人力资本理论提出了父代对子代人力资本投资的重要性，社会资本理论提出了构建良好的社会关系资本对防止农村代际贫困效应发生的重要性，社会保障制度方面叙述了完整的社会保障制度对抵御家庭面临的一些可预知或不可预知风险的重要性。对此，这些理论基础将有利于帮助我们进一步分析农村贫困代际传递发生的影响机制，并有利于指导数据实证和农村精准扶贫的政策设计。

第二节　贫困代际传递发生的影响因素

广大农村地区是中国贫困人口的主要集中地，相较于城市，农村贫困程度较高，父辈贫困常常会传递给子辈，进而形成一种世代交叠的贫困累积恶

---

① 阿玛蒂亚·森. 贫困与饥荒：论权力与剥夺 [M]. 王宇，王文玉，译. 北京：商务印书馆，2001.

性循环。对此，需要深刻理解农村贫困代际传递效应产生的根本原因。

一、制度性因素

过往的政治体制和政策性调整规划变革是造成我国贫困代际传递效应发生的重要原因。一个国家或地区的制度性安排是影响其经济发展和人民收入水平高低的重要因素，也是影响其地区经济发展差距、居民贫富差距的重要原因。从中国农村的具体实际情况来分析，下面的制度性因素可能对农村贫困代际传递效应的发生产生一定影响。

（一）农村户籍管理制度

中国对广大农村地区实行的严格的户籍管理制度，造成了中国城乡二元经济和社会结构的分化。严格的城乡户籍管理制度主要从四个方面对农村居民产生影响：其一，城乡居民无法同等分享城市良好的公共服务，更无法均衡分析城市文化产出的改革成果；其二，农民群体的就业选择空间大为缩小，导致农民无法充分发挥自身人力资本以实现其经济和社会价值；其三，农民主动创业或获得与自己能力相匹配的岗位的机会大大降低；其四，农民进城就业和创业的积极性受创。就当前社会发展状况来看，尽管近来城乡户籍管控制度逐渐放宽，但流动性农民工群体在城市的生产生活仍然受到诸多限制。例如，进城农民群体的子辈上学等方面就面临着诸多歧视性待遇。在中国当前的城乡户籍管控体制之下，公民无法充分享有其自由迁徙的权利，农村剩余劳动力也就无法自由进城择业，依靠劳动要素流动和资金循环累积而推动经济增长的产业发展渠道也就无法顺畅发挥作用。以城乡户籍制度管控为代表的二元社会和经济结构，将全体百姓人为地划分为城镇与农村居民两大群体，并且这一户籍管理制度导致两大群体之间出现了世袭性特征，导致阶层固化。所以，固化的城乡户籍管理体制，导致城乡分治和群体差别化对待的歧视性局面产生，最终导致社会阶层固化，收入流动性和阶层流动性降低，从而农村贫困家庭的贫困代际传递发生得更加普遍。因此，这类城乡制度性的管控不平等，在某种意义上来说，已经固化了整个社会阶层的上下流动性。

（二）农村社会保障制度

社会保障制度如何消除贫困，可以通过分析各个具体社会保障项目具体地消除贫困的社会效果来进行分析。自 2018 年以来，我国逐步建立了完善的城乡居民基本医保制度，但农民的医保经济负担仍然较重。例如，2018 年我国城乡居民医疗保障的缴费标准，要根据 2017 年的规定来进行续费，缴费标准是 180 元每人每年，但由于各地区的经济发展水平不同，在缴费额度方面可能会存在一些差距。此外，尽管农村合作医疗保险制度已经建立和逐步完善，但农村看病贵、看病难的问题仍然较为突出。这主要表现为贫困农民生病的所需的部分医疗费用，其家庭自身仍需承担一部分，故因病致贫和因病返贫的现象在农村地区较为普遍，给看病的农村家庭造成了较大的经济负担，而这种家庭医疗经济负担的转嫁就有可能导致农村贫困代际传递效应的产生。

二、教育文化因素

教育文化因素主要包括社会教育贫困和社会文化贫困两类。社会教育贫困主要是指由于农村地区学校和村组社区因缺乏必要的办公软硬件设施而产生的教育贫困。社会文化贫困主要是指，由于农村社区普遍缺乏文化娱乐设施和文化娱乐项目导致村民生产生活的文化氛围处于较低层次的一种贫困状态。由于贫困程度的深化，贫困人口将倾向于生活在远离社会主流文化的贫困亚文化体系之中（周怡，2017）。

（一）文化贫困

农村贫困家庭针对文化贫困，表现各有不同。首先，安于现状、不思进取、听天由命。长期的家庭贫困致使很多农村家庭产生了一种贫困宿命感。面对家庭贫困现实状况，他们没有进行抗争从而奋发图强，敢闯敢干，而是选择听天由命，"破罐子破摔"，这种认知和心理习惯将对家庭子女的性格和人生成长产生深远的负向影响。同时，这类消极、不思进取的心态将逐渐摧残劳动者的上进心和求富意志，导致其家庭农业劳动生产率持续降低，最终家庭经济条件越发贫困。其次，"等、靠、要"的乞丐心理作怪。传统小农经济体制的发展历史导致农村地区普遍盛行坐享其成的"等、靠、要"的乞丐式心理，广大贫困农户没有自发形成奋发图强的心理意识，而是想不劳而获，这种心理状态导致其家庭经济条件普遍较为贫困。此外，政府长期执行的简单"输血"型财政扶贫模式，不仅未能有效地达成降低农村贫困程度的意愿，而且还滋生了广大农村贫困农户不思进取及"等、靠、要"的懒汉精神，这致使农村脱贫工作较为困难，贫困代际传递效应普遍发生。最后，农村落后的传统民俗风气助推了农村家庭贫困的普遍发生。在广大农村地区，各种陈规陋习时有发生。例如，红白喜事大操大办而亲戚邻居要随大额"份子"礼钱等，此类人情"份子"就给农村家庭经济造成了较重负担，或者农村广为诟病的高昂的娶媳妇或嫁女儿的彩礼费用等，也会给农村家庭造成较大经济负担，甚至导致家庭陷入恶性的贫困深渊中。

（二）教育贫困

社会教育贫困主要是指由于农村地区学校和村组社区因缺乏必要的办公软硬件设施而产生的教育贫困人文环境。与城市居民相比，农民接受教育的权利普遍受到不同程度的歧视。就回报率最高的初等教育来说，尽管农村九年义务教育体制已经普及，但是因为农村初等教育有限的师资教育资源和落后的公共服务能力，农村学校的学生接受的教育质量远逊色于城市。当前，农村的教育贫困现状表现得仍旧较为突出，集中表现为以下四点：其一，教育资源配置不合理。家庭经济条件好的、读书悟性比较高的学生都已经被送往城市接受更高质量的教育，因此学生流失严重。其二，学校教学硬软件设施普遍较为落后。一般来说，有限的农村财政资源无法支持农村获得高效优质的教育教学硬软件设施和高水平的教育师资资源。其三，高素质师资队伍的构建普遍欠缺。农村地区的师资水平普遍较低，部分教师没有经过严谨的师范类学校训练，普遍学历程度不够高，没法保证较为良好的教育教学质量。其四，农村师资结构性矛盾较为突出。广大农村学校现有的师资队伍大部分都是 20 世纪 80 年代以来的民办转公办而来的教师，他们年龄普遍偏大，而且现在农村学校的教师编制近乎饱和，新进教师入编较为困难。同时，当今高校培育出来的师范类大学生，由于农村学校普遍较为落后的社会经济条件和较低的经济收入水平，他们不愿去农村学校参加工作教书育人，这将导致农村学校师资队伍体系出现结构性矛盾，给农村学校的教育可持续发展埋下了较大隐患，从而导致农村贫困代际传递效应的发生和蔓延。

三、家庭因素

家庭结构性特征对子辈的成长影响较大，农村贫困代际传递效应的发生很大程度上受家庭特征的影响。家庭因素主要有：家庭经济情况、父母受教育水平、家庭成员健康状况以及家庭社会资本水平等。

（一）家庭经济情况

父母的经济收入水平的高低是家庭经济情况好坏的关键，这对子女的成长成才影响较大，具体表现为：第一，家庭收入较低，影响子女儿童时期的营养健康。父母收入较低，对正长身体发育的子女的食物和营养供应缺乏，将不利于子女的身体健康和智商等的发育健全和成熟。第二，家庭经济条件差，将影响父母对子女教育质量的投入。子女人力资本投资是农村贫困家庭摆脱代际收入传递陷阱的重要途径。当家庭收入较高时，父母通过增加子女的教育经费投入，以将家庭收入向子女人力资本投资转换。第三，家庭经济条件较低，限制了子女获取外部文化信息的能力。父母收入较低，家庭经济条件长期处于贫困线以下时，生存成为家庭考虑的首要问题，此时家庭娱乐及带孩子接触外界新鲜事物等，将成为一种奢谈，在子女人力资本竞争日趋加剧的社会现状下，农村家庭贫困的代际传递将更容易固化。总之，家庭经济条件长期处于贫困线及以下状态，将不利于破解农村家庭贫困的代际传递效应的发生。

（二）父母受教育程度

个体接受教育不仅能获得教育收益，而且其教育所产生的社会效益还能在家庭乃至全社会产生溢出效应。通常来看，教育的代际影响，主要是指父母的受教育程度的高低会对子辈未来教育的接受层次高低产生影响。有研究表明，与家庭经济条件相近且父母文化教育程度较低的子辈个体相比，父母文化水平较高的，子辈的受教育程度也就越高。这是因为，许多文化教育程度较低的农村贫困家庭父母，其思想传统保守，不愿承担风险去进城务工经商，也不愿通过奋发图强实现人生逆袭，他们缺乏敢闯敢拼干事业的勇气，这也就导致他们无法接触外在社会的日新月异变化，无法掌握现代农业生产的各类新技术，因此只能从事经济收益较低的农业生产劳作。家庭经济条件的贫困、思想观念的传统守旧，导致他们并不重视子女的教育，甚至常怀有"读书无用论"认知观念，种种行为，导致其农村家庭降低了子代脱贫的可能性。在中国广大农村贫困家庭中，通常可以发现那些家庭经济条件较为贫困的、代际贫困传递效应发生较为普遍的家庭，往往父辈的文化或者受教育程度较低。因此，后续在以微观数据论证农村代际收入的动性时，这一变量需要加以控制。广大农村地区是中国贫困人口的主要集中地，相较于城市，农村贫困程度较高，父辈贫困常常会传递给子辈，进而形成一种世代交叠的贫困累积恶性循环。对此，需要深刻理解农村贫困代际传递效应产生的根本原因。本书在详细总结农村贫困及贫困代际传递效应理论研究的基础上，定性分析了农村贫困代际传递效应的影响发生机制，并根据宏观制度性因素、宏观社会教育文化因素、家庭特征因素和子辈个体特征因素四个维度，提炼出影响农村代际贫困传递产生的 12 个具体影响因素，以期丰富既有理论研究范式，为下文的计量实证检验奠定理论基础。

（三）家庭成员健康状况

健康是个体人力资本的重要组成部分，个体贫困与身体健康关系密切。当前许多农村贫困家庭，已经基本滑入一个"家庭贫困—身体不健康—职业能力差—经济收入低—经济贫困加剧—身体健康更加恶化"的恶性贫困循环陷阱之中。只要一个农村家庭有成员患严重疾病，即使是那些已经解决家庭温饱问题并基本富裕的农村家庭，在面临高额的医疗费用时，哪怕有部分比例的国家医疗保险报销补贴，他们也要面临巨大的经济压力，更何况因生病导致的无法参加劳动创造经济收益的隐性经济收入损失，整个家庭将因成员生病而滑入经济贫困状态中。对于家庭子辈而言，由于从小其父辈成员生病，家庭经济状况普遍较差，他们成长过程中的身体营养需求无法得到满足，身心饱受煎熬，同时也难以获得父辈成员的悉心关爱和照顾及温馨的家庭教育。因为父辈们长期精力不聚焦于照顾生病的家庭成员身上，也就难以对子辈的身心成长健康付出额外的关心和照顾。所以，农村家庭那些从小贪玩、自觉性较差的儿童，他们可能更倾向于厌学或者趁早辍学进城务工，但是因为其学历文化程度较低，又没有掌握必要的工作技能，所以其务工收入较低，他们将再次如同父辈一样陷入经济贫困状态之中。

（四）家庭社会资本

根据前文研究，可知社会资本主要指的是一个家庭的社会关系网络，通过这一社会关系网络，一个家庭摆脱贫困的社会成本就要低很多。家庭社会资本又可以理解为家庭社会关系，指的是一个家庭其成员的社会关系广度和深度，更具体地讲是指其家庭成员真正能帮上忙的朋友数量以及能够帮上大忙的"铁杆"朋友的数量有多少。有研究表明，一个家庭的社会资本越大，其家庭成员越有可能获得更高的社会权益，包括获得更高层次、更高质量、更多机会的受教育权利，更快、更高平台、更高薪资待遇的工作岗位平台等。传统农村家庭的社会资本主要依赖于亲族血缘、地域关系，一个家庭其所在血脉家族成员越多，家族人口规模越大，这个家族体系的凝聚力越高，个别家庭成员经济条件和人脉关系及行政权力越广，则该农村家庭就拥有较好的家庭社会资本，其家庭子辈获得更高更好社会权益的机会就越多，形成代际贫困传递效应的概率就越小。农村家庭依赖地缘、宗族血脉关系形成的家庭社会资本之所以能够存在，并长期得以维系，主要原因在于：可以报团取暖，共同抵御外来侵扰和损害，同时共同抗御自然灾害带来的农业生产损失，这样有利于缓解宗族家庭的经济负担。有研究表明，社会资本较好的农村贫困家庭，往往更有可能从其他非贫困家庭获得外部援助，而这些非贫困家庭往往是处于依据地缘和宗族血脉关系而建立的家庭社会关系网络之中。相反，家庭社会资本匮乏的农村贫困家庭获得外部援助的机会就更小，其将更大概率陷入贫困状态之中。所以，为了消除农村贫困代际传递效应的发生机制，建立适时高效的农村贫困家庭经济动态监控及补贴补偿机制尤为重要。

四、个人因素

贫困农户的个人因素也极大地影响着其经济条件和收入水平高低。本书主要从个体健康状况、个体受教育程度、个体职业工作技能及个体心理素质等环节集中分析个体特征对其经济收入水平高低的影响，这些个人特征因素是构成贫困代际传递效应发生的重要原因。

（一）个体健康状况

健康作为人力资本的重要组成部分，不仅影响了个体的身体发育和成长，而且也极大地影响了个体的心理和价值观等正确认知理念的养成。有研究表明，儿童时期的生长和发育情况，将极大地影响其成年后的身心健康状况。因为儿童时期的营养不良，将对其成长过程中的身体、心理和智力发育产生较大负面影响，同时降低了其自身对疾病的免疫和抵抗能力。有统计数据研究表明，在 2000 年的中国农村家庭中，儿童的低体重率和生长迟缓率分别高达 13.9% 和 20.5%，而出生在贫困农村家庭中的儿童，其生长发育迟缓率高达 30%。同时，彭珮云（2004）在高度重视儿童营养健康的座谈会中指出，受我国经济发展水平、农村治理条件和卫生健康和营养科学普及规划工作的制约，我国广大儿童群体，尤其是农村贫困家庭出生的儿童群体，由营养不良而导致的个体健康状况不佳等问题普遍存在，这需要引起当前政府和学界的高度重视。

（二）个人受教育程度

教育作为人力资本的最主要组成部分，往往决定了一个人职业工作能力和生存技能。国内外已经有相当多研究表明，个体教育程度越高，其经济收入往往就越高，反之亦然。相关统计和实证研究证明了不论是发达还是发展中国家，教育水平的高低都显著地正向影响着个体收入水平的高低。那些接受过良好学校教育的劳动者，其在生命周期内的收入普遍高于那些未接受或者接受教育程度较低的劳动者一生所创造的收入。中国家庭金融调查（China Household Finance Survey，CHFS）2011 年的数据显示，大专及以上文化程度的城乡劳动力，其年均收入分别是 59956 元和 47668 元，而高中文化程度的城乡劳动力，其年均收入分别仅有 24583 元和 21640 元，初中文化程度的劳动力城乡收入差别分别是 18626 元和 16682 元，而小学文化程度的城乡劳动力收入则分别只有 17369 元和 16848 元。从上述数据可知，教育文化程度越高，收入水平越高，而且大专文化学历是收入差距的最明显分水岭，上述数据表明，大专及以上文化学历的城乡劳动力收入水平至少是高中及以下学历收入水平的 2.9 倍。所以，任何一个领域都几乎可以听到"能力胜于学历"这种论调，但事实上，很多时候，对于大部分人而言，能力与学历直接挂钩。学历是一个人学习能力、思维能力、解决问题能力的体现，而更聪明、更勤奋、更有执行力的人，干任何事情都同样优秀。总之，个体受教育程度是影响其收入水平高低的重要因素。劳动者通过接受较高层次的学校教育，有利于提升他们的社会认知能力，有利于锻炼他们的逻辑思维分析能力，有利于提升他们的职业竞争能力和拓展他们的职业上升空间。因此，在广大农村地区，读书接受学校教育，提升其文化水平是摆脱农村家庭贫困、实现社会阶层流动性的根本出路。

（三）个人劳动技能素质

个体的劳动技能素质直接决定了其参与劳动市场择业务工的竞争力，决定了其个体的生存能力。但是在我国，广大农村地区劳动力或者进城务工的农民工群体，因为他们的个体文化水平较低，其进城务工择业选择范围就比较小，其职业工作技能相对就比较低。所以，大部分农村劳动力及进城务工农民工只能从事低端的重体力劳动工作，而其经济收入相对就比较有限，这也是造成他们家庭经济收入较低、经济条件比较贫困的重要因素。因此，劳动者个体工作技能越强，其经济收入就越高，家庭经济条件越不可能处于贫困状态。在广大农村地区，贫困家庭成员的职业工作能力较低，尤其是其因为不懂得或者不能熟练地掌握现有的机器农业生产技术，导致其农业家庭劳动生产率普遍较低，这也致使了其家庭经济收入普遍较低。进而，农村农业产业结构的调整面临诸多困境，这是农村家庭陷入贫困状态的重要原因。同时，在农村精准扶贫工作过程中，开展对贫苦户家庭尤其是贫苦代际传递效应比较明显的家庭进行劳动力技能培训的再教育，使他们切实掌握一项谋生的手艺，将是解决农村脱贫和实现农村共同富裕的长效手段。在后续计量论证农村代际贫困传递效应的实证分析中，个人劳动技能的有无或高低将被作为重要因素加以控制。

（四）贫困心理状态

个体贫困心理状态通常指的是个体处于经济贫困时所产生的一种无助、压抑或者无望的消极心理状态，如果处理不好这种心理状态，个体将极有可能产生一种抱负社会和周边群体以及"仇富"的一种衍生心理反应。社会学研究中，认为个体劳动者的经济收入、名誉声望、权力地位等如果处于缺失状态，或者对比周边群体拥有较好的经济或社会条件时，其自身将感觉到自己比较差，此时将有可能产生贫困心理状态。就广大农村家庭的儿童子辈来说，由于他们长期处于发展落后地区或者贫困家庭之中，因为经济条件限制或者贫困状态折磨，他们的成长过程中逐渐形成的心理特征或者社会认知价值观可能会出现负面的变化倾向。这类变化倾向主要表现在三个方面：其一，有自卑、压抑和无助的心理出现；其二，有忧虑、沮丧和失落的心理产生；其三，可能会产生嫉妒、怨恨和苦恼交错的负向心理倾向。因此，贫困者的心理问题应当引起社会各界的高度重视，这类贫困心理状态是他们贫困代际传递的重要个人心理因素。在农村贫困代际传递效应发生过程中，农村贫困家庭出身的子女更容易产生一种"破罐子破摔"的心理扭曲状态，因此，在农村扶贫工作过程中，如何从思想上纠正贫困户家庭父代及子代的这种贫困心理状态，如何内生他们对美好生活的渴望和追求，将至关重要。

第七章　新时代扶贫工作的理论基础与重要成就

第一节　新时代中国特色扶贫的理论基础

一、马克思主义反贫困论述

（一）马克思主义经典作家的反贫困论述

1.马克思、恩格斯的反贫困论述

主要有两个方面：一方面是消灭资本主义制度，另一方面是实现人的自由全面发展。第一，消灭资本主义制度。马克思和恩格斯生活在一个物质资料生产方式和所有制结构深刻变革的资本主义工业化初期，在这一时期，社会生产力空前大发展，"资产阶级在它的不到一百年的阶级统治中所创造的生产力，比过去一切世代创造的全部生产力还要多，还要大"[①]。这时资产阶级与无产阶级矛盾不断加深，生产资料的私有制与社会化大生产存在的矛盾，剩余价值的无偿占有成为无产阶级贫困的根源。马克思与恩格斯二人一直都在思考如何带领无产阶级脱贫。马克思提出了："富人的财富是由工人们通过劳动所得到的，然而工人自己却没有脱离贫穷。无产者生产了很多的财富，劳动范围扩大，劳动能力增强，但始终处于贫穷当中，而资本家的财富却能不断累积。"[②] 这就导致资本主义社会中的资本在资产阶级和无产阶级的"天平两级"严重失衡，资产阶级越来越富有，无产阶级越来越贫穷，这种贫穷

[①] 马克思恩格斯文集（第2卷）[M]. 北京：人民出版社，2009：36.

[②] 马克思.1844 年经济学哲学手稿 [M]. 北京：人民出版社，2000：52-54.

是"无法再回避的、无法再掩饰的、绝对不可抗拒的贫困"①。这种贫困是由私有制中生产资料与劳动力分离引起的，并不是由于劳动力本身综合素质不高或偷懒、懈怠，即便是勤勤恳恳付出，也只能给资产阶级积累资本，给自身积累赤贫。在资本主义制度框架下，生产资料和生产力分离，使得无产阶级缺乏牛奶、面包等一些最基础的生活资料，与此形成鲜明对比的是无产者超高时长超高强度的工作。他们的工作空间、工作环境危害着他们的健康，一旦生病也没有能力支付医药费，只能靠烟和酒来减轻痛苦。然而这可能并不算什么，随着资本主义社会的发展，资本家和资本家之间，工人和工人之间的竞争都越来越激烈，这时对他们而言最致命的打击就是失业，那意味着无法继续生存，只能去乞讨，去流浪，直到死亡。所以，马克思和恩格斯一致认为这一时期若私有制不废除，无产阶级将会始终活在压迫与贫穷之下，并且贫穷还会逐渐加重，只有消灭资本主义制度，才能实现共同富裕。第二，实现人的自由全面发展。"资本按照自己的本性来说，会为劳动和价值创造确立界限，这种界限是和资本要无限度地扩大劳动和价值创造的趋势是相矛盾的。"② 按照马克思所表述的发展情况，生产资料在社会化大生产的过程中必须由所涉及的生产者共同来经营管理，可是在资本主义经济发展的进程中却恰恰相反：生产资料和剩余价值都被资本家无偿占有，无产者越劳动越贫穷。摆脱贫困，一方面要改变生产资料和生产力的关系，另一方面要注重实现人的全面发展。马克思这样认为：个体生命活动的方式方法应该极大程度地满足个体生命本性，实现个体价值，最大限度地体现在个体对自身生命活动方法的满足上。人们在日常生活所获得的自由的选择并不是个体自身价值理想在赤裸裸的现实生活中的映射，而是有困于当时社会中生产力的发展水平，至少在人类社会历史中是这样的。马克思认为人自由发展的状态是"人在一定意义上才最终地摆脱了动物界，从动物的生存条件进入真正人的生存条件"③，这是当某时期社会生产力能够满足这一时期社会生产生活需求时的情况。但是由于当时生产力不能满足当下社会生产生活需要，这样就会导致

---

① 马克思恩格斯文集（第1卷）[M].北京：人民出版社，2009：262.
② 马克思恩格斯全集（第30卷）[M].北京：人民出版社，2001：405.
③ 马克思恩格斯全集（第25卷）[M].北京：人民出版社，1995：412.

一部分群体想尽各种各样的方式来使其他群体满足自身生产发展需要，这当中的其他群体就不能按照实现自我全面发展的方式生活，他们必须拼命忙于生产必需的产品来满足这一时期社会生产生活的需要，久而久之，不仅丧失了自我发展的能力，还有可能使自己陷入贫困之中。当然，根据普遍联系的观点，处在社会中的个体的发展也取决于跟他直接或者间接与他接触的其他所有个体的发展，因此当这一时期社会生产力符合社会发展需求的时候，后人也是要在前人的基础上继续发展，所以解放和发展生产力要实事求是，不能脱离历史的限度独自发展。这需要一个较长时间的历史发展阶段。人在其劳动过程中一步步实现他作为一个"人"的自由、解放，是伴随社会生产力发展实现的。这种自由和解放，"不是一个人在另一个人面前享有的自由"①，并不是换一种隐形的手段让资本合理地榨取劳动力剩余价值的自由，而是像马克思所说："各个人在自己的联合中并通过这种联合获得自己的自由。"② 因此，马克思倡导从根本上解放人的自由，通过解放和发展生产力，解决人与自然的物质交换关系，实现人的自由全面发展，从而完全摆脱贫困。

2. 列宁的反贫困论述

主要有两个方面：一是进行制度革命，二是推行国家保险。第一，进行制度革命。列宁组织领导俄国的十月革命，在全世界率先建立起了一个社会主义国家。他继承了马克思、恩格斯的反贫困思想，认为无产阶级要摆脱贫穷，就应"改变使劳动力变成商品、使劳动群众极端贫困和经常失业的条件"，"必须同现代整个社会制度和政治制度进行革命的斗争"③，从而到达一个没有贫穷、没有剥削、没有压迫的理想状态。不仅如此，列宁总结分析了资本主义社会发展的新变化，为未来工人阶级运动指明了发展方向。他预言，在资本主义社会资本飞速增加的情况下，工人的工资也会有所增加，与此同时，资本家和劳动工人之间的社会差距反而会随着这种增长继续拉大，因为增长的资本仍然支配着劳动的权力，这样的增长使得劳动对资本的依赖越来越大。所以，肉眼所见的工人工资增加，待遇转好，都只是表面现象，实际

---

① 马克思恩格斯文集（第 1 卷）[M]. 北京：人民出版社，2009：757.
② 马克思恩格斯文集（第 1 卷）[M]. 北京：人民出版社，2009：571.
③ 列宁全集（第 5 卷）[M]. 北京：人民出版社，1959：12.

工人得到的却在减少，贫困的命运还是无法转变。列宁强调，要改变工人被剥削、被压迫、被贫穷的命运，就只能进行制度革命，消除导致工人贫困处境的最深层次的、最根本的原因。第二，推行国家保险。19 世纪末 20 世纪初，列宁领导俄国人民进行了无产阶级革命，在新的历史时期继承和发展了马克思主义，进而形成了列宁主义。他通过对无产阶级国家保险制度的完善来阐述反贫困的思想。国家保险的目的是对国民总收入实行二次分配，确保整个社会的公正和效率。并且，国家要提供有关的物质基础以使再生产能够扩大，以此削减贫困的产生率。国家保险主要有下列几个方面：一是国家要给予失业无收入但有一定的劳动能力的人群，无父无母的孤儿且无劳动能力的人群，怀孕及生育的女性工人，残疾、患病及年老的工人等人群一定的物质保障；二是建立保险组织部门负责所有费用与事项的管理，坚持保险人完全自理原则；三是国家及单位要负责全部的保险费用；四是应该根据补助所有工资的原则提供给工人保险办理的补贴；五是国家要为劳动的工人与其家人提供保险[1]。为了使国家保险制度更好地服务于广大人民，这一政策被列宁列入法律，从而使人民首次可以通过法律保护自己，实施自己的权利，也给新时代扶贫保障体系的建立提供了理论基础。

（二）马克思主义中国化的反贫困论述

1. 毛泽东的反贫困论述

从 1949 年到 1976 年，毛泽东带领中国人民从"一穷二白"开始，与贫困作斗争。在新中国成立后的第六年，毛泽东在《关于农业合作化问题》提出"共同富裕"的概念，即在几年内"使现在还存在的农村中一小部分缺粮户不再缺粮，除了专门经营经济作物的某些农户以外，统统变为余粮户或者自给户，使农村中没有了贫农，使全体农民达到中农和中农以上的生活水平"[2]。除此之外，他还进一步阐明了实现共同富裕的途径："在逐步地实现社会主义工业化和逐步地实现对于手工业、对于资本主义工商业的社会主义改造，即实行合作化，在农村中消灭富农经济制度和个体经济制度，使全体农

---

① 列宁全集（第 17 卷）[M]. 北京：人民出版社，1959：449.
② 毛泽东著作选读（甲种本）[M]. 北京：人民出版社，1966：344.

村人民共同富裕起来。"[①] 接下来的一段时期，我国进行了"一化三改"，对农业的社会主义改造，确立起了社会主义制度，为消除贫困，为实现共同富裕扫清了制度障碍。毛泽东在建设社会主义中国的具体实践中发展了马克思主义的反贫困理论，也为邓小平进一步探索马克思主义中国化的反贫困理论提供了认识基础。

2. 邓小平的反贫困论述

1978 年改革开放后，我国迎来了中国特色社会主义发展的新时期，这一时期邓小平对马克思主义中国化的反贫困理论进行了充实和发展，明确我国处于并将长期处于社会主义初期的发展阶段，必须调整好生产关系以适应、解放和发展生产力。首先，邓小平强调，"社会主义的首要任务是发展生产力，逐步提高人民的物质和文化生活水平。从 1958 年到 1978 年这 20 年的经验告诉我们：贫穷不是社会主义，社会主义要消灭贫穷"[②]。他提出可以一部分人、一部分地区先富起来，通过先富裕起来的人（地区）带动其他地区脱贫致富。其次，他指出"社会主义的特征是集体富裕"[③]，反贫困的最终目标就是要实现全体人民的"共同富裕"，这是社会主义的本质所在。再次，邓小平提出"农民没有摆脱贫困，就是我国没有摆脱贫困"的重要论述，他认为中国的反贫困事业能否顺利完成，关键就在于广大农民是否富裕，是否摆脱了贫困[④]。最后，农村开始推广家庭联产承包责任制，打破了"大锅饭"格局，使贫困地区看到了现代化的市场法则，用市场经济搞活欠发展地区的经济。国内很多地区大力开展招商引资工作，农村剩余劳动力开始输出到劳动力缺乏的地区。邓小平通过实事求是的发展，丰富了马克思主义中国化的反贫困理论。

3. 江泽民的反贫困论述

江泽民高度重视扶贫工作，他指出："加强贫困地区的发展，不仅是一

---

① 毛泽东著作选读（甲种本）[M]. 北京：人民出版社，1966：313.

② 邓小平文选：第 3 卷 [M]. 北京：人民出版社，1993：116.

③ 邓小平文选：第 2 卷 [M]. 北京：人民出版社，1994：236.

④ 邓小平文选：第 3 卷 [M]. 北京：人民出版社，1993：237.

个重大的经济问题，而且是一个重大的政治问题。"① 第一次将反贫困提到政治高度去重视。在对"三个代表"重要思想的描述时又指出：我们党要始终代表中国最广大人民的根本利益，就是党的理论、路线、纲领、方针、政策和各项工作，必须坚持把人民的根本利益作为出发点和归宿，充分发挥人民群众的积极性、创造性，在社会不断进步的基础上，使人民群众不断获得切实的经济、政治、文化利益②。这一时期在反贫困的同时，十分重视人权的保障。中国作为世界上人口最多的发展中国家，"不首先解决温饱问题，其他一切权利都难以实现"。要"依靠自己的力量，解决了几亿贫困人口的温饱问题，使他们的生存权和发展权得到保障，为他们享受其他各项权利创造了有利条件"③。他认为："共同富裕不仅是经济发展，还包括人的全面发展和社会全面进步。"将"共同富裕"的反贫困思想注入了新的内涵，进一步完善了马克思主义中国化的反贫困理论体系④。

4. 胡锦涛的反贫困论述

胡锦涛坚持"以人为本"的科学发展观，强调："要着力解决人民群众最关心、最直接、最现实的利益问题，完善社会保障体系，加强扶贫开发工作，使人民群众不断得到实实在在的利益，使各阶级群众特别是城乡困难群众都感受到社会主义大家庭的温暖。"⑤中国的扶贫开发进入21世纪新阶段以后，胡锦涛指出："扶贫开发是建设中国特色社会主义事业的一项历史任务，也是构建社会主义和谐社会的一项重要内容。"⑥以此拓宽了中国反贫困工作开展的新路径。2002年十六大报告指出要全面建设小康社会，最根本的就是要解

---

① 中共中央文献研究室.十五大以来重要文献选编（中）[M].北京：人民出版社，2001：846.
② 江泽民文选：第3卷[M].北京：人民出版社，2006：279.
③ 中共中央文献研究室.十五大以来重要文献选编（中）[M].北京：人民出版社，2001：846.
④ 江泽民文选：第2卷[M].北京：人民出版社，2006：4.
⑤ 中共中央文献研究室.十六大以来重要文献选编（下）[M].北京：中央文献出版社，2008：559.
⑥ 胡锦涛.广泛动员社会力量加快扶贫开发进程[EB/OL].（2005-5-28）[2018-3-24]. http://www.china.com.cn/news/txt/2005-05/28/content_5874399.htm.

决农村贫困问题，为新世纪反贫困工作确定了新目标。在之后的十六届五中全会上，又提出了要建设社会主义新农村的伟大战略。社会主义新农村战略思想也是胡锦涛同志反贫困的思想，它是与构建和谐社会一脉相承的，共同助力新世纪反贫困事业的发展。

二、精准扶贫思想的提出和发展

（一）精准扶贫思想的提出

"精准扶贫"的重要思想最早出自 2013 年 11 月习近平到湖南湘西考察作出的"实事求是、因地制宜、分类指导、精准扶贫"的重要指示。经过之前几个时期的脱贫攻坚实践，积累了很多脱贫的经验。但发展毕竟不是一蹴而就的，"截至 2014 年年末，还有 14 个集中连片贫困区、7017 万贫困人口，贫困人口占总人口的比例超过 10%。贫困人口大多分布在我国的中西部，在西藏、甘肃、新疆、贵州以及云南其贫困人数尤其较多，贵州、云南、河南、广西、湖南以及四川的情况也不容乐观"[⑦]。其中很多农民为了养家糊口，背井离乡，使得农村的空巢老人、留守儿童逐渐增加，农村劳动力大幅度减少，政府的开发式扶贫政策实施受到阻碍，导致我国贫困人口脱贫速度减缓。针对以上的种种问题，2015 年 1 月，习近平到云南进行实地考察时指出，扶贫不只是说说而已，而要落实到行动上，针对每个地区、每个贫困农户，采取专门的措施，务必实事求是，将扶贫工作落到实处，更好更快地带领当地人民摆脱贫困。李克强在 2014 年的政府工作报告中指出，要合理分配扶贫资源，要将扶贫工作落实到每一村每一户。2014 年中央办公厅、国务院办公厅印发《关于创新机制扎实推进农村扶贫开发工作的意见》，精准扶贫工作机制被归到六项创新扶贫机制行列。

（二）精准扶贫思想的主要内容

"扶持对象精准、项目安排精准、资金使用精准、措施到户精准、因村派

---

⑦ 吕世辰. 农村流动与中国社会结构变迁 [M]. 北京：新华出版社，2011：464.

人精准、脱贫成效精准"是习近平针对精准扶贫提出的六项要求，在此基础上通过"发展生产脱贫一批"，通过"生态移民脱贫一批"，通过"发展教育脱贫一批"，通过"生态补偿脱贫一批"，通过"社会保障脱贫一批"。精准扶贫战略是基于我国社会主义初级阶段的基本国情、新时代贫困问题、社会经济发展特点和中国特色扶贫体系的特征提出的，其核心要义是集中全部力量和资源，正视贫困问题，聚焦贫困地区和贫困对象，通过对贫困村、贫困户、贫困人口的精准识别、精准帮扶，实现扶贫到村到户到人，改善和提高扶贫工作的效益和质量。

1. 认识精准

这里的认识精准是指贫困地区各级领导的思想认识要"精准"，首先要有一个思想的引领，时刻聚焦扶贫工作和贫困人口，其次要具备敢于并勇于担当的责任意识。新时代的精准扶贫不同于以往时代"大水漫灌式"的扶贫，要清晰认识其区别，主动作为，创新思想，积极行动。不仅如此，扶贫工作要"精"要"细"，要深入学习习近平总书记关于脱贫攻坚工作的有关重要论述，集中全部力量有效解决"两不愁三保障"面临的突出问题，探索建立后扶贫时代不返贫模式，确保按时甚至超前完成脱贫攻坚任务，打赢脱贫攻坚战。

2. 重心精准

重心精准是指贫困地区各级领导的工作重心和注意力要精准。贫困地区党政领导干部要把工作的重心放在扶贫开发上，放在提高扶贫对象生活水平上，保证在全面建成小康社会的这条康庄大道上，一个都不掉队。这就必须提升贫困地区各级特别是县级扶贫开发领导小组综合协调能力，充分发挥扶贫开发领导小组整合各方面资源的能力。要聚焦贫困地区特别是集中连片贫困地区如西藏自治区、四川省藏区、新疆维吾尔自治区南疆四地州、四川凉山州、云南怒江州、甘肃临夏州，省市两级要为扶贫工作把好关，将扶贫工作做到实处，杜绝"假大空"喊口号，全面排查，保证工作重心精准。

3. 识别精准

精准识别是精准扶贫工作开展的基础，也是重中之重。我们所见到的贫困，有"绝对贫困"和"相对贫困"。"绝对贫困"固然是好识别的，但是相对贫困、边缘贫困的识别却没有那么简单。在当前的情况下，贫困村大致包括四种人群：一是具有发展潜力的贫困群体；二是缺少发展能力的特殊贫困群体；三是收入略高于贫困线或刚刚脱贫的边缘群体；四是非贫困群体。对贫困人口进行精准识别的过程可以理解为识别贫困村村情的过程，因为贫困（线）标准的设定得要依据贫困村庄总体发展水平，众所周知这个数字一般不会很高。所以，精准识别考虑的不应仅仅是贫困线，要根据实际情况，综合考虑。从精准扶贫角度看，目前开发式扶贫的主要对象是第一类群体；对于第二类群体，要重点做好扶贫与社会救助政策的衔接工作，发挥低保等社会救助制度的托底作用；第三群体实际上也属于脆弱人群，在风险和灾害面前容易返贫，因此要协调好信贷、保险等方面的政策支持；对于第四类群体，要充分利用乡村振兴战略发展机遇和国民经济中高速发展的条件，激发他们发挥能人的带动效应，既为村庄减贫创造有利的宏观环境，巩固和扩大扶贫工作成效，也使自身走上快速发展的良性循环轨道。

4. 帮扶精准

精准帮扶是精准扶贫工作的核心重点。在具体开展的过程中，要实事求是，因地制宜，考虑贫困户家庭结构，贫困人口在产业发展中独有的优势，培养产业发展带头人，以"户"为项目单元，开展一对一的帮扶活动，手把手致富。要梳理贫困户每家每户的实际问题，逐个对账解决。探索产业扶贫、易地扶贫搬迁、教育扶贫、健康扶贫、生态扶贫等现有的帮扶政策在实际扶贫中的应用，提出精准施策、对症下药、靶向治疗的一些关键举措。注重就业和产业脱贫，强调扶贫与扶智相结合，加强开发式扶贫与保障性扶贫统筹衔接，增强贫困人口内生动力和发展能力，从而实现稳定扶贫，提高脱贫质量。

5. 管理精准

因村派人，管理精准，做好贫困地区、贫困村的组织建设和帮助扶持工作，是精准扶贫的又一重点。扶贫工作精准到个人，基层的治理体系必须要有很高的完成度。以目前扶贫政策和脱贫实践来看，有很多到户到人扶贫项目的关键实施主体都是乡、村两级，也就是说，乡、村两级要承担两个方面的主要职责，一方面工作是要准确识别贫困户，另一方面工作是要准确利用扶贫资金发展因地制宜的扶贫产业，要了解扶贫资金的使用去向。由于贫困村相对复杂的人际关系及人文环境对底层工作的人员包括乡、村两级的综合素质都有着非常严苛的要求，这就要求下级干部提高工作积极性，提升自己的处事能力。

（三）精准扶贫思想的发展要求

为确保到2020年农村贫困人口实现稳定脱贫、全面建成小康社会，2015年12月7日颁发的《中共中央国院关于打赢脱贫攻坚战的决定》（以下简称《决定》），明确了打赢脱贫攻坚战应持的政治态度总体要求和六个方面的具体规定。这个决定，是党中央、国务院关于打赢脱贫攻坚战的基本主张，是对全国贫脱贫工作的基本规范，是我们决战2020的宏观蓝图，在具体的脱贫攻坚战实施中，要认真负责地将三个方面的关系调节好：一是要处理好扶贫开发与生态的保护的关系。生态环境是人类赖以生存的基础，不能因扶贫形势的紧迫而中断或削弱生态保护，不能因贫困是全面建成小康社会的最大短板而忽视生态保护的天然基础作用。扶贫开发不是一味地发展经济，不是以牺牲生态环境为代价的不可持续性的发展。正确处理扶贫开发和生态保护的关系，应坚持把扶贫开发与生态保护摆在同等重要的位置，切忌片面追求扰乱生态平衡破坏自然环境的纯经济发展，让子孙后代承受我们犯下的罪过。扶贫开发工作应坚持绿色发展，坚持可持续发展，在发展经济摆脱贫困的同时，兼顾生态环境保护，促进经济和生态环境和谐发展。只有坚持扶贫开发与生态保护并重、协调发展才能实现经济和社会的可持续发展，才能保证脱贫成效的持续性，降低"生态致贫"的比例。二是政府主导和群众主体的关系。政府是多种资源的持有者，在脱贫攻坚战中扮演指导的角色。应充分发挥组织和资源优势，调动市场和社会各方力量，带领群众脱贫致富。贫困地区群众作为扶贫对象，是扶贫开发成果的获益者，不能只坐享扶贫成效，等着天上掉馅饼，一味等待政府的救助和社会帮扶，要懂得自食其力，勤劳致富。仅靠"输血"脱贫，治标不治本，最终将导致脱贫后继续返贫的现象，导致贫困地区群众"越扶越贫"。真正意义的稳定性脱贫应彻底斩断穷根，激发贫困地区群众的主人翁意识，发挥贫困人口的主观能动性。打赢脱贫攻坚战，既要坚持政府主导，聚拢各方资源，增强社会合力，又要坚持群众主体，激发内生动力。这样，扶贫开发才会标本兼治，贫困状况才会逐步好转，全面小康社会才能稳步、坚实地实现。三是精准扶贫与集中连片贫困地区开发的关系。精准扶贫，是中国扶贫推进到新阶段的新举措，是全面建成小康社会的现实需求。精准扶贫，强调的是精细化、靶向性，对象明确、脱贫精准、效果良好。而集中连片贫困地区开发，则是精准扶贫的区域性攻坚，是扶贫开发工作的重点。大河有水小河满，只有以区域开发带动区域经济发展，才能解决贫困地区脱贫致富面临的共性问题，才能为进一步强化精准扶贫奠定基础。应科学统筹贫困地区开发与一村一户精准扶贫的关系，立足区域实际，统筹规划，分类分步推进，使精准扶贫与区域经济发展有机结合起来，实现脱贫攻坚的全面协调可持续发展。

第二节　新时代中国特色扶贫的重要成就

十八大以来，在党中央的集中统一领导下，统筹规划、科学施策，全国上下协同发力，从救济式、开发式扶贫再到精准扶贫，探索出一条符合我国国情的新时代中国特色扶贫道路，全面打响了脱贫攻坚战。自脱贫攻坚三年计划实施与国家扶贫日的提出，我国扶贫工作无论是在扶贫大局的理论创新及政策制定上还是政策落地的实效性上，都取得了举世瞩目的成就，具体表现在扶贫工作实际效果突出，人民群众认可，中国的扶贫实现了历史性的飞跃。2021 年 2 月 25 日，习近平在全国脱贫攻坚总结表彰大会上庄严宣告：我国脱贫攻坚战取得了全面胜利。经过全党全国各族人民共同努力，现行标准下 9899 万农村贫困人口全部脱贫，832 个贫困县全部摘帽，12.8 万个贫困村全部出列，区域性整体贫困得到解决，完成了消除绝对贫困的艰巨任务。

一、新时代中国特色扶贫的理论政策成就

理论是实践的先行者。自全面打响脱贫攻坚战，以习近平同志为核心的党中央，在扶贫开发工作中始终坚持"以人民为中心"的基本原则，以解决

人民群众的所急、所需、所盼为根本立足点，习近平"精准扶贫"理论逐步形成，并且在扶贫工作的具体实践中不断丰富和完善，以精准、科学、高效地服务于脱贫攻坚战的大局。

（一）习近平扶贫理论的萌芽与地方实践

习近平"精准扶贫"理论的形成与他青年时期的下乡插队生活经历有着密切关系，青年习近平来到梁家河村插队，在这段时间里，他尝遍了贫困之疾苦，与当地百姓同吃同住同劳作，建立了深厚的"革命友谊"。正是这段在梁家河插队的经历使得习近平对贫困问题有独到的见解，是习近平"精准扶贫"理论提出的萌芽阶段。在地方工作时期，他不断提出与当地适应的地方扶贫理论。习近平在河北省正定县就职期间，实地考察了200多个村子，深入农户家里了解实际情况，在经济上，改革农村经济发展模式，实施家庭联产承包责任制；推进产业发展结构改革，使得农业、教育业、旅游业等多种产业协调发展。随着正定县经济迅速发展，其"高产穷县"的标签得以甩掉。习近平在福建省任职期间，随着他的扶贫工作不断实践与经验积累，提出"摆脱贫困"这样伟大的愿景，并著有《摆脱贫困》一书，记录了这一时期他对贫困问题的深度思考。习近平提出的"闽宁模式"的扶贫工作，成为践行邓小平"两个大局"的典范。在省内开展造福工程、山海协作、设立贫困村驻村第一书记等，探索出了符合地区脱贫的高效途径。这是习近平"精准扶贫"理论提出的实践阶段，并在之后的扶贫工作中不断丰富与发展。习近平在浙江省任职期间，扶贫工作稳步推进，不断激发贫困群体的内生动力，摒弃"不劳而获"的思想；基于中华民族的传统美德，提出"对口帮扶"这一重要举措，积极推动欠发达地区的各方面发展，把帮扶贫困群众放在更加重要的位置，把其列入扶贫实践中；依据经济与生态的相互关系提出"绿水青山就是金山银山"的绿色新扶贫理念。这是习近平扶贫理论地方实践阶段，为新时代"精准扶贫"理论的形成奠定了基础。

（二）习近平"精准扶贫"理论的提出与发展

习近平担任中国共产党中央委员会总书记以来，按照时间轴梳理新时代以来的理论政策成就，2013 年 11 月习近平考察湖南湘西十八洞村提出"精准扶贫"理论；2014 年，国务院将 10 月 17 日设置为国家"扶贫日"，目的是动员社会各方力量参与到扶贫开发中来；2015 年 6 月在贵州时，习近平提出了扶贫开发工作"六个精准"的基本要求，"即扶持对象精准、项目安排精准、资金使用精准、措施到户精准、因村派人精准、脱贫成效精准"①，为精准扶贫指明了方向；2015 年 10 月 16 日在减贫与发展高层论坛上，习近平首次提出"五个一批"的脱贫措施，为打通脱贫"最后一公里"开出破题药方。提出建立大扶贫格局的扶贫理论，同时对扶贫工作实施严格的考核②；2016 年，习近平提出扶贫工作要从严考核，强化东西部扶贫协作和对口支援等重要指示；2017 年 10 月，习近平在十九大报告提出："让贫困人口和贫困地区同全国一道进入全面小康社会是我们党的庄严承诺……确保到 2020 年我国现行标准下农村贫困人口实现脱贫，贫困县全部摘帽，解决区域性整体贫困，做到脱真贫、真脱贫"③；2018 年 2 月，中央农村工作领导小组办公室提出《国家乡村振兴战略规划（2018—2022 年)》，表明了脱贫攻坚是实现乡村振兴的必要前提；2019 年，习近平提出重点解决"两不愁三保障"突出问题，"巩固脱贫成果，防止松劲懈怠，不获全胜、决不收兵"等重要指示；2020 年 2 月，《中共中央国务院关于抓好"三农"领域重点工作确保如期实现全面小康的意见》的发布，要求彻底找出当前扶贫问题，确保如期完成脱贫工作；2012 年到 2020 年一系列扶贫理论政策的提出为全面建成小康社会打下坚实的理论与政策基础。

二、新时代中国特色扶贫的实践成就

随着扶贫政策的不断提出与落实，脱贫攻坚在医疗、卫生、教育、基础

---

① 中共中央文献研究室.习近平关于全面建成小康社会色会论述摘编 [M]. 北京：中央文献出版社，2016：156.

② 习近平.携手消除贫困促进共同发展 [N].人民日报，2015-10-17（002）.

③ 习近平.决胜全面建成小康社会 夺取新时代中国特色社会主义伟大胜利 [M]. 北京：人民出版社，2017：47-48.

设施等各方面都取得了显著的成果，贫困人口与贫困村数量大幅减少，农村基础设施基本取得完善，医疗资源与医疗保险覆盖率高，因病致贫人口得到有效阻断，教育扶贫成果显著。新时代以来，这些实践成就离不开中国共产党的领导与全体人民群众的共同努力。

（一）绝对贫困历史性消除

2018 年年底，东中西三个地区，其中东部地区已率先完成脱贫。2019年扶贫工作继续保持正确的发展方向与良好的发展态势，"贫困人口减少了1000 万以上，大约 340 个贫困县脱贫摘帽"①，与 2012 年农村贫困人口数量相比，"贫困人口从 9899 万人减少 551 万人，累计减贫人口达 9000 多万"②，贫困村的数量由 2014 年国务院扶贫办发布的全国 832 个贫困村减少至 2019 年的 396 个③。按照每人每年生活水平 2300 元（2010 年不变价）的现行农村贫困标准计算，551 万农村贫困人口全部实现脱贫。党的十八大以来，9899 万农村贫困人口全部实现脱贫，贫困县全部摘帽，绝对贫困历史性消除④。

（二）农村基础设施不断完善

国家贫困县中，通硬化路的行政村比重为 99.6%，其中具备条件的行政村全部通硬化路；通动力电的行政村比重为 99.3%，其中大电网覆盖范围内行政村全部通动力电；通信信号覆盖的行政村比重为 99.9%；通宽带互联网的行政村比重为 99.6%；广播电视信号覆盖的行政村比重为 99.9%；有村级综合服务设施的行政村比重为 99.0%；有电子商务配送站点的行政村比重为62.7%；全部实现集中供水的行政村比重为 65.5%，部分实现集中供水的行政村比重为 31.9%；全部实现垃圾集中处理或清运的行政村比重为 89.9%，部

---

① 2019 全国扶贫开发工作成绩单亮相 [N]. 经济晚报，2019-12-23（006）.

② 张翼 .2019 年全国农村贫困人口减少 1109 万人 [N]. 光明日报，2020-01-24（003）.

③ 杨俊峰 . 中国脱贫攻坚取得决定性进展 [N]. 人民日报海外版，2019-09-11（002）.

④ 中华人民共和国 2020 年国民经济和社会发展统计公报，[EB/OL].（2021-03-01）. http://www.stats.gov.cn/ztjc/zthd/lhfw/2021/lh_hgjj/202103/t20210301_1814216.html.

分实现垃圾集中处理或清运的行政村比重为 9.0%[①]。

（三）健康扶贫措施逐步增多

民间流传着这样的顺口溜："住上一次院，一年活白干。"这句话反映了健康问题对于一个家庭的经济情况有着很大的影响，也凸显了医疗保险制度与定点专业医院救治的重要性。随着扶贫政策的不断深入，国家卫健委同有关部门贯彻落实健康扶贫基本方略。2015—2019 年，5 年的时间内，由于因病致贫返贫的贫困人口减少了"2750 万人"[②]。全国范围内因病致贫返贫以大病、慢性病占比较高，许多区域大病专项从 25 种提升到 30 种。据央广网报道，截至 2019 年 6 月底，"全国 1107 家三级医院实施'一对一'对口帮扶，832 个贫困县的县级医院 1172 家，近九成多的贫困患者得到妥善治疗，而且不用出县域就能得到救治，贫困患者自付比例平均在 10% 左右"，为贫困户提供了就医方便的同时又减轻了他们的经济负担，"大病和慢病患者得到基本救治和健康管理服务的全国贫困人口有 1435 万"。健康扶贫让贫困户看得起病、用得起药，基本实现了从小病看不起到大病有保障的质的飞跃。国家贫困县建档立卡贫困人口所在辖区县、乡、村三级医疗卫生服务体系健全。在县级，至少有一所县级公立医院（含中医院）的县比重为 99.8%，其他县符合基本医疗有保障标准。至少有一所二级及以上医院的县比重为 98.0%，其他县符合基本医疗有保障标准。设有县级医院的，至少一所县级医院每个专业科室有执业医师的县比重为 99.8%。各县普遍实行建档立卡贫困人口县域内住院先诊疗后付费、县域内"一站式"结算，开展大病专项救治工作。在乡村级，所在乡镇有卫生院的行政村比重为 99.8%，符合基本医疗有保障标准可不设置的行政村比重为 0.2%。所在乡镇卫生院服务能力达标的行政村比重为 98.9%，符合基本医疗有保障标准不作要求的行政村比重为 1.1%。行政村所在乡镇有执业（助理）医师。有卫生室或联合设置卫生室的行政村比

---

① 国家脱贫攻坚普查公报（第四号）——国家贫困县基础设施和基本公共服务情况 [EB/OL].（2021-02-24）. http://www.stats.gov.cn/tjsj/zxfb/202102/t20210224_1814046.html.
② 2019 年"民生清单"落实如何中央部委纷纷提交"成绩单"[N]. 贵州日报，2019-12-30（003）.

重为96.3%，符合基本医疗有保障标准可不设置的行政村比重为3.7%。卫生室服务能力达标的行政村比重为95.3%，符合基本医疗有保障标准不作要求的行政村比重为4.7%。行政村有乡村医生或执业（助理）医师[1]。建档立卡以来，有家庭成员享受过健康帮扶政策的建档立卡户为1476.6万户，占全部建档立卡户的99.6%。其中，享受医保扶贫参保缴费补贴1456.4万户，县域内住院"一站式"结算服务938.1万户，高血压、糖尿病、肺结核、严重精神障碍等四类慢性病家庭医生签约服务513.8万户[2]。

（四）教育扶贫成果显著

教育扶贫是减少贫困代际的根本之策。让贫困家庭子女都能享有义务教育，并不断提升高等教育的就学率，是夯实脱贫攻坚根基之所在。教育部为进一步明确工作任务和工作重点，出台了《关于打赢脱贫攻坚战进一步做好农村义务教育有关工作的通知》；为完善建档立卡贫困家庭适龄子女义务教育有保障的相关支持政策，出台了《关于解决建档立卡贫困家庭适龄子女义务教育有保障突出问题的工作方案》；为督促加快工作进度，制定印发了《2019年秋季学期建档立卡贫困学生控辍保学任务书》。同时，确定了374个控辍保学重点监测县，一县一案制定控辍保学工作方案。根据中国教育报，截止到2019年11月底，国家级贫困县辍学人数减少了"26万多人次，还剩2.3万人次未完成"，其中建档立卡家庭贫困学生人数减少了"14万多人次，还剩0.6万人次未完成"。职业教育方面，东西协作行动计划实施3年来，打通了纵向教育，按照省份不同，"签署落实协议104份，参与的学校高达800多所"。加大贫困地区的学生招生力度，"中职招收贫困户家庭的学生约31.48万人，高等职业院校在五年时间内招收贫困家庭学生等7类资助对象234.79万人"。新时代中国家贫困县中，义务教育方面，有小学的乡镇比重为98.5%，有小学（教学点）的行政村比重为47.7%；所有的县均有初中，有初中的乡镇比

---

[1] 国家脱贫攻坚普查公报（第四号）——国家贫困县基础设施和基本公共服务情况 [EB/OL].（2021-02-24）. http://www.stats.gov.cn/tjsj/zxfb/202102/t20210224_1814046.html.

[2] 国家脱贫攻坚普查公报（第三号）——国家贫困县建档立卡户享受帮扶政策情况 [EB/OL].（2021-02-24）. http://www.stats.gov.cn/tjsj/zxfb/202102/t20210224_1814047.html.

重为 70.3%；有寄宿制学校的乡镇比重为 94.1%。非义务教育方面，有幼儿园的行政村比重为 46.2%；有中等职业教育学校的县比重为 82.4%；有技工院校（包括技工学校、高级技工学校、技师学院等）的县比重为 18.7%；有职业技能培训机构的县比重为 84.5%。国家贫困县中，有公共图书馆的县比重为 98.1%，有综合文化站的乡镇比重为 99.4%，有图书室或文化站的行政村比重为 98.9%。建档立卡以来，有家庭成员享受过学生资助政策的建档立卡户 807.1 万户。其中，学前教育幼儿资助 273.6 万户，义务教育阶段家庭经济困难学生生活补助、营养膳食补助 621.2 万户，普通高中免学杂费 191.1 万户，中等职业学校免学费 103.9 万户，国家助学金 275.0 万户，国家助学贷款 85.8 万户，雨露计划 160.7 万户[①]。义务教育阶段建档立卡贫困家庭辍学学生实现动态清零[②]，贫困学生实现应助尽助，贫困地区各级各类学校发生了格局性变化，为阻断贫困代际传递奠定了坚实基础。

---

① 国家脱贫攻坚普查公报（第三号）——国家贫困县建档立卡户享受帮扶政策情况 [EB/OL].（2021-02-24）. http://www.stats.gov.cn/tjsj/zxfb/202102/t20210224_1814047.html.
② 习近平：在全国脱贫攻坚总结表彰大会上的讲话 [EB/OL].（2021-02-24）.https：// baijiahao.baidu.com/s?id=1692670742063214981 and wfr=spider and for=pc.

第八章 "后扶贫时代"中国特色扶贫的
困境与重构

第一节 中国特色扶贫的困境及原因分析

一、中国特色扶贫的困境

2013 年，习近平总书记提出"精准扶贫"，全国自上而下各方力量的动员与实践，使得精准扶贫以及精准脱贫已经成为一项社会再次塑造的工程。当前我们可以看到扶贫工作取得的优异成就，但取得成就的同时也要深刻认识到脱贫攻坚面临的困境与挑战。依照扶贫过程的实践逻辑来分析困境，从精准识别贫困户到帮扶贫困户所产生的困境，将贫困劳动力就业的普遍问题与贫困女性、贫困单亲家庭的特殊问题结合起来分析扶贫困境。

（一）精准扶贫的方法论困境

识别方法与识别标准相互作用，缺一不可，严格按照政策实施，将贫困户精准识别出来。精准识别中的识别程序方法是在扶贫实践中摸索出来的，各个地区根据地区特点主要有："甘肃省'九八七一识别法'、宁夏回族自治区'十看法'、云南省'七评法'、四川省'十步法'"[1]，以及"四看四算法""六看法""一算二看三会四评"等[2]，这些地区的识别程序方法在名称命名上虽各不相同，但在具体操作时的实质上都是相同的，都是以"两不愁三

---

[1] 国家卫生健康委. 全国 1435 万贫困大病和慢病患者得到基本救治 [EB/OL].（2019-07-09）. http://china.cnr.cn/NewsFeeds/20190709/t20190709_524685701.shtml.
[2] 焦以璇. 教育脱贫的最后冲刺 [N]. 中国教育报，2019-12-27（001）.

保障"为最终目标。作为识别贫困户的第一个环节，精准识别被认为是最关键的步骤，第一个环节出现不精准，将不利于后续的扶贫工作开展，甚至与扶贫目标背道而驰。贫困是一个动态的概念，其衡量指标更是多方面的，这就要求识别者一定要把多要素、动态性纳入贫困识别的范围，也是精准识别中最难把握的。精准识别在实践中的主要困境存在于以下两个方面：一方面，精准识别过程中操作盲目与简单。村民的盲目性主要表现在，村民在贫困户的申请上存在对政策了解不透彻，对于如何申请存在盲目性，未识别出的农村贫困户处于被动的状态，这个群体主要呈现的是普遍文化水平不高，对于自己拥有什么权利认识不足，更不要论如何使用权利。上级相关部门对于农村贫困村民识别过程的复杂性，他们是不能理解的。贫困村民普遍观念滞后，长期存在过度依赖心理，很易受外界因素的牵制，所以处于盲目且被动位置。扶贫工作者在执行政策时同样存在盲目性与简单化问题，具体表现在追求精准度上存在盲目性，精准识别成了精准填写表格。贫困识别标准在执行上难度较大，收入作为农村贫困户认定的标准，而村民收入项目繁杂并且具有不确定性，使识别标准在执行时不容易做到精准。填表费时费力，细微的偏差都得重新填写，不仅浪费纸张资源，而且各方面成本都很高。识别过程与管理简单化，兜底政策与帮扶对象同等看待。精准识别执行过程中的人员对于识别标准存在认知偏差，识别的核心是识别后将要采取扶贫政策的对象，不应该将政策兜底对象与扶贫对象混为一谈或使二者相交重复共存，识别标准应该摒弃固化。另一方面，精准识别过程中存在形式主义。扶贫工作要做到真扶贫，不能做面子工程。精准识别的核心就是要识别出真正有困难的村民，并依据他们的现实诉求去提供精准的帮助，然而在开展识别工作过程中存在一些形式主义的问题：扶贫工作人员入户调查的信息不清晰，民主评议存在形式主义，公布结果存在无人关注，建档立卡时的数据真实性有待考证的现象。一刀切的操作，在贫困边缘界限的村民容易被漏选。根据政策实际划分群体的识别技术在运用时很容易采取"一刀切"的操作，最终使得处于贫困边缘界限的贫困村民被漏选在识别圈外，造成漏评有实际需求的贫困户，也使得有些不需要帮扶的村民钻了空子。精英俘获现象，"在熟人社会中，人情不是自然而然的情感，而是个体与个体之间的关系，费孝通的'差序格局'

最为经典"①。熟人社会也存在于农村扶贫工作之中，基层扶贫工作人员利用个人私权将贫困指标名额分配给自己的家族或者朋友等。

（二）扶贫中的就业能力与就业机会困境

就业不仅是民生的重要问题，也是增加贫困人口收入的重要方式之一。习近平提出"一人就业，全家脱贫"②。这一论述诠释就业是有效增加贫困家庭收入的方法之一。为了贫困家庭可以不断增收，国家采取多渠道多方式促进转移就业，引导家中的劳动力到省内外就业，鼓励并支持发展绿色生态劳动密集型产业，扶持有能力的企业建设就业扶贫车间等多种就业形式，这些形式都是增加贫困户家庭成员就业的渠道。但是扶贫工作中的劳动能力、知识能力的有限性，这种可行能力不足导致他们就业效果不佳。

1. 劳动能力与就业机会困境

阿玛蒂亚·森认为贫困者创造收入时的能力与机会缺失，可以解读为可行能力存在不足。在就业创造收入时劳动能力就显得尤为重要，而贫困人口可能生存与发展能力有所欠缺，导致他们的收入水平较低，其中有的个体劳动能力因为先天因素造成不足，有的个体劳动能力不足因为后天因素造成，造成劳动能力不足直接的原因就是个人的健康问题。健康体现着个人的可行能力，也是人力资本最基础的一部分，与就业收入有直接的关系。健康的身体是良好生活与就业工作的前提，直接影响着贫困个体的生活质量。每个贫困个体在身体健康上表现出不同，先天与后天的生活环境使劳动能力存在差异。先天劳动能力不足，例如贫困残疾人群体，由于自身身体健康问题与自理能力问题，在找工作也会受到限制。后天劳动能力不足，"一个农村家庭中劳动力数量越多，收入也就相对越广泛，贫困发生率也就越低"③。这

---

① 陈柏峰. 熟人社会：村庄秩序机制的理想型探究 [J]. 社会，2011，31（01）：223-241.

② 中共中央文献研究室. 习近平扶贫论述摘编 [M]. 北京：中央文献出版社，2018：104.

③ 杨桂林. 基于地理加权回归模型的贵州省致贫因素研究 [D]. 贵阳：贵州大学，2018.

里的劳动力可以理解为具有劳动能力强且数量多，可以将劳动能力分为劳动能力较弱与较强。"2014 年中央对贫困户进行了摸底调查，全国因病致贫的有 42%"①，至今因病致贫在贫困中是一个居高不下的因素，因病致贫是劳动力能力直接变弱的一个重要因素；劳动能力较弱的原因还有村民老龄化越来越严重，家庭成员患有疾病或者存在残疾的比例相对较高。一方面是家庭分户问题，农村有结婚后分家的传统习惯，一旦子女到了结婚年龄，婚后就会采取分家的形式，将户口分开，父母就单独成户。随着老年人年龄不断增长，劳动能力减弱，导致生活难以维持。单独生存的孤寡老人，年龄较大就使得他们几乎没有劳动能力。另一方面，一些地区老年人与家中某一子女共同生活，在整个家庭中劳动能力有限，一旦成员发生疾病，整个家庭又会陷入劳动能力不足、发展能力受限的"贫困陷阱"当中。此外，有一部分具有劳动能力的人口，他们在就业后，从事的劳动活动相对繁重，健康意识不强、医疗条件有限使得大量贫困家庭成员患有慢性疾病甚至致残，外加中国的地理环境多变，贫困地区的区域病也是劳动能力变弱的另一个重要原因，这些健康问题限制了贫困户的就业发展。除了劳动力数量不足，同时贫困地区还面临着劳动力质量较低的困境。"2019 年贫困家庭劳动力外出为 2730 万人左右，外出务工收入是家庭最主要来源之一，占到贫困地区农民总收入的六成左右"，贫困劳动力选择外出就业的越来越多②。健康与就业其实是一种循环的关系，譬如良好的身体健康与较好的体力是贫困劳动力获得就业机会的基础保障，能获得稳定的经济收入；外出务工的贫困人员在工作种类上大多数从事着危险系数高与健康保障弱的工作，贫困劳动力在获取收入的同时又在消耗着自身的健康，身体健康状况的变化改变着劳动能力，劳动能力下降使得工作效率逐步降低，进而导致收入降低，甚至致使贫困劳动力失去工作。

2. 知识能力与就业机会困境

"人力资本指的是劳动个体自身具有的知识、技术能力，及二者共同表现出来的能力。生产增长依靠的最主要因素就是这种能力，这种能力是一种

---

① 精准扶贫攻坚克难践行庄严承诺 [N]. 遵义日报，2017-05-19（004）.
② 郑重的承诺必须如期实现 [N]. 北京日报，2020-03-08（002）.

具有一定的经济价值的资本。"①从贫困个人角度出发,人力资本是贫困个体通过后天习得的知识与技能,并利用这种能力获取一定的经济收入。本书将贫困个体的知识能力分为受教育程度与职业技能,从而分析贫困劳动力的知识能力、职业技能与就业机会所产生的困境。就业困难导致收入水平低是贫困劳动力之所以贫困的直接原因,其与受教育水平低相伴而生。舒尔茨认为,经济能够快速增长,其主要的因素不是劳力资源、土地资源、资本存量的不断增加,而是个体的知识水平与技能水平的不断提升。人力工资水平之所以能够大幅提升,最主要的功劳应该归功于对人力的不断投资。他还认为,进行教育投资可以提升人的知识水平与技能水平,使劳动者的生产效率不断得到提升,进而使他们的收入水平提升。教育还可以让人们处在不均衡的状态下具有应对的能力,即再次合理地将自身具有的各种资源重新分配,将这种分配能力转化为新的分配效益,不但可以促进个人经济的增长,还可以促进社会经济的增长,进而增加个人与社会的经济收入。世界银行提出的劳动力受教育与国民生成总值呈正比关系,同时也印证了舒尔茨对于教育投资的认识。根据各省市的扶贫官网的信息数据可以大致得出,贫困劳动力的年龄分布为16周岁至60周岁,贫困劳动力的受教育水平主要是初中及以下学历,总的占比大概是八成到九成,其中小学学历占比高于中学学历占比,高中及以上的学历占比大概是一成至两成。可以得出贫困劳动力受教育水平程度普遍偏低,教育水平偏低可以直接影响他们的职业技能,贫困劳动者的职业技能又直接影响在就业中的机会获得。本书认为职业规划与社会关系网也可以看作知识能力的延伸。首先,职业规划缺失具体表现在贫困劳动力不仅受教育水平低,而且他们还缺乏对大环境下的信息获取能力。对于国家发布的时事新闻漠不关心,也不了解社会的具体发展变化,不能与时代接轨,不知晓时代所需要的劳动力,存在自我相对封闭、思维观念落后的问题,导致他们难以应对飞速变化的时代,在一定程度上限制了他们的职业发展,在就业市场竞争中没有绝对竞争优势甚至可能会被社会淘汰。一方面由于对就业市场环境不了解,对行业的行情也是一知半解,更遑论各个行业对劳动力所需技

---

① 关雪霞.对目前我国农民工贫困问题的思考[D].北京:首都师范大学,2007.

能的要求。另一方面，对自己认知不清，不了解自身的特长所在。他们缺少职业规划，就业方向不明晰，外出务工盲目性高，容易在职业选择时作出非正确的选择。其次，在社会关系网络方面，学者们认为其对于劳动力就业有着重要影响，对于他们个人而言，可通过个人社会资本获得相关就业信息，并帮助他们找到更适合他们的理想工作。"中国社会文化大背景下，社会网络不再是信息桥，而是人情网。人际关系越密切，得到照顾的可能性越大，获得工作的机会也越大。"[1] 但是贫困劳动力的社会关系网络大多是和他们自身情况发展相当的人，所以他们的社会关系网络较弱，就业机会的分享也是相对较弱的。

（三）扶贫中的身份困境

身份困境主要是性别困境与角色困境，扶贫客体是贫困女性与贫困单亲家庭，但是由于这两个群体与一般贫困群体相比较存在一定的特殊性，本来就隶属于贫困群体，在扶贫中还存在其他方面的困境，这两个特殊的贫困群体是扶贫进程中难啃的"硬骨头"之一。

1. 性别困境

农村地区或是深度贫困地区的女性在致贫风险上是高于男性的，但"性别意识在精准扶贫实践中是考虑较少的，女性现实中的发展需求没有得到关注"[2]。当前农村扶贫过程中对于家庭内部性别的政策考虑是不足的，这使得思考社会性别与贫困之间的关系就尤为重要。恩格斯提出："一切人，或至少是一个国家的一切公民，或一个社会的一切成员，都应当有平等的政治地位和社会地位。"[3] "社会性别是指生理基础上的性别差异，也是社会和文化对于男性女性角色的期待、规范和要求。这些要求和规范通过社会场域与机制演化在实现各种角色时所能够拥有的资源与机会、实现的权利，最终形成两性

---

[1] Bian Yanjie. Bringing Strong Ties Back in：Indirect Tie，Network Bridges，and Job Searches in China[J].American Sociological Review，1997，62（3）：366-385.

[2] 李卓，金菁，左停. 精准扶贫的现实困境与优化路径——基于豫西 L 县的实地调查 [J]. 长白学刊，2019（6）：111-117.

[3] 马克思恩格斯选集（第 3 卷）[M]. 北京人民出版社，2012：480.

之间的社会关系和社会地位。"① 正是因为这种性别结构的原因，造成两性在文化资源、权利分配、社会机会等方面形成不平等或者差异，导致贫困女性存在不平等问题。从家庭、村落、社会这三个基本领域去分析贫困女性当前的扶贫困境。女性在家庭中扮演着多重身份，包括父母的女儿、孩子的母亲、先生的妻子等身份，在村落里其身份是一名村民，在社会中其身份是一名社会成员，在每个不同的环境下所扮演的角色拥有资源的差异性造成贫困女性的不平等问题。让农村贫困女性这个弱势群体被关注起来，与男性在政治、社会中拥有平等的权利至关重要。

首先，家庭方面。经济上受到传统经济性别化分工的影响，主要是男主外女主内的家庭分工观念，具体表现在女性承担基本家务劳动、子女教育、老人日常照管的生活事物，由于男性自身劳动能力强的优势，男性承担家中经济作物劳动生产及外出务工赚钱养家的责任，家庭收入来源自然而然也就是男性占主导地位。另外，女性自身的依附也助长了贫困女性的不平等问题，他们自认为男性做得多、赚取收入多，更为辛苦，由他们掌握绝对的经济权是合理的。重大事项决策权上男性支配地位高，贫困女性鲜有决策权。

其次，村落管理服务方面。村落交往上，村落里重大活动、婚丧嫁娶等，也是由男性出席，女性一般不能作为家庭代表，处于可去可不去的状态，这就是贫困女性在农村不能作为一家之主的重要表现。帮扶措施在性别考虑上也存在欠缺，组织培训，较多是由家中的男性参加，因此女性接受新思想、新技术的教育机会非常少。自身文化水平低，缺少职业培训机会，没有相应的技能就难以通过家庭增收来提升家庭地位。

最后，市场环境方面。依托于劳动市场来探讨贫困女性的问题，由于她们自身缺乏劳动技能，多从事一些以体力劳动为主或者是不需要工作技能可替代性高的工作，男性的性别优势就显现出来，导致男性与女性在工作机会、工资获取上存在不平等的现象。而未婚贫困女性受到的歧视会更多一些，在填写简历时会遇到"婚否"选项，这也是用人单位考虑到女性承担生育责任的特殊性，使得用人单位在雇佣劳动力时必须要考虑到因孕育期较长而造成

---

① 朱晓阳. 边缘与贫困群体研究反思 [M]. 北京：社会科学文献出版社，2012：173-174.

的人工成本增加的问题，让本来就是贫困的女性在找工作时更是困难重重，加剧了贫困女性的贫困问题。

2. 角色困境

"角色"的概念最早由美国心理学家乔治·赫伯特·米德提出，他致力于个体与个体的双向互动，在互动过程中扮演着具体角色的研究。由于个体的生活发生变故，个体在扮演角色的过程中会发生角色中断或者角色缺失。目前贫困单亲家庭在扶贫过程中的角色问题更为复杂。贫困单亲家庭在亲子关系、情感问题、心理与成长影响等方面的困境在扶贫过程中受到的关注较少，是不利于他们脱贫的，这些不和谐因素会对贫困单亲家庭生活、学习与工作产生负面影响，直接影响他们家庭的收入状况，严重也可能会导致精神健康、贫困代际等问题。

一方面，亲子关系矛盾。学者角度，费孝通认为："亲子关系指的是抚养与被抚养二者之间确立的一种关系，是以婚姻形式建立的。"法律角度，亲子关系是监护人与被监护人间的权利与义务共同作用的关系，是人从出生后就具有的一种基本的家庭关系，这种关系也是人类最先接触的，也是在人的生命周期里面维持最久的人际关系，其关系发展的好坏直接影响亲子双方共同的发展结果。在贫困家庭结构出现突然转变下，生活模式由原来的三口之家转变为两个人相依为命，家庭结构的不完整使其精神寄托落在了子女身上，子女成为他们活下去的唯一动力，自己将倾尽全力照顾孩子的衣食起居、教育成才，无论是在关注程度，还是在行为规范上，与正常教育存在一定放大现象，管理中甚至会出现情绪不受控制等，言语不当、指责孩子的言行举止等。将自己婚姻上的不幸福强加于孩子身上，希望自己的子女在未来能非常优秀，证实自己的能力来修复自己人生中的缺失。在孩子成长过程中人格不断建立，如果缺失父爱母爱，与其生活在一起的监护人（或一起生活者）会过分保护或者溺爱孩子，来弥补孩子所缺失的关爱，而这种过度期望与宠爱将成为孩子的巨大精神压力，影响孩子健康人格的建立。还有家长则是无时间管理孩子，任由孩子自由生长，对生活起居与心灵沟通都不过问，最终导致亲子关系矛盾。

另一方面，监护人的情感问题与孩子心理、成长的影响。女性在贫困单亲家庭中承载的困扰比男性要多，以及在与家人亲戚、邻居相处也会出现一些问题，例如，来自各方戴着有色眼镜看待贫困单亲家庭的女性，精神生活匮乏，使得她们心里极其脆弱，能力不足以照顾家人，与邻居相处存在一定的心理障碍。处于贫困单亲家庭的青少年在成长过程中则会容易产生心理上的影响，家庭结构的变故又加之贫困的问题，他们极易产生不自信、心情郁郁寡欢等诸多心理问题。心理上的因素还会使得他们在成长中产生更严重的问题，例如犯罪行为。贫困单亲家庭的孩子在学校中或学校外会结交新的朋友，这些同学朋友既可以给他们带来正面鼓励也可能带给他们一些消极影响，处在这个时期的孩子还不具有正确的分辨能力，很容易误入歧途。贫困单亲家庭由于缺少某一家庭角色使得孩子的成长环境不完整，角色模范在生活中的重要性就显现出来了，例如缺少母亲角色模范，母亲身上拥有的那种细致、温柔的特点在生活环境中被忽视；缺少父亲角色模范，例如父亲那种阳刚之气、担当等特点就在一定程度上影响孩子的成长，缺少哪一方的角色都会使本应该具有的家庭氛围不健全。角色模范在贫困单亲家庭中孩子成长的影响就尤为重要，严重的可能导致贫困代际问题。

二、中国特色扶贫困境的原因分析

根据上文中梳理的扶贫成就以及新时代的扶贫困境可以得出，"精准扶贫"作为新时代扶贫工作的新理论，在脱贫攻坚战中取得了决定性的胜利，但也遇到了困境。通过对新时代中国特色扶贫工作中出现的困境原因进行分析与反思，可以更好地巩固拓展脱贫攻坚成果，为同乡村振兴的有效衔接奠定基础。

（一）方法论困境的原因分析

"从个别到一般再到个别"作为马克思主义认识论的基本原则，也是中国共产党长期革命、建设、改革实践中创造的重要领导方法。精准扶贫的核心要义是"精准"二字，并且继承了这一基本原则，实现了"一般号召"向"个别指导"的方法论转向。精准识别应当严格遵循识别流程，本书认为，可以将识别流程分为两个层面：首先村民自愿递交申请，其次各级扶贫工作小组审核评议，最终选出人民认可的贫困户，将其录入国家扶贫开发业务管理系统。精准识别作为精准扶贫的首要环节，在其实践中主要涉及被识别的村民客体与扶贫工作者执行主体，任何一方的不配合都可能导致精准识别出现偏离。精准识别工作的精准度高，需要双方的共同努力，但是在现实实践中，扶贫工作者执行精准识别政策主观性较高、扶贫工作者政策宣传不到位，进一步引发村民参与积极性低，导致了精准扶贫方法论困境。

一方面，扶贫工作者主观执行精准识别政策。本应秉持精准识别的原则，贯彻落实识别标准，并初步筛选出贫困户名单，在此过程中部分扶贫干部存在主观臆断的现象。首先，在现实执行中，该村民所在地扶贫干部会先入为主地提前告知入户调查小组所要调查的困难户的基本情况，对结果会产生一定的影响。对贫困村民信息的评定存在模糊不清，与评定人员在识别时具有主观性有关，还会存在判定时会因人而异，导致了"一刀切"与"精英俘获"现象。其次，民主评议时，民主评议的参与人员在现实生活中很难做到全员出席会议并作出民主表决，全部村民进行表决投票更是不太现实。这种形式主义的民主评议还有可能让村民之间产生矛盾。不公布或有选择性地公布识别贫困户的最终结果，公告没有按照要求达到公示期限或没有提供质疑者的上访渠道。最后，建档立卡动态监测识别最核心的因素是操作人员在操作上存在人为主观断定。贫困户是需要动态监管的，如果不能及时根据现实调整建档立卡的数据，就会使得数据老化，起不到真正的作用。这些问题产生的原因是扶贫工作者不按照政策执行、主观按照自己的思维行事，在扶贫工作中直接影响了工作效果。

另一方面，扶贫工作者宣传政策不到位致使村民参与积极性较低，进一步引发识别不精准。毛泽东曾提出："我们共产党人无论进行何项工作，有两个方法是必须采用的，一是一般和个别相结合，二是领导和群众相结合。"[①]可以更清晰地诠释精准识别的扶贫工作，如果没有一般的大范围宣传精准识别政策，就不能调动村民的积极性。但是如果仅限于精准识别政策的宣传，

---

① 中共中央文献研究室. 毛泽东选集（第 3 卷）[M]. 北京：人民出版社，2009：897.

而扶贫干部没有按照政策实施工作，不断进行突破获取经验，然后利用这种经验去不断指引扶贫中的精准识别工作，就不能验证这种方法是否正确，也不能充实一般宣传的内容，就会使得一般宣传存在落空的险境。正是因为一般与个别没有结合，导致了精准扶贫的方法论困境。为了将符合国家政策的贫困户收录在识别范围内，首先是到村级再到家庭个户宣传相关政策，保证村民对精准识别政策有足够的了解，然后再发动相关部门动员村民，根据自己的现实情况主动提出申请参与到精准识别工作中。但实践落实时只停留在政策层面，有些地区识别贫困人口没有执行"申请"这个环节。现实中，确实符合贫困户标准的群体不知情，使得他们没有申请渠道，缺乏获取信息的途径甚至造成他们没有被纳入识别群体中。再者，需要被帮扶的村民普遍文化程度较低，因此村民很难对相关精准识别政策有正确的认识，出现贫困"污名化"，认为贫困户就是村干部选出的，因此宣传精准识别政策就显得尤为重要。同时也反映了贫困识别过程透明度较低。扶贫工作者在精准识别过程中没有做到大力宣传政策，也没有做到将村民的分散性与非系统性的意见收集起来，又到村民中去不断宣传与解释，形成村民的意见，调动村民的积极性，付诸行动，也就是参与到精准识别当中来，并且在村民行动中验证这些意见的准确性，如此循环往复，使得精准识别的精准度无限接近于客观事实，最终出现了识别过程中操作盲目与简单，以及扶贫干部存在一定的形式主义的扶贫方法论困境。

（二）就业能力与就业机会困境的原因分析

以缪尔达尔的"累积因果"理论为基础解读在扶贫过程中的就业能力与就业机会的困境。在社会发展过程中，各种要素之间存在联系、影响、因果的关系，可以呈现一种"循环累积"的发展状态，一种要素的变动使得另一要素产生更大的变量。而贫困地区则呈现出一种"低收入累积循环"的发展状态，形成人均收入低与生活质量低，教育、医疗方面滞后，人口素质下降、劳动力素质低、劳动力就业难，生产效率下降引发产出增长停滞甚至下降，人均收入更少这样的循环。贫困劳动力就陷入这种恶性循环中，其中健康资源与教育资源的分配不均衡使得就业能力与就业机会难以实现匹配。

1. 健康资源的个体差异与不均衡分配

疾病的产生主要原因是缺少正确的健康思想意识与良好的生活习惯，需要从习惯养成时培养，树立正确的健康思想观念。贫困地区正是缺少正确的健康思想意识的引导，同时医疗卫生资源分配不均衡使得贫困劳动力能力可能变弱。缺少正确的健康思想意识，表现在封建迷信的思想与行为、健康意识薄弱两个方面。首先，封建迷信的思想与行为。贫困地区的发展与大城市的发展相比是缓慢的，但传统思维模式依旧根深蒂固，一辈人受到一辈人的影响，"老方法"也就是迷信思想，在医疗、经济条件不能支持的情况下，家庭成员生病了采取依靠神灵能够消除疾病，给神灵烧香叩拜，然后将香灰用水服用等迷信行为；或者是找不具有从医资格的乡村土大夫，用"土办法"去治疗，这样可以一定程度上减少经济负担，但这只是在心理上寻求了救治，并没有从根本上解决疾病问题，还存在很大的安全隐患，甚至导致病情更加严重。有些贫困劳动群体仍沿用这种封建迷信行为，在短时间内很难根除他们这种对健康治疗的思想禁锢。这就需要从思想上改变他们的观念，必须让他们相信科学的治疗方案并提高重视程度。其次，健康意识薄弱。身体感觉到不舒服，不能引起足够的重视，小病能忍则忍，久而久之小病没得到重视，再加上生活条件的不足，小病逐渐累积成大病。在许多贫困人口中，所谓的小病很难在意识方面去督促他们就医，定期的身体检查更是很难实现。由于自身贫困，使得他们对自身的健康缺乏定期的管理，为了维持生计，钱要精打细算。缺少正确的健康思想意识使贫困地区劳动力的个体在健康上存在一定问题，进而减弱贫困者的劳动能力。

医疗卫生资源配置不均衡。导致城乡医疗卫生资源不均衡的主要原因是城镇化进程不断加快，城市发展空间更大，大量人才涌入城市并加入城市建设中，形成一种"虹吸效应"，加剧了这种不均衡，城市的医疗卫生资源比农村的医疗资源数量多且医疗资源质量较高。"医疗卫生资源包括物力、人力、财力资源。"[①] 其中物力资源反映为医疗卫生机构提供病床与拥有医疗设备的相对数量，人力资源反映为医疗卫生机构执业医师与注册护士的容量，财力

---

① 郑继承. 我国医疗卫生资源配置的均衡性研究 [J]. 中国卫生资源，2019，22（5）：
362-366.

资源反映为政府对医疗卫生事业的投入与重视程度。在 2019 年中国统计年鉴中，"城乡每千户籍人口床位数分别为 8.7 与 4.56，城乡每千户籍人口执业医师分别为 4.01 与 1.82，城乡每千户籍人口注册护士分别为 5.08 与 1.8"①。从上述的数据可以得出，城乡在医疗卫生资源存在不均衡，每千户籍人口的城市医疗卫生资源是农村医疗卫生资源的两倍甚至还高于两倍，由此可以推算贫困地区与城镇的差距会更大，这也是贫困地区劳动力在健康就医上不及时与医疗资源不足导致劳动能力弱的部分原因之一。"相关医务人员、医疗机构、就医设备是基础保障，这三者在贫困地区不能同时满足，会出现具有设备没有医务人员的尴尬境地，资源闲置浪费，而且无人使用的现象。"② 贫困农村外在环境差，生活水平低与工资水平低也影响到人员配备不足。扶贫地区的人口地理分布距离远，基层医务人员还要肩负健康扶贫工作，工作任务繁重使得医务人员就更少了。而农村贫困地区医疗卫生资源很匮乏，使得贫困农村的劳动力健康问题得不到改善，同时患者就医不及时耽误病情，最终贫困劳动力能力因健康问题受到一定的削弱，从而阻碍脱贫。

2. 教育资源的区域差异与不均衡分配

教育可以阻断贫困代际传递的问题，国家始终将教育事业发展看作民生重大工程之一，义务教育是教育均衡发展的重要基础，没有义务教育的基础，高等教育就不能实施。虽然不断推进教育均衡发展，也取得了相应的成绩，但是我国贫困地区的教育资源与城镇教育资源依旧存在区域差异与分配不均衡的问题，主要原因有以下三个方面。

第一，办学条件差距较大。基本的办学条件存在短板，"2018 年国家督导评估了全国 338 个县（市、区）义务教育，累计 2717 个县为全国县数量的 92.7% 通过评估"③。说明还有 8.3% 的县未通过评估，其中许多贫困地区办学条件仍然薄弱，只能满足基本的教学需求与生活需求，与城镇相比还存在明显差距。2018 年全国中小学硬件设施的配备，"体育、音乐、美术、数

① 中国统计年鉴 2019[EB/OL].http://www.stats.gov.cn/tjsj/ndsj/2019/indexch.htm.
② 吴立红. 重庆市健康扶贫政策实施现状及对策研究 [D]. 重庆：重庆医科大学，2019.
③ 国务院教育督导委员会办公室.2018 年全国义务教育均衡发展督导评估工作报告 [N]. 中国教育报，2019-03-27（003）.

学等相关学科的器械配备的达标学校占比分别为 88.4%、94.23%、93.89%、93.7%、93.72%，中学的相对应的数据为 92.58%、95.91%、94.45%、95.21%、95.21%、95.64%"①，全国中小学还有部分在硬件设施上未达标，这部分比例中农村贫困地区占比较多；除了硬件设施方面，功能性教室数量不足，图书配备符合学生阅读的少，寄宿制学校食堂、住宿等条件简陋与城镇的办学条件还存在差距，办学条件的差异直接影响着教育的最终结果。

第二，师资力量配备不均衡。"2019 年的城、镇、乡三个区域的义务教育专任教师数量上分别为 330.4439 万人、394.2009 万人、235.3627 万人。"② 从师资的数量上看，乡村的师资力量在全国的比例是最少的，贫困地区的师资力量相对来说更弱。教师的能力层次方面，义务教育专任教师的能力不断达到国家标准，学历合格率不断提升，但是贫困地区教师的学历水平还是以专科学历为主，近年来经济相对发达的城市在义务教育教师的招聘上，对于教师的学历要求大多数为研究生学历。然而在贫困地区，教师的学历能达到研究生的很少，这也体现了贫困地区的义务阶段教师学历水平与城市地区义务阶段教师学历水平存在着较大的差异，这也是教育资源不能均衡分配的主要因素之一。2006 年我国开始设立特岗教师计划，为偏远地区的义务教育输送了一定数量的优秀教师。2018 年，"计划实施招聘特岗教师 9 万名，与 2017 年相比教师输送人数增加了 1 万名"③，十多年的时间内为偏远地区输送更多优秀教师，这也同时说明了贫困偏远地区无论教师数量上还是教师质量上还存在短板，不能满足当前义务教育的需要。贫困偏远地区生活条件一般比较艰苦，教师的稳定性相对较差，中央持续加大对特困区域的乡村教师生活的补助力度，让他们的生活质量有保障，更好地为贫困地区提供优质且稳定的教育，"截止到 2018 年，为特困地区的 130 多万乡村教师提供了补助"④。为解决贫困地区教师资源短缺提出的普惠乡村教师的财政政策，同时增强贫困

---

① 2018 年全国教育事业发展统计公报 [J]. 中国地质教育，2019，28（4）：96-100.
② 国家统计局. 2018 中国统计年鉴 [M]. 北京：中国统计出版社，2018：704-705.
③ 刘博智. 今年全国将招 9 万名特岗教师 [N]. 中国教育报，2018-05-16（003）.
④ 乡村教师生活补助覆盖 200 万人达总人数 2/3 [EB/OL].（2018-08-31）. http://www.chinanews.com/gn/2018/08-31/8615251.shtml.

地区教师的稳定性，为不断促进城乡教育资源均衡做出努力。

第三，教育质量差异显著。虽然当前义务教育入学率不断提升，但是农村贫困地区的辍学现象也是频频发生。教育质量也存在差异，主要表现在音乐课程、体育课程、美术课程、科学课程、外语课程、信息技术课程等，许多贫困地区这些科目没有配备专职教师，导致他们在这些科目上不能获得相应的知识；一些基础科目，课下遇到不会的问题不懂得找人咨询，回家也没有人可以帮助解决，知识学完后不能做到及时巩固，导致成绩不理想；基础课程在贫困地区得以保障为缩短城乡教育差距作出了贡献，但与一些经济相对发达的地区比较，他们兴趣课程很少，有的甚至是没有兴趣课。随着社会的进步与发展，经济相对发达的大城市有着丰富的兴趣课程，兴趣课程涉及范围广，智力、体力、文艺等多方面发展，课程设置丰富多彩，有助于提升孩子学习的积极性，但是贫困地区的孩子参加这些兴趣课程的机会少之又少，文化课程存在教育资源分配不均，兴趣课程也存在区域差异，影响贫困地区孩子自身能力的发展。农村贫困地区与城镇的教育资源存在差异和分配不均衡，孩子们受到的教育质量不同，最终还会影响他们将来的就业质量。

（三）身份困境的原因分析

贫困女性与贫困单亲家庭在扶贫中产生的困境的主要因素为贫困女性在社会中关注度较低，具体表现在社会环境中的教育、政策都存在性别视角缺失以及贫困女性没有明晰的定义；贫困单亲家庭的结构变化，主要有离婚、未婚、丧偶等结构变化导致角色缺失，产生非理性沟通使贫困单亲家庭内部相处存在矛盾，孩子成长过程受到影响等不利于脱贫。传统思想观念不仅束缚着贫困村落的村民，与两个群体相处戴着有色眼镜，而且还束缚着贫困群体自身，导致他们脱贫内生动力不足。

1. 性别视角的缺失

贫困女性在扶贫中产生的问题主要是她们在家庭、村落、社会各方面的获取资源存在不平等，最根本的因素是性别不平等以及女性扶贫政策缺失。性别平等在家庭、学校教育中体现不明显。贫困女性虽然在经济上不如男性，但是在家庭中的家务劳作与照顾家人是无法用金钱计算的，体现着家庭经济上的性别不平等。在"养儿防老"上更为突出，认为生育男孩更好。家庭中的性别平等教育缺失导致家庭分工问题偏差与生育观认知错误。学校的性别平等教育可以从孩子幼年时期就进行，然而，现有教育内容较少体现出不同性别对于历史的贡献及其生活经验，并不能全面地呈现出多元的性别观点，没能更好地给他们在心中埋下性别平等的观念。

关于女性的扶贫政策较少。她们的自我效能感低与集体意识差，不能主宰自己的生活，也未能主动投身于农村社会事务交往中。在一些扶贫项目也未体现性别意识的渗透，使得参加培训的女性较少。《关于在扶贫开发中做好贫困妇女脱贫致富工作的意见》与《关于在脱贫攻坚战中开展"巾帼脱贫行动"的意见》是 2015 年妇联与国务院扶贫办下发的女性专项扶贫政策。很显然针对女性专项的扶贫政策较少，这也体现整个国家对贫困女性的关注度偏低。国家对于贫困女性没有明确而清晰的统计也是不利于对贫困女性制定政策与施策的因素，具体的数据只能根据贫困户中的人口性别比进行计算得出。在精准扶贫中识别与统计贫困人口时，扶贫主体缺乏立足于性别视角去统计贫困女性的数量。例如，在中国统计局与国务院扶贫开发领导小组办公室网站等扶贫官网直接以"贫困女性"为关键搜索词，只在后者网站搜出且具体的省份数据只有四川省，数据年份还是 2017 年所公布的，说明贫困女性统计数据较少，社会对贫困女性群体的关注度较低，缺乏立足女性视角的扶贫政策。原因如下：当前"两不愁三保障"为我国识别贫困人口的本质指标，其中收入为主要指标，缺少多元的识别标准，农村女性自身角度限制因素多，收入水平总体较低，这些都增添了贫困女性识别工作在现实中执行的难度；贫困女性脱贫意识不强，不能主动去寻求帮助，这也造成识别贫困群体时会忽视贫困女性诉求的统计；很多扶贫政策的制定没有考虑女性性别问题，致使贫困女性在扶贫政策实施时参与率低。

2. 角色关怀不到位

"亲子沟通是父母双方与子女之间交换信息、意见、观点、态度和情感的过程，它是一种动态的、变化的过程。"[1] 但贫困单亲家庭结构的特殊性，家

---

[1] 侯文婧. 离异单亲家庭亲子关系问题社工介入研究 [D]. 保定：河北大学，2014.

庭结构的转变，加之亲子沟通的非理性、方式不恰当与质量不佳对双方的情绪和关系有影响，以及对孩子的学习成绩、心理健康、成长等多方面都是不利于扶贫工作开展的。

第一，贫困单亲家庭的结构转变。大环境下两性问题在新媒体上频繁占据热搜榜，婚姻问题是大家广泛讨论的，结婚率、离婚率是大家讨论的焦点问题。离婚程序的简单化，社会处于高速发展不断转型中，生活情感压力大，女性与男性之间受外界信息传播快速的影响，思维也存在着不断变化导致两性观念越来越背离，因为人生观、价值观、世界观的不合等多方面因素最终使得离婚率不断高升，出现了许多贫困单亲家庭。家庭是由每一个家庭成员的角色构成，其中每个角色既相互联系又相互制约。"当家庭中无论哪个子系统发生变动时，都会给其他子系统造成一定的影响，而受影响的子系统也会作出相应的反馈，家庭就是这样一个相互关联的系统。不管谁的进入离开，家庭系统都会受到一定的影响。"① 家庭子系统的进入与离开构成了单亲家庭，其中离婚只是贫困单亲家庭中的一种形式。我国贫困单亲家庭还有丧偶形式，夫妻一方出现离世状态，因病或是因灾，以及意外事故造成离世的，没有出现意外的一方与孩子继续生活的模式，而且孩子没有未成年或者无独立生存能力并且未婚；未婚形式的贫困单亲家庭也存在，以未婚先孕为主，社会的开放程度越来越大，未婚女子怀孕的现象也越来越多，没有婚姻的保障，男子又不负相应的责任，也是未婚形式贫困单亲家庭的主要原因；分居式贫困单亲家庭在法律上其实并没有终止夫妻关系，不能视为贫困单亲家庭的一种形式，只可以在思想上认为它是贫困单亲家庭存在的一种特殊形式，由于具有单亲家庭且独自一人与孩子共同生活的特征，本书认为，它可以称为隐形的贫困单亲家庭。目前贫困的单亲家庭主要有离婚、未婚、丧偶三种形式，外加一种隐形的分居形式单亲家庭。家庭结构的变化就会导致家庭角色的缺失，角色的缺失就是引发贫困单亲家庭角色关怀不到位，进而引发贫困单亲家庭亲子矛盾、情感问题、心理、成长等影响。

第二，贫困单亲家庭亲子之间非理性沟通。萨提亚是美国的心理治疗师

---

① 朱东武，朱眉华. 家庭社会工作 [M]. 北京：高等教育出版社，2011：48-50.

和家庭治疗师，她提出"一致性沟通"，指的是在与他人进行交流中，强调的是要关注个体、他人、情境这三个基本要素。贫困单亲家庭正是因为没有关注这三个要素，使亲子之间沟通存在问题导致亲子关系矛盾。个体要关注自身的感受，真实有效地表达自己的想法，还要关注到他人，也就是沟通对象，注意到他人的想法、期望、感受，同时考虑沟通所处的情景。萨提亚对个人的力量持有肯定态度，但是贫困单亲家庭正是因为个人没有有效地表达自己，没有接纳个人与个人之间的不同之处，才产生了非"一致性沟通"，引发了亲子矛盾。此外，萨提亚还提出五种沟通姿态，主要是讨好类型、指责类型、超理智类型、打岔类型、表里一致类型。亲子沟通之间主要表现有以下几个类型，贫困单亲家庭的监护人与孩子沟通状态表现为讨好型与指责型，前者类型产生亲子沟通矛盾主要是一旦达不到子女的要求就会产生问题，后者类型主要是不能很好地引导孩子，总是指责他们，不能给孩子建立信心，也会处于争吵状态，不能认识到沟通中存在的问题，久而久之总是忽视双方的感受，形成沟通的恶性循环，双方关系越来越僵化。打岔型是双方都可能存在的问题，贫困家庭的监护人与孩子在沟通上不直接回答或者是不予理睬，处于逃避的状态。总之，这些问题会对贫困单亲家庭脱贫造成一定的阻碍。

第三，贫困单亲家庭孩子成长问题。习近平提出："家庭是人生的第一所学校，家长是孩子的第一任老师，要给孩子讲好'人生第一课'，帮助扣好人生第一粒扣子。"[①] 贫困家庭正是缺少家庭角色关怀而使得孩子在成长中出现一些问题。一方面，人格的建立。弗洛伊德作为人格发展理论的奠基人，他认为人格结构分为本我、自我、超我。其中自我要接受伊底、实际、超我这三个方面的压力，三者的不平衡就导致了贫困单亲家庭孩子人格建立出现问题。另一方面，角色模范方面。班杜拉提出社会学习理论，认为个体、环境、行为共同作用。个体的个性形成取决于其观察的过程，在贫困单亲家庭中，缺少健全的角色模范，不能在他们的脑中形成一种正确的意向，不能在现实生活中遇到问题时发挥心理暗示。缺少这一学习过程，就没有形成良好的个性。在社会化过程中不能将外在的行为准则进行内化，从而不能顺利地实现

---

① 教育部课题组. 深入学习习近平关于教育的重要论述 [M]. 北京：人民出版社，2019：87.

社会化过程。

3. 传统观念的束缚

我国封建社会有两千多年的历史，虽然我国目前进入社会主义社会，但至今仍有许多陈腐封建的思想观念还影响着贫困地区的人们思想意识与行为。现实生活中贫困女性与贫困单亲家庭被这种传统观念束缚，这种传统观念的束缚不仅来自外界的舆论，也来自他们的自身，使得她们的生活更是难上加难。贫困女性与传统观念的束缚。波伏娃在她的著作《第二性Ⅰ》中提道："'雌的'一词是贬义的，并非因为它把女人植根于自然中，而是因为它把女人禁锢在她的性别中。"① 这种性别差异的产生是后天社会环境造成的，也被社会文化披上了不平等的外衣，传统社会中的"男尊女卑、男强女弱、三从四德"的观念，将贫困女性的家庭地位置于从属关系中。例如，一些贫困农村地区将家庭劳务、子女抚养、一定的农活与副业等家庭任务与家庭责任都让女性来承担，而女性在家庭中的权利运用就相对缺乏，尤其是在决策权，对家庭资源等方面的控制几乎是没有话语权的。权利有时候还体现在"母凭子贵"② 上，这种传统的生育观有时可以让贫困妇女获得相应的权利，有时也可让他们地位更加卑微。不仅如此，"女子无才便是德"的这样传统观念在某些贫困农村地区还存在，不仅许多人认为女性就是应该遵循这样的传统观念，而且有些贫困女性也是从自身恪守着这样的传统道德规范，导致农村部分贫困女性安于现状，主体意识不强，已经产生依赖的习惯，独立自主的能力不断弱化，不知道怎样去实现个人的人生价值。在家庭发展中，贫困女性甘愿充当"配角"。贫困女性一直处于弱势的状态，因其自卑与弱势的心理障碍，她们很难去尝试新鲜的事物，更不用论撑起"半边天"的憧憬。还有"嫁出去的女儿，泼出去的水"的迂腐思想，在家庭资源受限制时，会优先考虑男性，对于女性的教育投资则认为是消费行为而不是投资行为，认为上学需要花费家中的钱财还不如早点为家里作出自己的贡献。这些非正确的观念与行为使得贫困女性在劳动力市场上没有竞争力。总之，这些传统观念影响贫困

① 西蒙娜·德·波伏瓦. 第二性Ⅰ [M]. 郑克鲁，译. 上海：上海译文出版社，2011：27.
② 殷浩栋，毋亚男，汪三贵，等. "母凭子贵"：子女性别对贫困地区农村妇女家庭决策权的影响 [J]. 中国农村经济，2018（1）：108-123.

村民的思想与行为，很大程度上成为限制贫困女性脱贫与致富的桎梏。

第二节　重构"后扶贫时代"贫困治理机制

随着以绝对贫困为治理重心的脱贫攻坚战胜利落下帷幕，我国也会由此迈入以相对贫困治理为治理重心的"后扶贫时代"。伴随着治理重心的转移，进入"后扶贫时代"，我国贫困治理的特征、战略等都将发生深刻变化。有效解决"后扶贫时代"的相对贫困，既要遵循理论指导，又要结合中国实际，从提升精准扶贫的治理效能、破解就业能力与就业机会的困局、加强扶贫过程中的人文关怀、加强贫困群体积极社会心态的培育等策略入手，构建相对贫困治理的长效机制。

一、提升精准扶贫的治理效能

精准扶贫的治理效能不断提升，需要扶贫主体、扶贫客体等多方共同努力，不是某一方的责任，是全体人民的共同的责任。应做到加强精准扶贫的理论研究与政策指导来提升扶贫过程中所有参与人员的积极性，积极借鉴先进的科学技术手段，促进精准识别的精准度，同时提升扶贫过程中主体责任意识。

（一）加强精准扶贫的理论研究和政策指导

在精准扶贫过程中，扶贫干部客观上对相关理论重视不足，并不是他们对理论不重视或者藐视，可以归因为理论供给不足，缺乏精准扶贫的理论研究，同时还需要加强政策指导。因此，必然要加强精准扶贫的理论研究，不断推进其创新性，补齐当前"精准扶贫"理论研究的短板。理论需要做到为实践服务，禁得住实践的检验，并在实践中不断创新，然后指导政策的精准落实。加强精准扶贫理论研究。刘永富提道："全国扶贫系统把深入学习领会、认真贯彻落实习近平总书记重要讲话精神作为当前和今后一个时期的首要政治任务。"① 他向扶贫工作者传递了研究与学习理论的重要性。精准扶贫与精准脱贫作为国家重大战略之一，单纯在政策规划与实践落实方面作出努力是不够的。虽然扶贫需要各方力量的实际行动，但是习近平提过"部署与落实的分配关系，是一分与九分的关系"，加强理论学习在一定程度上有利于更好更快地去思索与解决是否符合地方的具体问题的"部署"，也可以发挥"部署"的系统性、科学性。对于扶贫实践中遇到的问题，理论研究也是不可缺少的，将实践中丰富的经验与科学的方法及时总结，为中国扶贫事业增添共享经验，同时也可为世界反贫困提供中国模式，让全世界可以共享中国扶贫事业的经验成果。

当前，我国精准扶贫工作不仅是实践上面临问题，而且在理论研究上急需构建更完善的理论体系，一方面，动员专注于扶贫领域研究的广大学者，发挥他们的积极性与创造性，将理论研究的短板不断补齐。另一方面，扶贫干部应该建立人人向学的工作氛围。增加他们学习方式的多元化，加强扶贫干部学习交流活动，在理论学习的同时，加强专业知识的分享与经验办法的交流，做到信息充分共享，不断更新扶贫干部的专业储备知识，有助于扶贫干部开拓思维，提升他们的工作胜任力，从而达到更高扶贫工作效率。加强政策指导。一方面，加强对扶贫干部的指导，建立扶贫工作相关问题咨询的专家制度。随着扶贫工作进入到决胜阶段，暴露出的问题更具有专业性，需要得到专家的指点与帮助。因为工作也是在摸索中不断前进，对于当前的一些政策，一些实践中的工作问题，经常会出现理解与把握不足的问题。在扶贫工作不断深入推进的大背景下，具备咨询能力的专家数量居多，他们拥有专业能力与责任意识，建立专家咨询可以使扶贫工作达到互促共赢，专家对于扶贫工作当前的问题认识更深刻，可以帮助扶贫干部不断提升工作能力。另一方面，提升村民对扶贫政策的有效认识。贫困村中的大部分村民文化水平有限，在现实生活中，村委会公布一个扶贫政策消息，他们主动关注的概率较小，看了也可能存在看得仓促、不仔细，对扶贫政策的方针与内容没有做到心中有数，加上文化水平较低，对很多扶贫政策还不能理解。政策不断

---

① 刘永富.有条件有能力如期完成脱贫攻坚目标任务 [N].人民日报,2020-03-16(009).

更新，怎样做到让群众对扶贫政策解读有所提升，发挥他们在扶贫中的主体作用？本书认为，在张贴政策信息的同时，村级工作人员可根据扶贫政策发布时间，及时规划好政策宣读计划，在村级广播中及时为群众解读政策，对于村民可能难以理解的部分，加以政策解读，将现实中新闻报道案例以及实践中典型案例作为解读重点，提升群众对于政策方针的把握，提高精准识别的效率与质量，同时提高群众自我识别，逐渐消除不知道、不了解扶贫政策的现象。例如，认为贫困户是村委会评定的思想，根除他们这种思想，让他们知道贫困户评定是有严格的政策标准的，提升村民认识解决扶贫工作中的种种问题，从而提升精准识别工作成效。

（二）积极借鉴先进的科学技术手段

识别不精准问题可以借助当前信息时代的大数据技术，它可以改变传统识别中信息偏差的问题，"以'信息权'取代了传统农村社会的'关系权'"[1]，能起到审核主导作用。通过精准识别与大数据结合，脱离农村社会关系结构的复杂性，塑造一个纯正的技术识别过程，保障了精准识别公平与公正，也保障了精准识别的有效实施，同时也为构建和谐村落与良好的治理秩序提供了技术支持。信息时代，创新万物联网。贫困户识别主要是根据"两不愁三保障"这个标准去衡量，总体识别主要还是从收入方面为切入点去识别贫困户。贫困因素受评判者的主观性影响，会使得识别数据真实性不强，通过大数据可以减少这样的问题。利用大数据平台与工商部门、公安部门、卫计部门、民政部门、银行部门等，可以与体现相关个人资产的不同部门进行对接，形成一个数据智能库，符合条件的村民直接发出申请，然后发挥大数据的特点，识别其中存在虚假信息、欺诈信息、缺漏信息，最终识别出最需要帮扶的贫困户，建档立卡后实施动态监测与动态追踪，监管直到最终脱贫退出并且不返贫。大数据对精准识别的现实意义：第一，真正践行"精准扶贫"理论，做到"扶真贫"。利用自身数据库与数据比对的优势，提升了精准识别的效率与效果。效率与效果的提高就是数据对比，省去了人工反复核实的过程，

---

① 刘升.从"关系权"到"信息权"：大数据促进精准扶贫的影响机制研究——以精准识别为例 [J].江海学刊，2019（6）：118-124.

数据库的信息随时更新，也节省了人工审核的人力成本与时间成本，识别出的贫困户精准度更高。大数据对于信息的整合比传统的识别方式更具客观性，不存在人为主观臆断现象，能根据客观事实条件进行精准识别。第二，提升基层治理成效。大数据作为科学技术之一，通过掌握足够多的有效数据，作为终极识别关键的"评判人"，其他的人为因素都不能在这里发挥作用，将那些不符合标准的人可以全部筛选出去，村民就会知道村级干部不可能拥有指标分配的情况，所呈现的识别结果是真实的、科学的、有效的，可以经受得起任何人的检验，对于这样的结果村民也是相对满意的，基层干部与群众的关系也可以得到缓和，同时也提高了基层治理成效。第三，提升村落及村民的文明程度。精准识别与大数据结合，使得"争当贫困的村民没有任何可能"，只有真正符合要求的才可以成为贫困户，贫困户不再是攀比的象征，而是纯正地以经济为条件的划分。"争当贫困户"的思想观念彻底被清除，"精准扶贫"理论核心要义就是真正识别出需要帮助的贫困群体。村民的认识也提升了，树立通过个人劳动获取财富的村风民风，建设良好的村庄风气，为早日完成脱贫、摘掉贫困村的帽子做好基础工作。总之，精准识别与大数据结合不仅可以做到精准度的提升，还可以提升基层治理成效，最终对于村落的文明建设也起到了积极的促进作用。

（三）提升精准扶贫过程中的主体责任意识

扶贫干部参与精准识别、精准扶贫到脱贫的全部过程，所以不断强化扶贫过程中的责任主体意识在脱贫工作中是至关重要的。他们的工作能力是毋庸置疑的，但是每个扶贫干部所体现的责任意识是不同的，需要通过学习那些新闻媒体报道以及身边的优秀扶贫工作者的精神，同时还要重视扶贫工作干部队伍奖惩制度的实施来强化主体责任意识。学习优秀扶贫工作者的责任意识。思想决定行动，近年来新闻报道过的扶贫路上的先进工作者，例如"父子兵""夫妻档""黄文秀"个人等优秀工作者，是扶贫工作者值得学习的榜样与先进模范，学习他们在扶贫工作中精益求精的精神、端正的工作作风以及强烈的工作责任意识等。习近平指出："脱贫攻坚任务能否完成，关键在人，关键在干部队伍作风"，[①] 对扶贫干部队伍提出了明确的工作要求。避免违法乱纪的行为，确保脱贫攻坚的如期完成，需要人民的监督与扶贫工作者自身的自律。同时，也需要人才的引入，为扶贫工作注入新鲜的"血液"。制定扶贫工作者的奖惩制度，贯彻落实好扶贫工作，将奖惩制度做得更加完善，重点考核扶贫工作的完成度，真正做到对工作负责任。为了动员扶贫干部在工作中真抓实干，必须出台相应的奖惩考核制度与职位召回，一方面对优秀的扶贫工作者及时进行提拔，另外也要建立问责制度，对于没有按照要求积极完成工作任务的或是因为个人原因造成工作失职的，一定要追究他们的责任，对于完全不能胜任的要将其职位召回，然后选用适合此职务的人员。这样的奖惩制度可以提升扶贫干部对于工作的积极性，同时也能明确他们各自的职责所在。对于扶贫干部既要信任也应严格把关，信任是扶贫干部要为他们提供开展工作的基础保障，严格把关是为了加大力度对扶贫工作者的考核与监督。考核与监督需要在执行时听取人民群众的心声，注重民主性同时做好引导工作。对于有些群众的个别、特殊的意见，需要考核人员做到准确分析并及时处理。为了做到考核工作的客观公正，可以多人参与考核，增加公平公正性。考核工作与考核最终结果应该具有实效性，通过这一系列的考核，让扶贫干部及时认识到自己工作的不足之处，虚心接受并改进，提升工作效能，同时提升自身责任意识。

二、破解就业能力与就业机会的困局

破解就业能力与就业机会需要坚持扶贫、扶志、扶智相结合，从思想上到能力上达到双脱贫，同时促进健康资源和教育资源的均衡分配，提升贫困劳动力的健康意识与受教育水平，改善贫困地区劳动力能力与知识能力。进一步完善中国特色就业扶贫制度化建设，其中外出务工的贫困劳动力占比高，其收入占到贫困地区农民总收入的2/3，保障他们在就业时机会平等、就业服务资源多与完善就业环境，不断提升他们收入的稳定性，实现脱贫。

---

① 脱贫攻坚是一场必须打赢打好的硬仗 [N]. 光明日报，2019-03-08（001）.

（一）坚持扶贫扶志扶智相结合

2017 年，习近平提出"坚持扶贫同扶智、扶志相结合"。总书记的话诠释了"志"和"智"在扶贫中的重要性，可以提升贫困群体的内生动力，对破解就业的困局有着绝对优势。现实中存在贫困者劳动力能力较弱又不求进取，脱贫意愿差的状况，他们本可以摆脱贫困去实现致富，只是缺少自我肯定、自力更生的志向以及吃苦耐劳与实干的精神，对于有能力脱贫的劳动力，他们对未来生活面临的诸多不确定因素，担忧自己再次陷入贫困，需要依靠扶贫的相关政策给予安全感。换言之，他们就是对自身能力存有质疑，自身没有信心也没有把握达到永久脱贫。所以势在必行，必须在扶贫工作中坚持"志"与"智"的双扶。有些贫困劳动力自身无技术，干事没有目标，心与力都存在不足，就会表现出不知如何是好。总是依靠外部的帮扶是不现实的，需要自身"造血"才能永久脱贫，这就需要国家、社会、村落、扶贫干部共同去帮助营造"依靠自己脱贫致富"的氛围，让贫困劳动力自我肯定与自我认同，从自己内心认为可以通过辛勤劳动脱贫。怎么通过不断自我提升增加财富从脱贫走向致富，社会上这种类型的脱贫案例有很多，应该积极引导他们学习成功脱贫者的那种实干精神，先转变观念再到实际行动，使贫困劳动力精神丰富，进而达到对贫困劳动力的扶志目标。扶志的同时还需扶智，这就需要完善与创新职业培训制度。贫困劳动力平均受教育水平偏低，一般不具有专业的职业技能，这是他们在选择职业时缺乏竞争力的主要因素。通过不断完善与创新职业培训制度，可以在一定程度上增强他们的职业技能，在择业时寻找到技能型高薪职业，提升收入，从而解决贫困问题。在完善与创新职业培训制度中，应该让政府起主导作用，社会组织积极参与职业技能培训的开展，"发挥职业院校教育、企业教育、成人教育、社区教育等教育主体的培训功能"[①]。在贫困农劳动力所在省份或者地区一般是具有上述教育主体的，其中职业学校具有与时俱进的实训教学基地，有专业的教师团队，可以满足培训所需。这样合作不仅增进学校与企业的合作深度，而且还能发挥职

[①] 韩云鹏. 城市化进程中新生代农民工的发展需要与教育培训思考 [J]. 江西教育学院学报，2011，32（6）：109-111.

业学院先进的实训中心资源的价值，可谓是一举两得。具有良好的培训主体后，应该增加培训效果评估，"一场完整的培训，既要关注被培训人员当时的学习情况，也要关注他们培训后成果的转化"①。培训质量的监督监管表现在健全的评估与考核制度，严格把关培训主体的教育质量、最终考核鉴定，让贫劳动力真正具有竞争优势；确保培训内容与贫困劳动力未来就业意向高度吻合，保障培训的有效性，如果培训不能使他们得到更高的工作收入或者是更好的工作环境，他们很难抽出时间再次参加培训，因此，培训主体与培训客体应共同努力，使参加过培训的贫困劳动力的就业意向能更好地与就业市场需要的人力资源匹配，实现收入稳定且逐年增加。

（二）促进健康资源和教育资源的均衡性分配

健康资源与教育资源可以从根源上提升贫困劳动力的能力，进而提升就业机会，获取更高的报酬，这需要提升健康资源和教育资源的均衡性分配。

1. 促进健康资源均衡性分配

第一，提高贫困地区个人的健康素养，促进健康基础知识的传播与宣传。强化健康责任的意识，就是要树立个人健康第一责任人的观念。作为家庭成员之一，自己身体健康的质量直接影响着整个家庭的生活水平，因为贫困劳动力是家庭收入的主要来源，他们对自身的健康情况最为了解，自己可以最先感知哪里不舒服，然后应该及时采取一些就医措施。健康意识提升了，贫困劳动力的健康能力也可以相应提升。树立了健康素养与健康责任人理念，接下来应该主动地践行健康的生活方式。健康生活方式的养成很重要，其实许多慢性疾病的发生，不仅与人们的健康意识有关，而且还与生活方式有着密切的关系。在中国农村贫困地区，人们对健康知识知晓度偏低，没有良好的生活习惯再加上不合理的膳食等，造成一定程度的慢性健康问题。有关部门需要宣传基础健康知识，告诉他们一些常见病的基本症状，让大家意识到健康出现问题要及时就医的重要性。例如，最常见的高血压，主要的危险因素还是生活习惯，农村地区喜欢腌制菜品与熏烤食物，这些方法可以延长食

---

① 曹金华. 上海市新生代农民工职业培训现状及培训需求研究 [D]. 上海：华东师范大学，2014.

物的食用期限，但也增加了食用高钠食物的风险。这一慢性病需长期服药，还可引发其他更严重的疾病。这就需要让大家熟知慢性病怎么去保养，如何合理膳食、保持疾病现状不会加重，扭转他们所认为的"病忍一忍就会好"的观念。第二，促进医疗保障制度衔接。随着时间不断的推移，国家也对健康扶贫方向有了更多的要求，如扶贫资金效益最大化，在资金可承受的范围内巩固顶层设计，各部分的人员明确自身分工，推进健康扶贫发展，提升救助效果。国家政府作为健康扶贫的主要抓手，在医疗保障制度与日常监管起着至关重要的作用。政府应细化救助帮扶政策，医保的起付线、目录范围，提升贫困患者在村级县级可以就诊的数量，重病的救治应做到更早发现、更早治疗等。帮助贫困劳动力在异地更好地就医，从而提升劳动力能力。这些的实现需要各机构的相互协作，扶贫部门、医疗卫生部门、卫健委、中央财政部门多部门的合作，明确职责，做好顶层设计。第三，提升基层医疗服务能力。结合贫困区域实际情况，采取因地制宜共同作用发展，推进就医与养护的结合。不断摸索村级卫生服务中心、县级别的医院慢性病日常治疗情况，与大医院合作及时发现与分诊村级或者县级医院救治不了的疾病。村级与县级医院的前期诊断很重要，在医疗诊断上需要提升诊疗水平，并不断完善医疗机构，"设立全面覆盖人群的医疗机构，级别上需要二甲公立医院，医院种类上需要人民、中医、妇幼儿童专科医院等"[1]，这样可以满足不同贫困劳动力的就医需求。医疗机构的水平提升可以大幅度提高贫困患者在疾病救治上的需求，建设专科医院、临床重点、中医重点，提升医疗水平。此外，就是医疗人才的培养问题，培养村级医生的业务水平，特别是对相关医疗设备操作专业与熟练培训，安排他们定期专项培训，与专业的医院进行交流学习合作，改善农村医务人员的专业水平，下派专业医院的医疗队伍进行实地指导，帮助村级医生更好地为贫困人口服务，改善贫困劳动力的健康问题。

2. 促进教育资源的均衡性分配

每年中考、高考季，都会提到文理科状元，分析他们教育环境不难发现：当前"寒门出骄子"的情况是越来越少，本书认为这是教育资源分配不公平

---

[1] 吴立红. 重庆市健康扶贫政策实施现状及对策研究 [D]. 重庆：重庆医科大学，2019.

导致的。随着扶贫工作的稳步推进，教育考虑的不再是孩子上学难的问题，应是如何提升教学水平，落实国家提倡的素质教育。当前义务教育阶段的共享课相对于大学共享课程还是比较少的，大学共享课程开启得比较早，例如大学生用的MOOC（慕课）已经相对成熟，此阶段提升义务教育共享课程，促进城乡教育公平化是当务之急。贫困地区地理位置偏远，好的课程内容与师资力量成了教育短板，解决教师结构短缺与教学质量不高问题，应用"互联网＋教育"共享课堂。首先，从录播视频课为切入点，让学生们先适应这种互联网＋教育；其次，再到同步课堂的对接，同步上课、同步作业，建立与对接学校的校际互动、教学互动，并建立稳定合作的长效机制，最后"批量生产"到"学校个性定制"，最终实现网络教育的个性化、智能化与互动性的结合，一线城市教育资源与教育资源相对较弱的贫困地区通过网络的形式实现教育资源共享。"截至2020年12月，我国在线教育用户规模达3.42亿，占网民整体的34.6%。"[①]"互联网＋教育"已经成为教育的主要形式之一，可以让优质课程资源不断涌入贫困地区，让孩子们获取更适合的、更优质的教育。随着"互联网＋教育"的不断推进，同时对学校的基础设备也有了更新的要求。学校需要联通网络，配备多媒体教学平台，对网络程序管理、网络空间安全治理等方面也提出了新要求，其中互联网技术的应用成为推动学校教育高质量发展重要手段，但需要专职的技术人员去管理与维护，因而，无论在基础设施还是专职互联网技术人员，配备农村学校都面临着挑战。在这些基础设备及相关人员配备上更加完善时，相信"互联网＋教育"的到来会促进城乡教育不断公平化。教育随着时代的变迁在革新，从学生角度出发，通过共享优质的教学资源，丰富多彩的课程能够激发他们的学习兴趣，开阔他们的眼界。从学校角度出发革新了教育模式，增加了办学特色，为教师提供不断学习的机会。从社会角度出发，提升了整个教学大环境，为社会输送更多人才，不断促进社会的发展。让贫困地区的孩子与城镇的孩子在教育上不断公平化，为他们今后得到更好的就业机会提供帮助。

---

① 中国互联网络信息中心 . 第47次《中国互联网络发展状况统计报告》[J]. 网络传播，2021（2）：68-75.

（三）完善中国特色就业扶贫的制度化建设

贫困劳动力外出务工的收入占到贫困人口总收入的 2/3，外出务工的收入是贫困家庭的重要来源之一。贫困劳动力外出务工在城市赚取收入来维持家庭正常开销，在拥有工作赚取钱财的同时，还要兼顾自身保障。作为家里的主要劳动力，没有工作提供的基本待遇，劳动力自身得不到保障，一旦身体出现疾病很难保持稳定的收入。而且他们自身的交际圈子较小且获取信息能力较弱，加上在一些制度实施上的不足和个人能力有限，他们很难融入社会。改善贫困劳动力就业情况，首先需要做的就是改革就业制度与完善社会融入。

1. 不断完善就业体制，更加公平

贫困外出劳动力在自身性质上流动性大，因为不是本地区的居住居民，许多公司不愿意将一些稳定岗位提供给他们，怕他们的流动性大，从而影响公司的正常运转，这也就使得低技术的工作才接纳他们，而且工作环境也很差，与当地居民的工作岗位存在一定的差距。需要政府与相关部门提供平等的就业机会。在监管公司时做到力度够强，减少行业对贫困劳动力的歧视，让他们在城市中与当地居民一样，做到工作时长达到国家标准，工资收入按时发放，享有社会保障。在就业时，贫困劳动力一旦得不到保障，应该有相应的部门去帮助他们。2016 年，"大连首个农民工工会联合会"正式成立，[①] 这是一个覆盖全区很多行业和领域的农民工群体，依托外来务工人员综合服务中心，在维权与帮扶方面做到无死角，形成一个跨公司、行业、区域的新的组织形式。这个组织的成立可以全面帮助外来务工人员解决就业中可能会遇到的问题。在就业、维权、技能、医疗、帮扶、娱乐、文化都有涉及，如果农民工联合会在全国进行推广，将更好地助力贫困劳动力市民化。这个组织不仅仅帮助了贫困劳动力，而且还可以促进城乡一体化，破除城乡二元化结构，使贫困劳动力融入城市，增强他们的社会认同感。

2. 完善贫困劳动力外出务工的社会融入

社会组织丰富贫困劳动力的精神生活。当代人民对精神文化层面的需求逐渐增加，党的十九大提出的社会矛盾转变也诠释人民的需求在发生变化，

---

① 强可鉴. 新生代农民工城市融入的困境和出路 [D]. 镇江：江苏大学，2017.

但是由于工作原因，与他们社会交往最多的是工友，社会对他们的歧视也偏多。例如，新闻报道外出务工人员坐地铁坐在地上，怕把椅子弄脏，进入图书馆等公共场所被拒，这些报道让我们知道了贫困外出务工人员在公共场所以及一些资源获取上存在不平等。城市社区、工会可以组织贫困外出务工人员了解国家政策方针，提升他们的政治素养，同时丰富业余生活，将最新的精神文化知识传递给贫困外出务工人员，让他们精神富足。利用公共资源，让有兴趣特长的人可以在社团里找到精神的满足，将自己的特长发挥出来，让各种各样的兴趣活动举办起来，使他们融入城市。在他们工作的区域为他们开辟这些活动，物质生活不断丰富的同时，精神上也能不断满足，使他们融入城市生活中，增加就业机会，获得稳定的工作，增加稳定的收入。

三、加强扶贫过程中的人文关怀

加强扶贫过程的人文关怀，提出改善贫困女性与贫困单亲家庭的对策。主要从新时代的思想道德观念引领社会风气，将社会主义核心价值观同扶贫工作结合，营造良好的社会扶贫氛围；努力构建扶贫过程中的性别正义，让男女平等的观念在社会中深入人心；社会合力助推贫困单亲家庭，从家庭、村落、社会等多方面帮助贫困单亲家庭，提升角色关怀。

（一）以新时代的思想道德观念引领社会风气

社会主义核心价值观作为新时代的思想道德观念的重要内核，它主要从国家、社会、个人三个层面提出价值目标、取向与准则。从社会主义核心价值观去引领社会扶贫风气，与精准扶贫结合可以保证扶贫方向清晰、目标明确、行动正确，有利于提升扶贫工作的实效性。国家层面的体现：在扶贫工作中不仅要做到"授人以鱼与授人以渔"，而且还要形成物质与精神两个层面的双脱贫社会风气。一方面，精准扶贫要引领"授人以鱼与授人以渔"的风气。从"富强"视角进行剖析，贫困地区的人民要不断富裕起来也要不断强大起来，在扶贫的实践中就是"授人以鱼与授人以渔"的过程，"富"是做到积极主动并及时地给予贫困地区所需的帮扶政策，给予他们物质上的帮助，让他们逐渐富裕起来；"强"是不断提升贫困地区人民自身的能力，给予他们科学的知识与技术、专业的职业培训、明确发展方向的帮扶，增强贫困人口脱贫与致富的能力，形成"输血""造血"相结合的"富强"社会风气。另一方面，精准扶贫要做到物质层面与精神层面双脱贫。从"民主、文明、和谐"视角进行剖析，精准扶贫工作的不断落实，首要目标是让贫困地区的经济面貌得到改变，进一步就是着手贫困地区的精神文明建设，加速推动贫困地区建设基层治理民主体系，建设社会主义和谐社会，真正使贫困地区人民生活富足与精神充实。社会层面的体现：在扶贫工作中要做到扶贫主体与扶贫客体双向的"意愿吻合"，要"平等交流"与"互利共享"，同时坚持依法扶贫的社会风气。第一，扶贫主体与扶贫客体双向的"意愿吻合"。从"自由"角度进行剖析，积极推进精准扶贫工作时要扶真贫与真扶贫结合，做到有利于贫困地区各方面的可持续发展，还要做到尊重贫困地区人民的风俗习惯，不违背这些发展规律，使贫困地区有权利去选择因地制宜的发展方向与道路，这是"自由"社会风气的体现。第二，要"平等交流"与"互利共享"。从"平等、公正"的视角进行剖析，"平等交流"就是扶贫工作中应时刻关注贫困人民的相关需求，公平公正地给予贫困人民最切实的帮助；"互利共享"是扶贫工作中扶贫主体与扶贫客体成效最大化，让扶贫政策体现公平公正、可持续发展的特征。第三，要政策支持的同时坚持依法扶贫。从"法治"视角进行剖析，在全面建成小康社会的任务下，精准扶贫会受到各方力量的帮助，必须明确在扶贫过程中坚持依法扶贫，在法治社会的今天，应该充分认识到扶贫工作中遵守法律法规的重要性，不能逾越法律的界限。在扶贫工作中要具有局部与大局视角：第一，从"爱国"视角进行剖析，扶贫工作要考虑全局的发展，虽然贫困地区是局部的问题，但是需要在精准扶贫中加强贫困人口的爱国主义教育，他们自身的发展是贫困地区经济发展的一部分，贫困地区经济发展又是中国经济发展的一部分，个人利益与地区发展相适应，地区利益与整个国家发展相适应，在扶贫工作中注重多方利益最大化；第二，从"敬业"视角进行剖析，精准扶贫这个战略目标的提出，贫困地区的人民应该善于把握机会，依托机会发展，但是不能依赖机会，应该积极提升自我能力然后谋求更多发展；第三，从"诚信、友善"视角进行剖析，精准扶贫工作到了攻坚克难期，需要砥砺前行，需要善于拼搏与勇于创新精神，不断提升精准扶贫精准度，无论改革还是创新，都需要坚持"诚实守信"的精神，做到实事求是，实现贫困个体到贫困家庭再到贫困地区的可持续发展。

总之，坚持发挥社会主义核心价值观引领扶贫工作的良好社会风气，国家、社会、个人共同营造良好的扶贫氛围，让贫困问题得以解决。

（二）努力实现扶贫过程中的性别正义

家庭、村落、社会是产生资源差异的外在环境，贫困女性治理的切入点是性别差异与性别分工，然后三个领域共同作用协同发力构建性别正义，罗尔斯在《正义论》中提道："补偿原则为了平等地对待所有人，提供真正同等的机会，社会必须更多地注意那些天赋较低和出生于较不利的社会地位的人们。"[①] 我们需要给贫困女性提供更多平等的机会，在扶贫过程中努力构建性别正义。

1. 学校应规划科学的性别教育

具体表现在以下几方面：学校应设立性别教育课程，明确课程目标，编写适合各个阶段学生的课程内容；教师应具有正确的性别平等意识，才能引导学生树立正确的性别观，形成正确的性别角色，发展正确的性别行为；性别教育融入各个学科中，理想化的性别教育是一种潜移默化的教学形式，将这种理想化的形式在现实中践行，坚持循序渐进、因材施教与性别平等的原则；注重教育方式与教育内容的多样性与生动性，将学生的学习视角从学校向社会延伸，并促进学生将所学引向家庭生活中，形成一种科学的性别观念。

2. 呼吁男性女性平等

性别具有先天性，是客观事实而且无法消除，从性别分工切入，不让性别束缚住贫困女性。女性需要与男性有平等地位，照顾家庭是需要双方力量的，不是各司其职，相互配合会让家庭更温馨更和睦。在村落中，赋予女性平等的权利，参加村落中的各种社交活动以及政治参与。除了家庭、村落方面平等，贫困女性应参与到市场中，与男性拥有平等的权利。在平均寿命数

---

① 罗尔斯.正义论（修订版）[M]. 何怀宏，何包钢，廖申白，译 . 北京：中国社会科学出版社，2009：101.

据中显示：女性比男性高，但是工作总体时间跨度却比男性低，体现了贫困女性在市场工作中参与度低。"在社会中资金、物资的社会性给付与社会制度两种模式救助"①，前者治标，后者治本。社会应该构建性别正义，使社会对贫困女性的歧视不断减少，可以使她们获得更多的工作机会，从而脱贫致富。

3. 唤醒传统美德，激发贫困女性的自强自立的传统品质

毛泽东曾提出"妇女能顶半边天"，其中"半边"强调男女平等。唤醒全民从传统美德与现代文化结合发展，贫困女性积极发扬勤俭持家、尊老敬老，注重家庭和睦、处好邻里关系等传统美德，给她们建立自信、自立、自强的心态转变，不仅在思想上提升还要给她们提供教育与技术，"建设农村妇女学校"②，让各地高校中的女性专家与各地科研所的女性科学家为贫困女性开展讲座与培训，女性专家在性别上更易于亲近，更能与贫困女性产生共鸣。"人格独立不是对于某一个旧家庭的独立，而是对于社会加给你的外在束缚的独立，要立足于自身"③，使贫困女性真正一步一个脚印脱贫，最主要还是需要通过自身的不断努力。借鉴发达国家的女性普惠政策。中国处于发展中国家阶段，在贫困女性问题上的研究还有提升空间，学习其他发达国家的政策是必经之路。在全世界范围内，"澳洲在消除贫困女性上取得成效显著，其政策包括，2010 年提出济贫金融服务，在微度信贷上提供免手续费，为贫困群体提供高品质、创新模式、有效利用的服务，为贫困女性消除经济参与阻碍；澳洲全球妇女协会解决女性企业进入国家市场，设立妇女创业平台，方便倡议、辅导、交流等服务；2011 年正式实施的带薪育婴假，可享有 18 周的假期时间，2012 年 7 月符合条件的男性在职期间，可以有 2 周的时间带薪育婴，不仅可以促进家庭和睦，还可以保障职位稳定；新加坡政府为职业女性提供'配偶免税额'，政府在网站提倡两性共同承担孩子的养育责任，'父亲到校'

---

① 卓惠萍. 给付－规制视角下农村贫困妇女脱贫策略的反思与完善 [J]. 领导科学，2020（2）：119-122.

② 聂常虹，王雷. 我国贫困妇女脱贫问题政策研究 [J]. 中国科学院院刊，2019，34（1）：51-59.

③ 邓晓芒. 女权主义的四个层次 [J]. 华中科技大学学报（社会科学版），2010，24（4）：113-115.

的活动在全国推广，为平衡女性工作与家庭之间的平衡；韩国政府 2006 年实施修订的平等就业法"[①]。这些国家的政策方针都是给女性创造更好更平等的环境，让她们走向社会，拥有自己的工作岗位，在家庭中与男性拥有同等的权利。随着我国对于贫困女性的制度越来越完善，贫困女性问题一定会得以解决。政策颁布同时还需要社会自觉，社会自觉可以缓解贫困女性，女性减贫发展中的"'社会自觉'是指各类减贫主体对女性的发展历程和主体地位有清晰而充分的认知，并能够自觉地参与到女性的发展进程之中"[②]。社会自觉主张贫困女性的全面发展，社会各个群体对于女性发展与地位有更深的认识，是构建性别正义的基础，也是性别正义能够永久在人们的思维中存在的根基。

（三）加强扶贫过程中的角色关怀

许多问题的产生都是思想观念引发的行动问题，贫困单亲家庭成员的情绪管理与心理疏导很重要。家庭、村委会、社会组织合力改善贫困单亲家庭心理现状，加强贫困单亲家庭的角色关怀，帮助他们相互之间产生积极向上的因素，提升脱贫成效。贫困单亲家庭生活和睦，亲子之间的关系问题就会减少，积极乐观的生活态度也可以提升工作效率。监护人工作顺利，收入增多，孩子学习成绩不断提升，人格健全且品质良好，为其走向社会作好铺垫。重造"完整家庭"，家庭结构变化后，贫困单亲家庭无论监护人多么努力与尽职，家庭角色的缺失是无法弥补的。是否可以考虑在家庭结构变化后，其他家庭成员在有精力的条件下，可以与孩子相处融洽，适合孩子成长中做指引的家庭成员，帮助孩子弥补父爱母爱，例如大伯、大叔、小姨、姑姑等至亲。在这些人精力允许的情况下，可以在短时内帮助贫困单亲家庭的孩子弥补缺失的父爱母爱，至少可以在各方条件都允许的情况下让孩子体会到这种类似于父爱母爱的亲情。贫困单亲家庭也可以考虑家庭再结合，但是这需要多方面因素同时符合，最终才能达到各方都满意的效果。这就需要监护人考虑再结合的新伴侣与孩子相处的情况，孩子越小接受度可能就越高，越容易相处融洽。创造一个新的家

---

① 王一妃. 女性贫困及其消除路径研究 [D]. 杭州：浙江大学，2018.

② 郑承军. 论社会主义核心价值观形成的个人自觉与社会自觉 [J]. 马克思主义研究，2013（9）：105-111.

庭也是贫困单亲家庭可以选择的方法之一，虽然不是最优解，但是在一定程度上可以帮助贫困单亲家庭的父母树立再次开启新生活的信心与分担部分生活责任，使孩子重新获得父爱母爱。村委会助力贫困单亲家庭。亲子在情绪管理有所欠缺，自己可以主动去村委会寻求帮助，有心理咨询室可以采取心理咨询方面更为专业的指导，如果没有建立心理咨询室，可以寻求妇女主任的帮助，每个村里基层管理人员配备相对健全，而且妇女主任具备处理单亲家庭问题的能力且经验相对丰富。孩子是家长的另一面镜子，贫困单亲家庭的监护人的榜样树立就很重要，要自我肯定，保持乐观向上的态度，这样有利于脱贫。因为作为家长，自己的言行举止在家庭中对孩子的影响是潜移默化的，监护人的态度决定孩子的成长环境。在孩子管教上更不能任其自由发展，一定要给予孩子足够的关心，知道孩子的喜好，能够与孩子形成朋友的关系，知道他们真正的需要，而不是给予自己认为孩子所需要的。孩子随着时间不断成长，独立性、学习重要性、正视压力、与他人相处、社会责任感、自我效能感的培养，养成独立思考问题、解决问题的能力，像一般家庭孩子一样正常融入社会，不仅能促进亲子关系，还可以让他们的人生观、价值观、世界观更加完整，监护人切忌不要因为自己想对孩子做出补偿的心理而对孩子千般顺应，孩子提出的要求只想尽力满足，不管要求是否合理。对孩子教育与管理上应该注重奖罚分明，通过奖励给孩子足够的信心，不断激发他们的积极性，罚则是在孩子成长过程中做错事时，对此作出的相应的小惩罚，使他们树立正确的观念与规则。村委会可以根据本村贫困单亲家庭通过与专家合作举办相应的讲座，现在网络比较发达，可以搜索网络著名专家的讲座，给予贫困单亲家庭更为具体的生活问题处理办法，让他们运用到生活中，去创造良好的家庭环境，为脱贫提供基础保障。[①] 社会助力贫困单亲家庭。学校作为社会正式组织的一部分，应发挥其对贫困单亲家庭孩子教育的积极作用。学校不仅是知识传播的场所，而且还是孩子健康成长的地方，与家庭教育相互作用可以补上家庭教育的盲点。贫困单亲家庭结构的变化导致他们的身心健康问题的产生，还会导致成绩下降，严重更有厌学辍学现象发生。孩子在学生阶段最根本的任务就是学习，学习可以提升

---

① 王思竹 . 新时代中国扶贫困境研究 [D]. 北京：北方工业大学，2020.

孩子方方面面的能力。虽然时代在不断变化，但是学习的重要性没有变化，只有通过学习来提升自己才能改变贫困状态并解决他们的生活问题，学习是可以真正帮助自我完善的途径。老师需要解决好贫困单亲家庭孩子的学习主动性问题并进行心理疏导，鼓励贫困单亲家庭的孩子在遇到问题时找老师，不要逃避现实问题，要让他们树立"无论什么困难，都有办法可以解决"的观念，要让孩子知道学校、家庭、社会是他们强大的后盾。同时作好家校合作，与监护人多沟通，随时关注孩子的动态，知道他们在家里学习的情况，更好地帮助老师在学校给他们作出有针对性的指引，教会知识的同时教会他们辨别是非的能力。社会组织具有丰富社会资源的特征，借力其强大的资源帮助贫困单亲家庭争取一些利益与话语权。例如专业社工，他们可以有针对性地帮助到单亲家庭，提供个性化服务，提供强大的精神支撑，缓解家庭结构发生变化后导致的心理影响行动等问题，助力他们更好地脱贫。

四、加强贫困群体积极社会心态的培育

2020 年，我国已实现现行标准下农村贫困人口全部脱贫，历史性地整体消除了绝对贫困现象，全国扶贫事业将进入"后扶贫时代"。但从贫困发生理论来讲，贫困是一个相对的状态，且脱贫群众还存在随时返贫的可能性，甚至出现新的贫困群体。并且随着贫困群体物质贫困问题的逐步解决，思想文化、精神意志、社会心态等各类无形贫困问题日益凸显。在此背景下，如何在精准脱贫的基础上，聚焦贫困群体的社会心态问题，激发贫困群体自我发展的内生动力，巩固脱贫攻坚成果，提高贫困治理的质量，成了"后扶贫时代"的重要议题。

贫困理论和实践表明，贫困群体的贫困状况不仅与财富、收入在不同阶层之间的分配有关，而且与个人的精神意志和自我认同有关。简言之，贫困作为一种落后和不发达状态，不仅仅是一组经济社会的统计指数，也是一种社会心理状态。[①] 尤其对于相对贫困群体来说，社会心理状态直接影响其自我认知、自我效能感和社会公平观，影响其社会认同感和生活满意度，影响其

---

① 王俊秀，杨宜音. 社会心态理论前沿 [M]. 北京：社会科学文献出版社，2018.

自我发展动力和能力。因此，在"后扶贫时代"，多维度、深层次地了解贫困群体的社会心态结构、表征及形成机制，引导贫困群体培育积极向上的社会心态，对于促进贫困群体全面发展、巩固脱贫攻坚成效、缓解相对贫困都具有重要的现实意义。

贫困群体积极社会心态的引导、治理和培育，是一个文化建构、价值观塑造、心理调适的综合性与系统性工程。在"后扶贫时代"，面对次生贫困和相对贫困问题，需要在政策保障、资金投入、科技智力支持的同时，从扶志教育、心理服务、舆论引导、社会支持和文化关怀多个维度，努力探寻贫困群体积极社会心态的培育路径，引导贫困群体的社会心态朝着新时代主流社会心态靠拢，为巩固脱贫攻坚成果提供强大的精神动力和心理支持。

（一）开展对贫困群体的扶志教育，激发贫困群体自我发展的内生动力

坚持扶贫与扶志相结合，加强对贫困群体的思想引导，激发贫困群体自我发展的志气和内生动力，避免"贫困循环"和"福利陷阱"，是"后扶贫时代"减贫工作的重点和难点。第一，重视对贫困群体的扶志教育。大力弘扬"美好生活是奋斗出来的""脱贫致富靠自己创造"等精神，汇集积极向上的正能量，树立勤劳致富、脱贫光荣的价值取向和政策导向，增强贫困群体对脱贫攻坚战略的思想认同，引导贫困群体树立"安贫可耻、勤劳光荣"的思想意识，打破贫困群体的思想桎梏，激发贫困群体自我发展的意愿和对美好生活的向往，使贫困群体在精神上先富起来。第二，促进扶志教育的规范化和系统化。针对贫困群体的扶志教育，应做好从顶层设计到"最后一公里"的落地工作，完善具体工作方案，规范工作流程，促进扶志教育的规范化和系统化，扩大农民群众参与乡村治理的机会和权利，调动农民群众在乡村产业共建、生态共生、乡风共识、村庄共治、民生共享中不断创造和分享更加美好的生活。第三，提升扶志教育的针对性和实效性。深刻认识扶志建设的重要性和紧迫性，针对贫困群体社会心态的特征和发展动向，加强和改进思想政治工作，运用互联网、自媒体等新技术创新扶志教育形式，提高扶志教育的针对性和贫困群众的接受度，引导贫困群体形成积极正向的社会心态，提高贫困群体自我发展意识，减少贫困群体对国家、对社会、对他人的依赖心理，实现由"外部输血"向"内生造血"转变。

（二）健全反贫困的社会心理服务体系，提高贫困群体的心理应对能力

在"后扶贫时代"，构建反贫困的社会心理服务体系，不但需要多方合作、共同努力，更需要政府与市场携手，从预警干预、服务网络和制度规范等方面开展工作。第一，开展贫困群体社会心态调查，建立常态化的疏导干预系统。通过大数据分析、民意调查等，适时收集各类贫困群体对社会环境、社会政策、脱贫攻坚和公共服务的实际需求，了解各类贫困群体对就业、教育、医疗、住房、社会保障等问题的看法，建立社会心态第三方评价机制，并且定期向社会通报关键性指标，以此正确引导社会舆论。同时，加强对返贫群体和相对贫困群体社会心态的监测和研究，及时评估贫困群体的社会价值取向和行为方式，并尽早针对发现的问题采取有效的干预措施。第二，搭建社区心理服务平台，完善社区心理卫生服务网。一方面，依托城乡社区服务中心、党群综合服务中心，建立社区心理卫生服务站，完善社区卫生服务网，为心理服务工作者开展心理调适、心理干预和矛盾调节等工作提供硬件支持。另一方面，搭建社会心理智能化的工作平台，对贫困群体开展心理热线、个案服务、定制化服务等方面的"健心服务"，作好一对一的心理咨询服务及跟踪服务，促进贫困群体形成积极的社会认知，提高贫困群体的心理应对能力。第三，完善社会心理服务分类指导标准，提高贫困群体社会心理辅导的针对性。坚持"助人自助"原则，针对返贫群体和相对贫困群体的社会心理和社会心态的特点，开展有关成就动机、认知模式、社会情感、社会态度以及人际交往等心理辅导，定期开设就业所需技能与知识、婚姻家庭问题、子女教育、灾难事件应对、公共卫生安全等相关知识讲座，引导贫困群体逐步形成理性平和、积极向上的社会心态。

（三）完善社会支持网络，提高贫困群体的社会认同感和生活满意度

完善社会保障、社会救助、社会福利制度，探索解决相对贫困的长效机制，完善社会支持网络，依法维护贫困群体的合法权益，营造相对公平、富有活力的社会氛围，筑牢防贫安全网。第一，加快促进公共服务均等化。充分发挥中国特色社会主义制度的优势，建立相对公平的公共产品供给机制，强化欠发达地区和农村的医院、养老设施建设，补齐欠发达地区和农村公共服务短板，促进全体人民共享改革发展成果，为贫困群体提供创业发展、奉献社会、追求幸福、实现人生价值的同等机会，让贫困群体在公平的社会环境中生活，增强社会主义的优越感和自信心，切实巩固脱贫攻坚成效。第二，完善社会支持网络。一方面，坚持"共享"的价值取向，充分发挥群团组织、社会组织和志愿服务组织的作用，进一步调动各种力量的积极性，构建社会支持网络，使贫困群体感受到生活的美好。另一方面，重视对贫困群体的情感支持和精神抚慰，为贫困群体提供有尊严的社会支持，不断提高贫困群体的生活质量和生活满意度。第三，建立健全解决相对贫困的长效机制。消除绝对贫困是历史性的成就，但并不意味着减贫工作已完成，我国的相对贫困仍将长期存在。因此，在"后扶贫时代"，要坚持普惠政策同特惠政策相结合、开发式扶贫与保障式扶贫相结合，更加精准聚焦相对贫困群体，进一步扩大社会救助的范围，健全低保制度与精准脱贫政策的衔接机制。① 并根据城乡特困人员、低保家庭、低收入家庭等不同群体的救助需求，推进社会救助系统综合改革，引导社会组织和社会力量积极发挥补充作用，提供多元化、具有针对性的救助服务，努力让所有需要帮助的人民生活都得到保障、心灵都充满温暖。

（四）加强社会舆论的正面宣传引导，提高贫困群体感受美好生活的能力

加强舆论宣传引导，营造积极健康的社会情绪氛围，消除部分贫困群体的认知偏差，提高贫困群体感受美好生活的能力，是培育贫困群体积极社会心态的关键环节。第一，弘扬和践行社会主义核心价值观，树立自力更生、脱贫光荣的鲜明导向。社会主义核心价值观植根于中华文化沃土，熔铸于中国共产党领导人民长期奋斗的伟大实践，是社会主义先进文化的精髓，是当代中国精神的集中体现，凝结着全体人民共同的价值追求。因此，要大力弘扬和践行社会主义核心价值观，弘扬民族精神和时代精神，树立正确的价值

① 党的十九届四中全会《决定》学习辅导百问 [M]. 北京：学习出版社，党建读物出版社，2019：21.

取向和鲜明的道德导向，倡导公平、互助和和谐的社会理念，在全社会形成共同的理想信念、价值理念和道德观念，引导贫困群体用正确的立场、观点和方法去观察社会，用宽容的态度看待和处理各种问题。[①] 第二，加强新闻媒体的正向宣传引导，营造积极健康的社会舆论氛围。贫困群体的社会心态具有强烈的代际传递，帮助他们从自我认识上改变"自己不如别人"的观念，能从长远上改善贫困群体的心理困境。因此，社会舆论要针对贫困群体的思想和行为特点，采取宣传、说明、激励等方式，疏通思想，理顺情绪，协调矛盾，为贫困群体心态的调整提供舆论支持。一是要加强党的路线方针政策的宣传教育，使贫困群体能够感受到党和政府的关怀，以达到对脱贫攻坚、全面建成小康社会、实现中华民族伟大复兴中国梦的目标和政策在思想上的认同和情感上的共鸣，增强社会凝聚力、向心力和整合力。二是社会舆论应大力宣扬自强不息和奋发有为的社会价值观，加强对贫困群体的激励引导，努力营造一种鼓励贫困群体正向情绪能量释放的氛围，帮助贫困群体培养自强不息的精神。第三，强化典型示范，引导贫困群体为自己的幸福生活努力奋斗。整合利用广播电视、标语条幅、微信短信等各种宣传手段，充分借助基层党校、讲习所等阵地，宣传脱贫致富的先进典型，用身边事教育引导身边人，让贫困群体学有榜样、干有方向，在全社会营造致富光荣的良好舆论氛围。

（五）建立文化关怀体系，丰富贫困群体的精神文化生活

健全欠发达地区的文化关怀体系，丰富贫困群体的文化生活，改善贫困群体的精神困境和心理困境，实现人际关系和谐。第一，加强文化服务设施建设，拓宽公共文化服务的覆盖面。加强欠发达地区文化设施建设，健全县、乡、村三级公共文化服务网络，拓宽公共文化服务的覆盖面，提升公共文化服务的质量和水平，推动基本公共文化服务资源共建共治共享，满足贫困群体的精神文化需求。第二，创新文化服务方式，丰富贫困群体的精神文化生活。搭建文化扶贫的载体和平台，特别是借助"互联网＋文化"，实施数字图

[①] 张志强. 社会主义核心价值观与高校思想政治教育创新研究 [J]. 河南社会科学，2019（2）：107-112.

书馆推广工程、公共电子阅览室建设计划等数字文化惠民项目，利用新技术、新条件和新的文化形式加强社会心态培育，在影视剧、综艺节目、文学艺术、体育比赛等作品和活动中，有意识地融入社会心态培育的内容；完善公益性文化项目的政府采购制度，鼓励文化单位、文艺工作者和其他社会力量为贫困地区提供文化产品和服务，用积极健康的文化生活调节情感、陶冶情操，丰富贫困群体的精神文化生活。[①] 在为贫困群体提供丰富的精神食粮的同时，加强对贫困群体的精神文化引导，帮助贫困群体树立正确的历史观、民族观、国家观、文化观，在坚定中国特色社会主义文化自信中提升摆脱贫困的信心和勇气。第三，加强对贫困群体的人文关怀，促进贫困群体对社会转型的心理适应。着眼于促进人际和谐，广泛倡导诚信、友善等道德规范行为，促进良好社会关系和社会风气的形成，增进贫困群体的心理认同和社会融合，使贫困群体在良好的社会氛围中形成积极向上的社会心态。

[①] 郑会霞."后扶贫时代"贫困群体积极社会心态培育路径研究 [J]. 中共郑州市委党校学报，2021（1）：69-75.

参 考 文 献

[1] 郭熙保.论贫困概念的内涵 [J].山东社会科学，2005（12）：49-55.

[2] 叶普万.贫困概念及其类型研究述评 [J].经济学动态，2006（7）：67-69.

[3] 世界银行.贫困与对策：1992 年减缓贫困手册 [M].陈胜华，等译.北京：经济管理出版社，1996.

[4] 习近平.决胜全面建成小康社会　夺取新时代中国特色社会主义伟大胜利——在中国共产党第十九次全国代表大会上的报告 [M].北京：人民出版社，2018.

[5] 杨国涛，周慧洁，李芸霞.贫困概念的内涵、演进与发展述评 [J].宁夏大学学报（人文社会科学版），2012（6）：139-143.

[6] 林闽钢.相对贫困的理论与政策聚焦 [J].社会保障评论，2020（1）：85-92.

[7] 1990 年世界银行发展报告 [M].北京：中国财政经济出版社，1990：71-76.

[8] 车四方.社会资本与农户多维贫困：作用机制与影响效应 [D].重庆：西南大学，2019.

[9] 李忠民.人力资本：一个理论框架及其对中国一些问题的解释 [M].北京：经济科学出版社，1999.

[10] 张凯淞.农村贫困代际传递效应发生的影响因素及脱贫政策设计研究 [D].长沙：湖南科技大学，2019.

[11] 阿玛蒂亚·森.贫困与饥荒：论权力与剥夺 [M].王宇，王文玉，译.北京：商务印书馆，2001.

[12] 徐富明，张慧，马红宇，等.贫困问题基于心理学的视角 [J].心理科学进展，2017，25（8）：1431-1440.

[13] 于斌，乐国安，刘惠军.自我控制的力量模型 [J].心理科学进展，2013（21）：1272-1282.

[14] 王丹丹，周加仙. 贫困对大脑结构与功能的影响及教育干预策略 [J]. 教育生物学杂志，2017，5（1）：47-54.

[15] 周平. 女幼童认知发展影响因素研究 [D]. 上海：华东师范大学，2011.

[16] 李艳玮，李燕芳，刘丽莎. 家庭收入对儿童早期语言能力的影响作用及机制：家庭学习环境的中介作用 [J]. 中国特殊教育，2012（2）：63-68，75.

[17] 张晓，陈会昌，张银娜，等. 家庭收入与儿童早期的社会能力：中介效应与调节效应 [J]. 心理学报，2009，41（7）：613-623.

[18] 杨梅. 家庭收入与农村儿童健康 [D]. 南京：东南大学，2018.

[19] 何铁飞，林飞雄. 儿童缺铁性贫血发生的相关因素分析与治疗 [J]. 中国医药指南，2012，10（33）：600-601.

[20] 屈亚琼. 家庭收入对儿童早期发展的影响机制研究 [D]. 西安：陕西师范大学，2019.

[21] 卢盛峰，卢洪友. 政府救助能够帮助低收入群体走出贫困吗？——基于1989—2009 年 chns 数据的实证研究 [J]. 财经研究，2013，39（1）：4-16.

[22] 周皓. 家庭社会经济地位、教育期望、亲子交流与儿童发展 [J]. 青年研究，2013（3）：11-26，94.

[23] 贾海彦. 基于心理与行为双重视角的脱贫内生动力 [J]. 湖北民族大学学报（哲学社会科学版），2021（2）：132-144.

[24] 何瑾，樊富珉. 团体辅导提高贫困大学生心理健康水平的效果研究——基于积极心理学的理论 [J]. 中国临床心理学杂志，2010（18）：397-399，402.

[25] 张慧，张凡. 认知负荷理论综述 [J]. 教育研究与实验，1999（4）：45-47.

[26] 索涛，张锋，赵国祥，等. 时间感知差异对跨期选择倾向的影响作用 [J]. 心理学报，2014，46（2）：165-173.

[27] 江程铭，刘洪志，蔡晓红，等. 跨期选择单维占优模型的过程检验 [J]. 心理学报，216，48（1）：59-72.

[28] 王桂梅. 行为经济学对传统跨期选择理论的修正与扩展 [J]. 金融理论探索2016（2）：12-18.

[29] 徐富明，李欧，邓颖，等 . 判断与决策中的投射偏差 [J]. 心理科学进展，2016，24（3）：422-430.

[30] 李爱梅，凌文辁 . 心理账户：理论与应用启示 [J]. 心理科学进展，2007，75（5）：727-734.

[31] 郑会霞 ."后扶贫时代"贫困群体积极社会心态培育路径研究 [J]. 中共郑州市委党校学报，2021（1）：69-75.

[32] 王璐璐，李永娟 . 心理疲劳与任务框架对风险决策的影响 [J]. 心理科学进展，2012，20（10）：1546-1550.

[33] 刘金平，周广亚，刘亚丽 . 情境启动和认知需要对决策中信息加工的影响 [J]. 心理科学，2008，31（2）：315-318.

[34] 孙璐 . 扶贫项目绩效评估研究——基于精准扶贫视角 [D]. 北京：中国农业大学，2015.

[35] 庄天慧，杨帆，曾维忠 . 精准扶贫内涵及其与精准脱贫的辩证关系探析 [J]. 内蒙古社会科学，2016（3）：6-12.

[36] 莫光辉 . 精准扶贫：中国扶贫开发模式的内生变革与治理突破 [J]. 中国特色社会主义研究，2016（2）：73-77.

[37] 邓维杰 . 精准扶贫的难点、对策与路径选择 [J]. 农村经济，2014（6）：78-81.

[38] 唐丽霞，罗江月，李小云 . 精准扶贫机制实施的政策和实践困境 [J]. 贵州社会科学，2015（5）：151-156.

[39] 黄承伟 . 党的十八大以来脱贫攻坚理论创新和实践创新总结 [J]. 中国农业大学学报，2017（34）：5-8.

[40] 葛志军，邢成举 . 精准扶贫：内涵、实践困境及其原因阐释 [J]. 贵州社会科学，2015，304（5）：157-163.

[41] 党的十九届四中全会《决定》学习辅导百问 [M]. 北京：学习出版社，党建读物出版社，2019：21.

[42] 王俊 . 连片特困地区扶贫瞄准机制研究 [D]. 吉首：吉首大学，2016.

[43] 刘军豪，许峰华 . 教育扶贫：从"扶教育之贫"到"依靠教育扶贫"[J]. 中国人民大学教育学刊，2016，2（6）：44-53.

[44] 邓小海.旅游精准扶贫理论与实践 [M]. 北京：知识产权出版社，2016.

[45] 林广毅.农村电商扶贫的作用机理及脱贫促进机制研究 [D]. 北京：中国社会科学院，2016.

[46] 王俊秀，杨宜音.社会心态理论前沿 [M]. 北京：社会科学文献出版社，2018.

[47] 张志强.社会主义核心价值观与高校思想政治教育创新研究 [J]. 河南社会科学，2019（2）：107-112.

[48] 汪三贵，郭子豪.论中国的精准扶贫 [J]. 贵州社会科学，2015（5）：147-150.

[49] 西奥多·W 舒尔茨.论人力资本投资 [M]. 吴珠华，等译 . 北京：北京经济学院出版社，1990：78.

[50] 世界银行.1990 年世界发展报告 [M]. 北京：中国财政经济出版社，2011：136.

[51] 马克思恩格斯文集（第 2 卷）[M]. 北京：人民出版社，2009.

[52] 马克思.1844 年经济学哲学手稿 [M]. 北京：人民出版社，2000.

[53] 马克思恩格斯全集（第 30 卷）[M]. 北京：人民出版社，1995.

[54] 马克思恩格斯全集（第 25 卷）[M]. 北京：人民出版社，2001.

[55] 列宁全集（第 5 卷）[M]. 北京：人民出版社，1959.

[56] 毛泽东著作选读（甲种本）[M]. 北京：人民出版社，1966.

[57] 中共中央文献研究室编 . 毛泽东选集（第 3 卷）[M]. 北京：人民出版社，2009：897.

[58] 邓小平文选：第 3 卷 [M]. 北京：人民出版社，1993.

[59] 邓小平文选：第 2 卷 [M]. 北京：人民出版社，1994.

[60] 中共中央文献研究室.十五大以来重要文献选编（中）[M]. 北京：人民出版社，2001.

[61] 江泽民文选：第 3 卷 [M]. 北京：人民出版社，2006.

[62] 吕世辰.农村流动与中国社会结构变迁 [M]. 北京：新华出版社，2011.

[63] 中共中央文献研究室 . 习近平关于全面建成小康社会色会论述摘编 [M]. 北京：中央文献出版社，2016.

[64] 习近平.携手消除贫困促进共同发展 [N].人民日报，2015-10-17（002）.

[65] 习近平.决胜全面建成小康社会　夺取新时代中国特色社会主义伟大胜利 [M].北京：人民出版社，2017.

[66] 2019 全国扶贫开发工作成绩单亮相 [N].经济晚报，2019-12-23（006）.

[67] 张翼.2019 年全国农村贫困人口减少 1109 万人 [N].光明日报，2020-01-24（003）.

[68] 杨俊峰.中国脱贫攻坚取得决定性进展 [N].人民日报海外版，2019-09-11（002）.

[69] 焦以璇.教育脱贫的最后冲刺 [N].中国教育报，2019-12-27（001）.

[70] 陈柏峰.熟人社会：村庄秩序机制的理想型探究 [J].社会，2011，31（1）：223-241.

[71] 中共中央文献研究室编.习近平扶贫论述摘编 [M].北京：中央文献出版社，2018：104.

[72] 杨桂林.基于地理加权回归模型的贵州省致贫因素研究 [D].贵阳：贵州大学，2018.

[73] 精准扶贫攻坚克难践行庄严承诺 [N].遵义日报，2017-05-19（004）.

[74] 郑重的承诺必须如期实现 [N].北京日报，2020-03-08（002）.

[75] 关雪霞.对目前我国农民工贫困问题的思考 [D].北京：首都师范大学，2007.

[76] 李卓，金菁，左停.精准扶贫的现实困境与优化路径——基于豫西 L 县的实地调查 [J].长白学刊，2019（6）：111-117.

[77] 马克思恩格斯选集第三卷 [M].北京：人民出版社，2012：480.

[78] 朱晓阳.边缘与贫困群体研究反思 [M].北京：社会科学文献出版社，2012：173-174.

[79] 郑继承.我国医疗卫生资源配置的均衡性研究 [J].中国卫生资源，2019，22（5）：362-366.

[80] 王思竹.新时代中国扶贫困境研究 [D].北京：北方工业大学，2020.

[81] 吴立红.重庆市健康扶贫政策实施现状及对策研究 [D].重庆：重庆医科大学，2019.

[82] 国务院教育督导委员会办公室 .2018 年全国义务教育均衡发展督导评估工作报告 [N]. 中国教育报，2019-03-27（3）.

[83] 2018 年全国教育事业发展统计公报 [J]. 中国地质教育，2019，28（4）：96-100.

[84] 国家统计局 .2018 中国统计年鉴 [M]. 北京：中国统计出版社，2018：704-705.

[85] 刘博智 . 今年全国将招 9 万名特岗教师 [N]. 中国教育报，2018-05-16（3）.

[86] 侯文婧 . 离异单亲家庭亲子关系问题社工介入研究 [D]. 保定：河北大学，2014.

[87] 朱东武，朱眉华 . 家庭社会工作 [M]. 北京：高等教育出版社，2011：48-50.

[88] 教育部课题组 . 深入学习习近平关于教育的重要论述 [M]. 北京：人民出版社，2019：87.

[89] 西蒙娜·德·波伏瓦 . 第二性 I [M]. 曹冬雪，译 . 上海：上海译文出版社，2011：27.

[90] 殷浩栋，毋亚男，汪三贵，等 ."母凭子贵"：子女性别对贫困地区农村妇女家庭决策权的影响 [J]. 中国农村经济，2018（1）：108-123.

[91] 刘永富 . 有条件有能力如期完成脱贫攻坚目标任务 [N]. 人民日报，2020-03-16（9）.

[92] 刘升 . 从"关系权"到"信息权"：大数据促进精准扶贫的影响机制研究——以精准识别为例 [J]. 江海学刊，2019（6）：118-124.

[93] 脱贫攻坚是一场必须打赢打好的硬仗 [N]. 光明日报，2019-03-08（1）.

[94] 王伟林 . 乡村振兴背景下的乡贤文化传承与应用研究 [D]. 济南：山东大学，2019.

[95] 韩云鹏 . 城市化进程中新生代农民工的发展需要与教育培训思考 [J]. 江西教育学院学报，2011，32（6）：109-111.

[96] 曹金华 . 上海市新生代农民工职业培训现状及培训需求研究 [D]. 上海：华东师范大学，2014.

[97] 郑承军 . 论社会主义核心价值观形成的个人自觉与社会自觉 [J]. 马克思主

义研究，2013（9）：105-111.

[98] 中国互联网络信息中心.第 47 次《中国互联网络发展状况统计报告》[J].网络传播，2021（2）：68-75.

[99] 强可鉴.新生代农民工城市融入的困境和出路 [D].镇江：江苏大学，2017.

[100] 罗尔斯.罗尔斯著作集正义论修订版 [M].何怀宏，何包钢，廖申白，译.北京：中国社会科学出版社，2009：101.

[101] 卓惠萍.给付 - 规制视角下农村贫困妇女脱贫策略的反思与完善 [J].领导科学，2020（2）：119-122.

[102] 聂常虹，王雷.我国贫困妇女脱贫问题政策研究 [J].中国科学院院刊，2019，34（1）：51-59.

[103] 邓晓芒.女权主义的四个层次 [J].华中科技大学学报（社会科学版），2010，24（4）：113-115.

[104] 王一妃.女性贫困及其消除路径研究 [D].杭州：浙江大学，2018.

[105] 何贵兵，陈海贤，林静.跨期选择中的反常现象及其心理机制 [J].应用心理学，2009，5（4）：298-305.

[106] Walsh J R. Capital Concept Applied to Man[J]. Quarterly Journal of Economics，1935，49（2）：255-285.

[107] Becker G S，Tomes N. An Equilibrium Theory of the Distribution of Income and Intergenerational Mobility[J]. Journal of Political Economy，1986，87（6）：1153-1189.

[108] Solon G. Intergenerational Income Mobility in the United States[J]. American Economic Review，1992，82（3）：393-408.

[109] Schultz T W. Capital Formation by Education[J]. Journal of Political Economy，1960，68（6）：571-583.

[110] Becker G S. Investment in human capital：A theoretical analysis[J]. Journal of political economy，70（5）：9-49.

[111] Hanifan L J. Social capital–Its development and use[J]. The Community Center，1920（67）：78-90.

[112] Lund C，Breen A，Flisher A J，et al. Poverty and commonmental disorders in low and middle income countries：Asystematic review[J]. Social Science 和 Medicine，2010（71）：517-528.

[113] Kahneman D，Deaton A. High income improves evaluation of life but not emotional well-being[J]. Proceedings of the National Academy of Sciences of the United States of America，2010（107）：16489-16493.

[114] Noble K G，Houston S M，Brito N H，et al. Family income, parental education and brain structure in children and adolescents[J]. Nature Neuroscience，2015（18）：773-778.

[115] Barch D，Pagliaccio D，Belden A，et al. Effect of Hippocampal and Amygdala connectivity on the relationship between preschool poverty and school-age depression[J]. American Journal of Psychiatry，2016（173）：625-634.

[116] The United Nations. The millennium development goals report [R]. New York：United Nations Publications，2015.

[117] Small M L，Harding D J，Lamont M. Reconsidering culture and poverty[J]. The Annals of the American Academy of Political and Social Science，2016（629）：6-27.

[118] Shah A. K，Mullainathan S，Shafir E. Some consequences of having too little[J].Science，2016（338）：682-685.

[119] Haushofer J，Fehr E. On the psychology of poverty[J].Science，2014（344）：862-867.

[120] Mullainathan S，Shafir E. Scarcity: Why having too little means so much[M]. London：Allen Lane，2013.

[121] Hagger M S，Wood C，Stiff C，et al. Ego depletion and the strength model of self-control：A meta-analysis[J]. Psychological Bulletin，2010（136）：495-525.

[122] Deck C，Jahedi S. The effect of cognitive load on economic decision making：A survey and new experiments [J]. European Economic Review，

2015（78）：97-119.

[123] Mani A，Mullainathan S，Shafir E，et al. Poverty impedes cognitive function[J]. Science，2013（341）：976-980.

[124] Spears D. Economic Decision-making in Poverty Depletes Behavioral Control Princeton University[J].Department of Economics, Center for Economic Policy Studies，2011（11）：126-143.

[125] Diamond A. Executive functions[J]. Annual Review of Psychology，2013（64）：135-168.

[126] Shoda Y，Mischel W，Peake P K. Predicting adolescent cognitive and self-regulatory competencies from preschool delay of gratification: Identifying diagnostic conditions[J]. Developmental Psychology，1990，26（6）：978-986.

[127] Kim P，Evans G W，Angstadt M，et al. Effects of childhood poverty and chronic stress on emotion regulatory brain function in adulthood[J]. Proceedings of the National Academy of Sciences of the United States of America，2013，110（46）：18442-18447.

[128] Blair C，Raver C C. Child development in the context of adversity: Experiential canalization of brain and behavior[J]. American Psychologist，2012，67（4）：309-318.

[129] Heckman J J，Moon S H，PintoR，et al. The rate of return to the High /Scope Perry Preschool Program[J].Public Econ，2010，94（1-2）：114-128.

[130] Hanson J L，Hair N，Shen D G，et al. Family poverty affects the rate of human infant brain growth [J].PLoS One，2013，8（12）：80-95.

[131] Noble K G，Grieve S M，Korgaonkar M S，et al. Hippocampal volume varies with educational attainment across the life-span[J]. Front Hum Neurosci，2012（6）：307.

[132] Robinson L M，Mcintyre L，Officer S. Welfare babies:poor children's experiences informing healthy peer relationships in Canada [J]. Health Promotion International，2005，20（4）：342-350.

[133] Mcloyd V C.Socioeconomic disadvantage and child developmental[J]. American Psychologist，1998，53（2）：185-204.

[134] Mistry R S，Biesanz J C，Taylor L C，et al. Family Income and Its Relation to Preschool Children's Adjustment for Families in the NICHD Study of Early Child Care [J]. Developmental Psychology，2004，40（5）：727-745.

[135] Children U N，Fund S. The state of the worlds children. A fair chance for every child. [M].New York：New York UnicefJun，2016.

[136] Yeung W J，Linver M R，Brooks-Gunn J. How money matters for young children's developmen：Parental investment and family processes[J]. Childdevelopment，2002，73（6）：1861-1879.

[137] Feinsthin L. Inequality in the Early Cognitive Development of British Children in the1970 Cohort [J].Economic，2003，70（277）：73-97.

[138] Cooper K，Stewart K. Does money affect children's outcomes [J]. Child development，2013,（12）：876-899.

[139] Bradley R H，Whiteside L，Mundfrom D J，et al. Early indications of resilience and their relation to experiences in the home environments of low birthweight，premature children living in poverty[J].Child development，1994，65（2）：346-360.

[140] Letoumeau N L，Duffett-legerL，Levac L，et al. Socioeconomic Status and Child Development：A Meta-Analysis[J]. Journal of Emotional and Behavioral Disorders，2013，21（3）：211-224.

[141] Carvalho L S，Meier S，Wang S W. Poverty and Economic Decision-making:Evidence from Changes in Financial Resources at Payday[J]. American Economic Review，2016（106）：260-284.

[142] Mullainathan S，Shafir E. Scarcity：Why having too little means so much[M]. London：Allen Lane，2013.

[143] Giovinazzo V D，Novarese M. The meaningof happiness: Attention and time perception[J].Mind and Society，2016，75（2）：207-218.

[144] McClure SM，Laibson D I，Loewenstein G，et al. Separate neural systems value immediate and delayed monetary rewards[J]. Science，2004，306 （5695）：503-507.

[145] Sadlersmith E. The role of intuition in entrepreneurship and business venturing decisions[J]. European Journal of Work and Organizational Psychology，2016，25（2）：212-225.

[146] Von Neumann J，Morgenstem O. Theory of games and economic behavior[M].Princeton：Princeton University Press，2007.

[147] 全国 1435 万贫困大病和慢病患者得到基本救治 [EB/OL].（2019-07-09）. http://china.cnr.cn/News Feeds/20190709/t20190709_524685701.shtml.

[148] 中国新闻网 . 乡村教师生活补助覆盖 200 万人达总人数 2/3 [EB/OL]. （2018-08-31）.http://www.chinanews.com/gn/2018/08-31/8615251.shtml.

[149] 应急管理部发布 2019 年全国自然灾害基本情况 [EB/OL].（2020-01-17）. http://www.gov.cn/xinwen/2020-01/17/content_5470130.htm.

[150] 央广网：河南贫困山村 3000 多农户近亿元被骗，脱贫难度加大 [EB/OL]. （2016-02-23）.http://news.cnr.cn/native/gd/20160223/t20160223_ 521446641.shtml.

[151] 中 国 统 计 年 鉴 2019[EB/OL].http://www.stats.gov.cn/tjsj/ndsj/2019/indexch. htm.

[152] 2018 年全国农村贫困人口减少 1386 万人 [EB/OL].（2019-02-15）. http:// www.stats.gov.cn/tjsj/zxfb/201902/t20190215_1649231.html.

[153] 2021 年政府工作报告 [EB/OL]. http://www.gov.cn/zhuanti/2021lhzfgzbg/ index.htm.

[154] 胡锦涛 . 广泛动员社会力量加快扶贫开发进程 [EB/OL].（2005-05-28）. http://www.china.com.cn/news/txt/2005-05/28/content_5874399.htm.

[155] 中华人民共和国 2020 年国民经济和社会发展统计公报，[EB/OL]. （2021-03-01）.http://www.stats.gov.cn/ztjc/zthd/lhfw/2021/lh_hgjj/202103/ t20210301_1814216.html.

[156] 国家脱贫攻坚普查公报（第四号）——国家贫困县基础设施和基本公共

服务情况 [EB/OL].（2021-02-24）.http://www.stats.gov.cn/tjsj/zxfb/202102/t2021 0224_18140 46.html.

[157] 2019 年"民生清单"落实如何中央部委纷纷提交"成绩单"[N]. 贵州日报，2019-12-30（003）.

[158] 国家脱贫攻坚普查公报（第三号）——国家贫困县建档立卡户享受帮扶政策情况 [EB/OL].（2021-02-24）.http://www.stats.gov.cn/tjsj/zxfb/202102/t20210224_1814 047.html.

[159] 在全国脱贫攻坚总结表彰大会上的讲话 [EB/OL].https://baijiahao.baidu.com/s?id=1692670742063214981 和 wfr=spider 和 for=pc.

后　记

　　本书是笔者 2017 年承担的河北省社会科学基金项目"精准扶贫背景下贫困农民心理资本与经济行为的研究"成果，项目编号：HB17JY041。

　　党的十八大，拉开了中国新时代脱贫攻坚的序幕，广大研究工作者围绕"精准扶贫"开展深入研究，"河北省 2017 年度社科基金项目应用对策类选题指南"也将扶贫、脱贫列为主要研究领域。笔者结合自身研究专长，第一时间确定了从个体心理视角研究扶贫、脱贫问题。经过文献分析和研究思路设计，笔者申报的项目通过学校推荐、河北省哲学社会科学规划办公室的筛选，2017 年 5 月成功获批。

　　项目获批后，项目组成员多次翻山越岭进入河北省秦皇岛市青龙满族自治县（国家级贫困县）大巫岚镇张庄村，实地开展扶贫、脱贫的相关调研工作，获得了贫困农民心理及经济行为等方面的第一手真实数据，为后续研究打下了坚实可靠的基础。

　　本书内容是项目主持人姚志刚与项目主要成员刘凤英共同完成的，项目调研工作得到河北科技师范学院驻张庄村扶贫工作队的大力支持。在这里向在本书的实证调研、撰写、校对、出版过程中付出辛苦的全体同人表达最诚挚的感谢。

姚志刚

2021 年 3 月于河北科技师范学院